DICTIONNAIRE CRITIQUE
DE LA
RÉVOLUTION FRANÇAISE

ÉVÉNEMENTS

François FURET
Mona OZOUF

et collaborateurs

DICTIONNAIRE CRITIQUE DE LA RÉVOLUTION FRANÇAISE

ÉVÉNEMENTS

FLAMMARION

© Flammarion, 1992
ISBN : 2-08-081266-1
Printed in France

NOTE DE L'ÉDITEUR

Ce volume comprend la *Préface* et le chapitre 1, *Événements*, du *Dictionnaire critique de la Révolution française*, publié chez Flammarion en 1988. Le texte a été entièrement relu et corrigé, les bibliographies mises à jour pour l'essentiel. Par ailleurs, deux entrées, *Dix-Huit Brumaire* par François Furet et *Révolution à Saint-Domingue* par Massimiliano Santoro, sont inédites, et ont été écrites pour cette édition.

Les *renvois* imprimés en caractères gras concernent ce même volume, les autres indiquent des entrées des autres volumes du *Dictionnaire* publiés dans la collection *Champs*, soit *Acteurs, Institutions et créations* et *Idées*. Le chapitre 5 de l'édition originale, *Historiens et interprètes*, fera l'objet d'une édition de poche ultérieure.

L'éditeur remercie Yann Fauchois du soin qu'il a apporté à cette édition dans la collection *Champs*.

L.A.

AVERTISSEMENT

Toute réédition incline aux regrets, ceux des auteurs eux-mêmes et ceux qui leur ont été soufflés par leurs lecteurs. Au moment où le *Dictionnaire critique de la Révolution française*, publié à la fin de 1988, va paraître en édition de poche, nous avons voulu faire une place à ces retours et à ces critiques.

Sur les hommes d'abord. Manquait au *Dictionnaire* une figure girondine, dans la mesure où Condorcet n'est qu'un marginal de la Gironde ; et bien des lecteurs y ont déploré aussi l'absence du personnage quasi légendaire de Saint-Just. On trouvera donc Brissot et Saint-Just dans la présente édition.

Sur les événements ensuite. Le *Dictionnaire* était resté muet sur les répercussions de la Révolution outre-mer, et notamment dans cette île de Saint-Domingue d'où venait une grande partie de la prospérité commerciale française, florissante dans les années 1780. On mesurera mieux dans ce nouvel ouvrage l'impact de la Révolution française sur cette société excentrique de planteurs, de métis et d'esclaves. Par ailleurs, si le *Dictionnaire* comportait bien une rubrique « Coups d'Etat », il nous a paru nécessaire de faire une place particulière à celui qui ferme véritablement le cours des événements révolutionnaires, le Dix-Huit Brumaire an VIII.

En ce qui concerne les « créations », l'obsession pédagogique de la Révolution française n'était abordée qu'obliquement dans plusieurs des entrées du *Dictionnaire*. Nous avons voulu, par un article spécial, lui rendre toute l'importance qu'elle a eue dans l'esprit et les débats des hommes de cette époque.

Enfin, dans l'ordre de ce que nous avons appelé « Idées », notre *Dictionnaire* comportait un grand oubli, l'analyse de la monarchie ; oubli rendu plus manifeste encore par la présence des entrées « Ancien Régime », « République » et « Démocratie ». Cette omission, qui étrangement ne nous est apparue qu'une fois le livre publié, est ici réparée.

Quant au reste, nous partageons avec beaucoup de nos lecteurs le regret que le principe de ce *Dictionnaire* ne nous ait pas permis d'aborder tous les problèmes historiques posés par la Révolution française. Mais toute entreprise intellectuelle comporte ses limites et ses choix. Celle-ci avait pris comme règle de ne traiter que des questions explicitement formulées par les hommes de 1789, et dans leur vocabulaire. Le lecteur en trouvera les raisons dans la « Préface » de 1988, que nous reprenons ici.

F.F. et M.O.

PRÉFACE

La naissance de la démocratie. Il y a dans cette définition de la Révolution française un tel poids intellectuel que personne ne peut la refuser, partisans ou adversaires. Les premiers y trouvent leur baptême, les seconds en font la matière de leurs soupçons. Mais les deux camps y ont très tôt reconnu une ligne de partage du temps qui les a séparés. L'Ancien Régime avait été l'inégalité des hommes et la monarchie absolue ; sur le drapeau de 1789 étaient apparus les droits de l'homme et la souveraineté du peuple. C'est cette rupture qui exprime le plus profondément la nature à la fois philosophique et politique de la Révolution française ; c'est elle qui lui donne la dignité d'une idée et le caractère d'un commencement ; c'est d'elle qu'il faut encore partir pour comprendre l'événement, comme d'une énigme intacte après deux cents ans de travaux et de débats destinés à en percer le mystère.

Dans cette vaste tradition de commentaires devenue inséparable de son objet, marquons sa place à un corps d'idées qui a dominé les interprétations du XXe siècle : la plupart des historiens récents ont en effet voulu apprivoiser la rupture révolutionnaire à travers l'émergence de la bourgeoisie sur le théâtre du pouvoir national. La Révolution marquerait la culmination politique d'une longue progression sociale de la classe moyenne, comme on disait au XIXe siècle : la

déclaration de sa prépondérance. Point de vue qui ne
manque ni de pertinence, ni de fécondité. Elaborée
par la pensée libérale et retravaillée par Marx, l'idée
de lutte des classes a sa place légitime dans une histoire de la Révolution française. Toute une part de la
Révolution tient au jeu des classes sociales, à la modification de leurs rapports au xviiie siècle et à l'extraordinaire champ nouveau qu'offre à leurs alliances ou à
leurs conflits le monde de la liberté et de l'égalité.
L'histoire de la paysannerie, qui date seulement du
xxe siècle, est à cet égard un bon exemple ; elle permet
de comprendre l'accueil favorable fait par le monde
rural aux principes antiseigneuriaux de 1789 et à la
vente des biens de l'Eglise ; mais elle doit aussi laisser
la porte ouverte à un retournement ultérieur des paysans contre la Révolution, comme dans l'Ouest. Si
bien qu'à prendre l'idée d'intérêts de classe comme
principal fil directeur des événements, on est conduit
à des impasses logiques. Autre exemple, pris dans
l'analyse des classes urbaines. Il est bien clair que la
destruction de l'ancienne société, largement opérée
par l'Ancien Régime, consacrée par 1789, manifeste la
division sociale avec une évidence caractéristique du
monde moderne des individus. En croyant limiter son
rôle à l'exclusion de l'aristocratie, la Révolution inaugure en fait une formidable tension entre riches et
pauvres, bourgeoisie et peuple, muscadins et sans-
culottes : l'incertitude même des dénominations
d'époque reflète le surinvestissement des réalités
sociales par les idées et les passions politiques.

Car ce qui bascule entre 1787 et 1800 n'est pas la
substance de la société : ce sont ses principes et son
gouvernement. La monarchie absolue de droit divin
cède la place aux droits de l'homme. Les successeurs
de Louis XVI sont Robespierre, les Thermidoriens,
Bonaparte. A ce tremblement de terre de notre histoire, ce livre cherche à rendre son caractère culturel
et politique, qui fait aussi son étrangeté. La philosophie des Lumières en avait préparé les éléments, c'est
vrai. Mais lesquels ? Et comment passe-t-on du

monde de la philosophie à celui de la Révolution française ? Vieille et immense question que l'interprétation
sociale de la Révolution avait cru pouvoir contourner
et à laquelle il faut toujours faire face.

C'est le projet de la reprendre qui a fédéré les
auteurs qui nous ont fait l'honneur et l'amitié de nous
rejoindre. Rendons à Louis Audibert, qui dirige chez
Flammarion le département des sciences humaines, la
paternité de l'entreprise : le premier il en a eu l'idée,
et il l'a accompagnée jusqu'à son terme. Quant à
notre équipe, son noyau est le groupe d'historiens et
de philosophes qui travaillent en communauté de
préoccupations et d'intérêts à l'Institut Raymond-
Aron (Ecole des hautes études en sciences sociales).
Ont bien voulu s'y associer des chercheurs étrangers,
choisis pour leur compétence et pour avoir, à travers
une série de colloques internationaux, partagé avec
nous un même champ de discussion. A tous, et particulièrement aux historiens anglo-saxons, dont l'apport
à l'histoire de la Révolution française a été si décisif
depuis la Seconde Guerre mondiale, nous tenons à
dire ici notre dette et nos remerciements.

L'ouvrage que voici n'est pas une encyclopédie, pas
même un dictionnaire au sens classique du mot. De
l'immensité du texte révolutionnaire, il ne prétend pas
épeler tout l'alphabet. Comment imaginer faire entrer
un événement aussi complexe que la Révolution française, aussi excessif, tant de fois raconté, surchargé de
gloses et de commentaires, dans les mille cent pages
d'un *Dictionnaire* ? Celui-ci l'est plutôt au sens qu'a
rendu familier l'époque des Lumières. Son principe :
un répertoire de mots clés, qui témoigne de l'avancée
des travaux, mais plus encore sans doute du déplacement des questions. Son objectif : retrouver l'étrangeté et la force de déracinement de notre événement
fondateur. Son unité : l'accent mis sur l'événement
politique et sa capacité créatrice.

Infidèle à la forme stricte des dictionnaires, notre
travail l'est encore pour avoir regroupé ses articles —
qui sont autant de courts essais — en cinq grandes

parties qui constituent un repérage commode : événements, acteurs, créations, idées, historiens.

Evénements : n'est-ce pas le propre de la Révolution de leur avoir donné leur signification moderne, de les avoir multipliés jusqu'à l'excès, d'en avoir profondément modifié la saisie immédiate et l'interprétation ? Evénements purs, saisis dans leur surgissement et leur pouvoir de rupture : *Grande Peur, Nuit du 4-Août, Varennes* ; événements répétitifs et devenus presque rituels : *Coups d'Etat, Journées révolutionnaires* ; constellations décisives enfin, dont la discussion sur la Révolution française n'a pas fini d'épuiser la richesse : *Procès du roi, Terreur, Vendée.*

Acteurs. Acteurs collectifs que la Révolution engendre et dévore, des *Enragés* aux *Sans-Culottes*, des *Monarchiens* aux *Thermidoriens* ; acteurs individuels, de *Louis XVI* à *Napoléon.* Leur petit nombre peut surprendre, dans la mesure même où la Révolution française fait tenir des rôles éclatants à tant de personnalités qui sans elle seraient restées sans emploi. Mais il nous a semblé qu'au-delà du premier cercle des renommées qui s'imposent à l'évidence, l'élection et l'exclusion des seconds rôles pouvaient se discuter à l'infini, et qu'en outre, sur cette grande scène, le livret comptait davantage que la distribution : le drame révolutionnaire a plus de grandeur que ceux qui l'ont interprété.

Créations. Choisies soit parce qu'elles sont devenues des institutions qui fournissent encore aujourd'hui le cadre de notre existence, *Suffrage, Département, Code civil* ; soit parce qu'elles illustrent exemplairement l'esprit de la Révolution, *Commune de Paris, Clubs, Religion révolutionnaire.*

Idées. Elles ont servi à la Révolution à se nommer elle-même et à désigner l'adversaire *(Révolution, Ancien Régime, Féodalité, Aristocratie)* ; à définir ses enjeux et ses principes *(Souveraineté, Constitution, Droits de l'homme, Nation)* ; à reconnaître sa dette *(Lumières)* ; à saluer ses innovations *(Régénération, République).* Faire la part belle à ces « idées », c'est aborder le problème de la dénivellation entre des œuvres très difficiles d'accès, ou très peu lues, et la pratique révolutionnaire. La distance du *Contrat social* au discours obscur d'un militant jacobin est si facile à mettre en évidence qu'on est tenté de conclure à l'indépendance radicale des deux séries de phénomènes : on a alors d'un côté des Lumières non programmatiques et non responsables, et de l'autre une Révolution sans précurseurs, où ce qui se joue n'est nullement intellectuel.

L'ensemble de ces études s'insurge contre cette double conclusion : les idées dont il s'agit ici ne relèvent pas d'un débat purement conceptuel. Elles sont mises en œuvre dans des institutions et des pratiques. Elles voyagent à travers une pédagogie. Elles s'infléchissent au gré des péripéties (voyez *Souveraineté, Fraternité, Révolution*). Elles deviennent des enjeux du combat politique. Si les hommes de 1789 ont pris leurs idées chez les grands esprits du siècle, les désignant eux-mêmes comme leurs inspirateurs et convaincus du reste que les Lumières, qui ouvrent la Révolution, doivent aussi la terminer, ils affrontent une tâche infiniment plus complexe que celle d'écrire. Rien n'est donc plus injuste que de voir seulement en eux le côté livresque, philosophique, abstrait. Ils ne cessent de réfléchir sur les difficultés presque insurmontables d'application de nouveaux principes à la vieille monarchie française. Ils ne cessent de le dire, bien plus avertis de leurs dérives, plus conscients de leurs dérogations aux principes qu'une histoire soupçonneuse, pour laquelle l'acteur est toujours aveuglé et l'interprète toujours lucide, ne nous l'a donné à croire.

Historiens. On trouvera, bien sûr, ceux qui ont voulu restituer l'intégralité du phénomène *(Michelet, Jaurès, Buchez, Louis Blanc)* ; ceux qui ont fixé si vite les cadres de l'interprétation *(Constant, Burke, Michelet)* ; mais aussi ceux qui n'ont cessé de méditer tel ou tel des problèmes que la Révolution pose au monde moderne : *Kant* et le régicide, *Hegel* et la Terreur,

Quinet et la religion. La place fondamentale donnée à l'historiographie — elle s'intègre à la quasi-totalité des articles —, une idée l'a imposée : c'est qu'il y a dans la connaissance historique un aspect à la fois cumulatif et non cumulatif. Cumulatif, car nul ne peut plus traiter de la Révolution sans intégrer les connaissances engrangées depuis deux siècles, notamment autour des deux grands moments de découverte et de publication des sources au XIXᵉ siècle : le moment Michelet, le moment Aulard-Jaurès. Sur les mouvements populaires, paysans et urbains, sur la Vendée, la noblesse, notre savoir est aujourd'hui plus sûr et plus étendu, ce dont témoignent maints articles de notre *Dictionnaire* : qu'on aille seulement à *Impôt, Assignats, Aristocratie, Suffrage*. Mais le savoir historique est aussi non cumulatif, car le progrès de la connaissance n'annule pas son tracé. Ignorer l'histoire de cette histoire, ce serait effacer les paysages intellectuels traversés, méconnaître la sédimentation des problèmes : les grands interprètes de la Révolution française ont abordé l'événement par les livres, Marx à travers Hegel, Taine à travers Burke et Tocqueville, si bien que l'historiographie de la Révolution française mêle constamment les époques, les interrogations et les enjeux. Ce serait oublier enfin ce trait de l'événement, la fraîcheur et la force avec lesquelles certaines des questions ont été immédiatement posées : nul mieux que Constant n'a compris le danger que représente pour les libertés politiques l'affirmation de la souveraineté absolue. Personne n'a plus profondément désigné que Burke, un demi-siècle avant Marx, le coup de force philosophique qui efface la diversité des conditions pour dresser l'universalité abstraite de la démocratie. La constitution de l'historiographie révolutionnaire infirme la vérité reçue selon laquelle la connaissance d'un événement est d'autant plus « vraie » que celui-ci est plus lointain. Les questions les plus profondes sur la Révolution française sont posées très tôt. Notre livre a donc voulu faire redécouvrir cette histoire oubliée, intégrer la variété des écoles mais aussi la complexité

des enjeux, bref faire percevoir toute la richesse de
l'espace intellectuel qui nous sépare de la Révolution
française.

Evénements, acteurs, créations, idées, historiens. La
distribution de ces cinq grands ensembles pourra se
discuter, tant les confins en sont enchevêtrés. Car de
l'un à l'autre se répercutent les échos et s'échangent
les informations, et le lecteur ne trouvera pas forcément celles qu'il cherche là où il croyait pouvoir les
attendre : le problème de la pédagogie révolutionnaire
est abordé à l'article *Régénération*, celui de la presse à
Esprit public, la question de l'essence religieuse de la
Révolution française est aperçue à travers *Michelet,
Tocqueville* et *Quinet*. Tel sujet (représentation) peut
n'être pas traité dans un article spécifique, mais
abordé à travers une cascade d'autres entrées
(Suffrage, Elections, Rousseau, Sieyès, Démocratie). Tel
acteur, qui ne nous a pas paru appeler un portrait en
pied, sera retrouvé dans un autre contexte (Brissot à
Girondins, Saint-Just à *Gouvernement révolutionnaire*).
Les index, dus à la vigilante minutie de Jonathan
Mandelbaum, et la liste des corrélats qui accompagne
chacun des articles permettent de circuler dans l'ouvrage et de s'y orienter. Ils invitent le lecteur à remplir
les blancs de notre travail — l'orientation bibliographique elle-même cherche à lui permettre de
connaître non les solutions canoniques, mais les
moyens d'aborder les questions importantes —, donc
à poursuivre lui-même une œuvre évidemment ina-
chevée.

Cet inachèvement est constitutif d'une entreprise
qui s'est voulue « critique ». L'adjectif exclut le dog-
matisme du système clos, admet que la recherche est
interminable et vise moins à dresser l'inventaire
complet des données qu'à prendre la mesure de leurs
incertitudes et de leurs écarts. Elle ne se place pas
d'emblée du point de vue de la totalité. La systémati-
sation du phénomène révolutionnaire — la Révolution
comme « bloc » — est inscrite dans la manière dont les
hommes de 1789 l'ont pensé comme avènement de la

raison et de la liberté. Burke dès 1790 a retourné
l'idée contre eux : à partir de lui existe une philosophie contre-révolutionnaire qui donne un sens radicalement négatif à l'ensemble et permet de condamner
d'avance la dérive terroriste. L'affaire est plus épi-
neuse pour les acteurs de la Révolution, pour peu
qu'ils aient la chance d'en traverser les différentes
étapes. La Convention ne date l'aurore de l'an I que
du jour de sa propre réunion — de l'abolition de la
monarchie ; en rejetant 1789 et la Constitution de
1791 dans les ténèbres du vieux calendrier, elle a
défini une révolution nouvelle, succédant à une révolution manquée. Moins de deux ans plus tard, après
qu'ils ont renversé Robespierre, les Thermidoriens ne
cessent de se demander comment ils peuvent rac-
corder les morceaux de leur passé, faire de l'un avec
du multiple.

La question traverse tout le XIXᵉ siècle et suscite
dans le camp fragmenté des héritiers de la Révolution
des réponses diverses, souvent contradictoires. Il a
fallu beaucoup de temps à la gauche pour récupérer à
son profit, au prix d'une inversion de sens, l'impérieux
modèle explicatif du « bloc » : le chemin est ouvert par
Michelet, non seulement contre les libéraux, comme
Mme de Staël, ou contre les socialistes, comme Louis
Blanc, mais contre son ami le plus proche, Quinet.
Devenu banal, il conduit à la synthèse historico-
politique de la Troisième République entre Aulard et
Clemenceau. Menacée ensuite par le surgissement de
la révolution soviétique et le déplacement d'intérêt
qu'elle provoque rétroactivement vers 1793 aux
dépens de 1789, l'idée du « bloc » constitué par la
Révolution a retrouvé de la fraîcheur en cette fin de
siècle : mais elle est plus le dernier recours d'une
historiographie jacobine sur la défensive qu'une hypothèse de recherche.

Ce vrai sujet de discussion, le dictionnaire cherche à
l'examiner à la fois dans ce qu'il recèle d'évidence
intellectuelle et d'ambiguïté politique, puisqu'il est
commun à l'historiographie contre-révolutionnaire et

à l'œcuménisme de gauche. Car cette certitude englobante et massive du « bloc » paralyse, quoi qu'ils en aient, les historiens, en leur masquant les enjeux ambivalents et l'incroyable complexité des circonstances et des événements ; elle n'est véritablement défendable qu'à un niveau très élevé d'abstraction, qui fait bon marché de la péripétie. Même dans son acception classique, la Révolution française ne présente un déroulement unifié ni dans ses héros, ni dans ses équipes dirigeantes, ni dans les justifications qu'offrent ses acteurs, ni dans ses formes politiques. Ce *Dictionnaire* est un livre d'histoire et le lecteur y apprendra combien la diversité de l'événement déborde l'unité du concept. Avant de penser la Révolution comme une, il faut en mesurer les disparités, les discordances, les contradictions même, et n'en pas réduire l'aléatoire : c'est à quoi répond un inventaire critique.

Il faut s'arrêter un moment ici. Refuser de se placer du point de vue de la science achevée n'est nullement renoncer à relier les épisodes de la Révolution entre eux ; ni conclure, par exemple, à l'hétérogénéité radicale de 1789 et de 1793. Tout notre *Dictionnaire* proteste contre cette coupure chirurgicale. Un de ses apports est peut-être au contraire d'avoir remis l'année 1789 en situation centrale, d'avoir vu dans les semaines qui séparent les élections aux États généraux des journées d'octobre 1789 non seulement l'ouverture de la Révolution mais son laboratoire : très court laps de temps et le plus important de notre histoire pourtant, où tout est déjà dit des nouveaux principes. Qu'on aille par exemple à l'article *Droits de l'homme*. On y lira que c'est le regard rétrospectif qui a mis dans une lumière dramatique l'opposition des propos et des projets, chez les acteurs de 1789, de 1793 et de 1795. On s'y convaincra que s'ouvre dès l'été 1789 l'espace intellectuel dans lequel tourneront les débats à venir et qu'est en place le répertoire complet des arguments, riche dès l'origine des virtualités futures, surenchères radicales de l'épisode jacobin ou reculs assagis de

l'époque thermidorienne. Les décrire dans leur dispa-
rité ne doit donc pas retenir de penser l'unité intellectuelle d'une Révolution fondée sur les droits de
l'homme. Mais cette unité demeure une exigence
régulatrice, un horizon de la réflexion, et non un
donné moral et émotif dont il n'y aurait plus qu'à
déployer les conséquences.

    « Critique », enfin, s'entend aussi à l'égard de soi-
même. Trier dans les épisodes composites et les
enjeux contestés de la Révolution française, repasser
dans les récits multiples des historiens, n'implique pas
qu'on se mette soi-même en situation de neutralité.
Aucune narration n'est neutre, aucune interrogation
affranchie de la donne culturelle, et toutes deux sont
immergées dans l'univers des préoccupations et des
valeurs présentes. Critique, ce *Dictionnaire* se doit
donc d'inclure une réflexion sur l'origine et les enracinements de son propre questionnement. Il doit
tenter de les comprendre et de les faire comprendre,
ce qui nous invite à réfléchir sur le rapport du présent
au passé, qui donne sa profondeur à toute histoire.

    La manière la plus simple d'illustrer ce rapport est
de souligner la date où ce *Dictionnaire* voit le jour. Il
s'inscrit dans une conjoncture de célébration. Par là, il
est commémoratif, tout en se voulant critique du phénomène commémoratif. Se déclarer « fils de la Révolution », cela s'est souvent entendu en effet au sens
d'une adhésion globale, qui excluait toute distance et
imposait de partager, voire de revivre les émotions et
les convictions des acteurs. Dans l'expression, si souvent martelée, que la Révolution est notre « mère »,
Quinet déjà dénonçait le chantage à la piété incondi-
tionnelle et à la dévotion obligée. L'argument pourtant devait lui survivre : le centenaire, puis le cent
cinquantenaire de la Révolution ont développé le
thème d'un héritage non seulement à honorer mais à
revivre, pour le continuer. Dans la tension entre les
droits abstraits de l'homme et leur réalisation existe
une élasticité infinie de l'héritage, présente dès 1789,
et qui nous survivra. C'est dans cet espace que se

déplace la passion commémoratrice, pour rassembler les fils de la Révolution autour de leurs ancêtres, et au nom de leurs descendants : continuité vertigineuse qui sert de justification au désir d'appropriation et lui donne le change.

C'est ce lien émotif, présenté sous une apparence intellectuelle, que récuse un travail critique. La Révolution française appartient à tous les citoyens : même ceux qui ne l'aiment pas en sont les fils, car ils n'ont pas le choix. Du passé en nous, ce *Dictionnaire* cherche à établir la présence, en montrant comment travaille depuis deux cents ans dans le monde l'idée d'universalité des hommes. L'étonnant n'est pas seulement que quelques-uns détestent encore la Révolution française ; mais plutôt que ceux qui font profession de l'aimer en méconnaissent la force et les effets.

Nous sommes déjà loin de la Révolution française et nous vivons plus que jamais dans le monde qu'elle a ouvert. Une proximité nouvelle est née de la distance. Les deux cents années qui nous séparent de 1789 ont comporté des événements qu'il nous faut désormais retraverser pour l'aborder et la comprendre, mais ceux-ci précisément ont rendu plus pressantes quelques-unes des interrogations sur la Révolution française. C'est parce que le regard que nous portons sur elle s'est chargé des perplexités et des angoisses du parcours que nous interrogeons aujourd'hui autrement l'expérience démocratique qu'elle inaugure. La découverte au xxᵉ siècle d'une forme inédite de despotisme ne nous porte nullement à conclure que des Lumières au Goulag la conséquence est bonne, ni même que la démocratie comporte nécessairement une embardée vers la société totalitaire. Mais elle nous rend plus attentifs aux possibilités d'un dérèglement de la politique démocratique et plus conscients de ses virtualités despotiques.

Comment d'ailleurs pourrait-il en être autrement, alors qu'il est question de la Révolution française ? L'exemple jacobin a obsédé Lénine et Trotski. La révolution russe a obsédé en retour Albert Mathiez et

ses successeurs. Aujourd'hui cette analogie trop
simple, et qui a eu pourtant tant de force, revient
frapper comme un boomerang ceux qui l'ont impru-
demment brandie comme un certificat. L'historien se
trouve débarrassé d'un anachronisme, moins d'ailleurs
par les vertus de sa recherche que par le cours des
événements ; mais son sujet se trouve enrichi d'une
sédimentation historiographique supplémentaire à
laquelle il lui faut aussi donner un sens. Ainsi cette fin
de siècle a-t-elle retrouvé par la force des choses des
questions anciennes, auxquelles notre *Dictionnaire*
redonne la place qui leur est due. D'où le nombre
d'articles qui insistent sur la tension, au sein de la
politique révolutionnaire, entre la volonté du plus
grand nombre et la volonté générale ; sur l'anonymat
de la puissance souveraine, d'autant plus contrai-
gnante qu'elle est plus neutre ; sur la confiscation toujours possible de cette souveraineté par des factions ;
sur l'absence de tout recours pour l'opposition dans
un système où la représentation du peuple souverain
est pensée comme indivisible et toute-puissante.

Mais la proximité et même l'urgence de ces questions se détachent désormais sur le fond d'un éloignement qui s'est beaucoup aggravé. Cela peut se dire de
la manière la plus plate : beaucoup de temps a passé
depuis 1789, et avec lui s'est émoussée la mémoire
des péripéties révolutionnaires — encore prodigieuse
de fraîcheur dans les premières histoires du XIXe siècle
— et s'est défait le sentiment de familiarité et de solidarité avec les acteurs : rien ne nous paraît aujour-
d'hui plus daté que les histoires qui tournent autour
de l'élection d'un héros — Robespierre ou Danton —,
et nous avons du mal à comprendre que tout — carrières, œuvres, amitiés — se soit dramatiquement joué
autour de ces préférences. Cela peut être dit de
manière plus décisive : les enjeux politiques étaient
encore vivants dans la conjoncture du centenaire, une
France célébrait alors son acte de naissance face à une
autre France, circonstance qui favorise toujours le
sentiment de vivre, contre les mêmes hommes, les

mêmes événements. Autour du cent cinquantenaire, cette solidarité pugnace vivait encore : le régime de Vichy n'est pas intelligible sans prendre en compte son inspiration contre-révolutionnaire. Tout comme l'emprise communiste sur l'électorat français de gauche, dans le demi-siècle qui sépare le Front populaire et l'élection de François Mitterrand à la présidence de la République, est inséparable de l'héritage jacobin. Dans les deux cas, d'ailleurs, il s'agit d'une filiation explicitement reconnue et revendiquée.

Or, ce point de repère fondamental s'efface depuis la guerre de l'horizon national. Il y a eu tout le remue-ménage de l'économie, une rapidité de croissance des richesses produites jamais vue dans notre histoire, l'ouverture du pays au marché international, le brassage des marchandises et des idées. La France d'aujourd'hui ne ressemble plus guère à celle de nos enfances, qui était encore, jusqu'au milieu du siècle, celle du XIXᵉ siècle. Elle n'a plus beaucoup de paysans, et sa classe moyenne est beaucoup plus vaste ; l'exil de la vie ouvrière, auquel le parti communiste donnait sa dignité, se résorbe sous nos yeux. La société est plus moderne et les Français beaucoup plus semblables les uns aux autres qu'ils n'étaient il y a un siècle. Mais du coup ils ont moins besoin de l'unité que cherchait à leur forger l'entretien pédagogique du souvenir révolutionnaire. Désormais absorbée dans une culture commune, moins tributaire de fidélités affichées et militantes, la mémoire républicaine se décolore en fonction même de son succès.

Non que la démocratie française n'ait plus d'ennemis mobilisables. Des combats d'hier elle garde encore de vieux antagonistes. Mais ceux-ci ne peuvent désormais combattre que sous des couleurs empruntées aux temps nouveaux. Comme la philosophie des droits universels de l'homme n'a plus d'adversaires apparents, l'unanimité de cette approbation fait oublier aussi les difficultés inséparables de cette fondation subjective du social ; du coup, la société moderne fait voir comme jamais l'écart qui sépare ses

principes de leur application. Ainsi naissent de nouvelles tensions civiles, superposées aux anciennes et
pourtant inédites.

Un autre élément de la culture révolutionnaire est
en train de bouger dans les esprits et dans les mœurs,
et ce n'est pas le moindre : l'idée de nation, tout simplement. Notre génération a vu disparaître les soldats
de Verdun et vieillir les hommes de la Résistance.
Tout ce qui sépare les deux épisodes n'empêche qu'ils
témoignent ensemble d'une passion collective comparable : l'habitude nouée, depuis la Révolution, d'investir la nation du sentiment de l'universel. Mais la
Seconde Guerre mondiale a spectaculairement réduit
le rôle des vieux pays européens comme la France
dans l'histoire du monde : la prospérité et l'évolution
des mœurs ont modifié aussi le sens de l'appartenance
collective. La guerre de 1914, pour ne rien dire des
campagnes napoléoniennes, est difficile même à imaginer pour un jeune Français d'aujourd'hui. A l'ordre
du jour de son temps figure une Europe probléma-
tique, puisque les économies peuvent s'unir plus facilement que les histoires. De quelle puissance d'oubli,
ou de quelle synthèse, faudra-t-il pourvoir les citoyens
des plus vieux Etats-nations de l'univers, eux qui se
sont battus si longtemps pour les constituer en corps
politiques unifiés ? Pour aborder cette question, la
France n'a rien à oublier de son passé, et moins que
tout la Révolution puisque cette épopée particulière
s'est voulue annonciatrice de l'émancipation collective
de l'humanité. Mais elle peut de moins en moins
penser ce passé sous la forme d'un modèle incompa-
rable.

Enfin si les mœurs ont changé, les lois et les institutions aussi. La fin du xixᵉ siècle avait vu la fondation
durable de la République dans notre histoire. Cette fin
du xxᵉ siècle nous montre le consensus de l'opinion
publique sur une nouvelle Constitution désavouée au
départ par la tradition républicaine, telle qu'elle était
issue du legs révolutionnaire et du xixᵉ siècle. Non
seulement la cinquième République est née en 1958

d'une espèce de coup d'Etat, mais elle a institué en
1962 l'élection du président au suffrage universel :
double raison de rejet, pour les héritiers de la Révolution, des radicaux aux communistes, 1789 et 1793
ensemble. Or, ce qui s'est passé dans l'opinion est
différent : la disposition de 1962 y a complètement
effacé l'origine incertaine du régime. La nomination
directe du chef de l'exécutif par le peuple a acquis la
valeur d'un droit trop longtemps ignoré, et de Gaulle
semble avoir trouvé la clé de cette République monarchique qui réconcilie deux cents ans après l'Ancien
Régime et la Révolution.

Dans le même temps s'est mis en place, et a pris
rapidement racine, un corps de magistrats chargé du
contrôle de la constitutionnalité des lois. Cette juridiction nommée par les premiers personnages de la
République procède aussi du suffrage du peuple,
mais indirectement, à travers eux. Il s'agit de répartir
sur plusieurs points, à l'américaine, la puissance du
peuple souverain, de façon à n'en pas faire un risque
pour la liberté des citoyens. L'accroissement de ses
compétences et de son rôle a fait du Conseil constitutionnel, au fil des ans, une institution fondamentale
de la cinquième République ; cette évolution, si régulière qu'elle a paru presque naturelle, est aussi en
rupture avec l'esprit républicain tel que l'avait formé
notre histoire depuis 1789. L'idée d'un pouvoir particulier, supérieur à l'Assemblée législative en matière
constitutionnelle, s'apparente en effet à une logique
de « *checks and balances* », qui a certes ses lettres de
noblesse en France, depuis Montesquieu, mais qui
est étrangère au rationalisme des hommes de la
Révolution française et de leurs héritiers. Dans la
mesure où il joue le rôle non seulement d'un
contrôle, mais aussi d'une véritable dissuasion par
rapport au législateur, le Conseil constitutionnel
procède d'un esprit contra-dictoire avec le fameux
légicentrisme à la fois révolutionnaire et républicain
si bien analysé par Carré de Malberg entre les deux
guerres.

Affaiblissement du législatif, élection de l'exécutif au suffrage universel, contrôle de constitutionnalité : les trente dernières années de notre histoire ont marqué une triple rupture avec l'orthodoxie républicaine. Mais cette rupture est aussi l'occasion de retrouvailles avec des aspects de la Révolution française qui, pour n'avoir pas donné naissance à une tradition, ont été quelque peu oubliés. Elle nous fait redécouvrir le paradoxe d'une Déclaration des droits qui excluait sans doute l'idée d'une loi fondamentale au-dessus de la volonté du législateur, mais reconnaissait pourtant aux droits de l'homme un caractère absolu et imprescriptible, supérieur à l'ordre constitutionnel. Elle nous rappelle que si l'entreprise révolutionnaire peut être interprétée comme une tentative de conjurer à l'avance et de réduire les incertitudes de l'avenir, il y a eu aussi, avec Condorcet, des révolutionnaires pour refuser d'enfermer la Déclaration des droits elle-même dans une formule définitive et préserver les droits à l'interprétation des générations futures. Elle attire à nouveau l'attention sur des voix originales et vigoureuses, comme celle de Sieyès, lorsque distinguant le « pouvoir constituant » du « pouvoir législatif » il proposait une juridiction spéciale, précisément chargée de contrôler la constitutionnalité des lois. Tout se passe donc comme si, en refaisant à l'envers le chemin de leur xIxᶜ siècle, les Français retrouvaient une fois encore le plus grand événement de leur histoire, dans l'extraordinaire richesse de ses propositions et de ses virtualités. Puisse cet inventaire critique le faire sentir. Ce fut en tout cas son ambition.

François Furet
Mona Ozouf

CAMPAGNE D'ITALIE

La campagne d'Italie, tremplin pour la carrière de Bonaparte, débuta en avril 1796 et se termina lors des préliminaires de paix signés avec les représentants autrichiens à Leoben en avril 1797. Elle n'a cessé de susciter des débats dans les différents courants de l'historiographie française et italienne. Ces débats se sont fixés sur quatre points principaux : pourquoi l'Italie ? Pourquoi Bonaparte ? Qu'était l'Italie de 1796 devant la Révolution française ? Bonaparte ne fut-il qu'un pâle exécutant d'une politique et d'une stratégie dictées par le Directoire, ou bien un génial chef de guerre qui se transforma, dans la péninsule, en homme d'Etat indépendant ?

★
★ ★

Les campagnes militaires du printemps 1796, rendues nécessaires par l'échec des négociations avec les Etats de la coalition (Autriche, Russie et Angleterre), furent élaborées sous la direction de Carnot par le cabinet historique et topographique dirigé par Clarke et Dupont qui en dressèrent le plan. Après consultation des généraux, Carnot le fit adopter par le Directoire. Pour Carnot l'effort principal contre l'Autriche devait porter sur l'Allemagne par l'armée de Sambre-

et-Meuse (dirigée par Jourdan) et par celle de Rhin-
et-Moselle (sous Moreau). Le but qui leur était
assigné : traverser le Rhin et marcher en direction du
Danube. L'armée « d'Italie », commandée par Scherer,
n'occupait guère que la Ligurie. Carnot s'inspira des
vues présentées depuis deux ans par le général de
l'intérieur, Bonaparte, et résumées par lui dans une
note du 29 nivôse an IV (19 janvier 1796) : pour
contraindre le Piémont à sortir de la coalition, l'armée
devait envahir le territoire piémontais, puis la Lombardie autrichienne. Mécontent de ce plan, Scherer
démissionna. Il fut remplacé le 2 mars par Bonaparte.
Si l'on en croit les Mémoires de Barras, ce fut lui le
responsable de ce choix. D'après La Révellière, ce fut
une décision du Directoire unanime. Il semble bien
que ce fut Carnot qui joua le rôle décisif. Il avait lu
tous les plans de campagne en Italie du Nord pré-
sentés par Bonaparte de 1794 à 1796. Il savait que cet
artilleur avait la formation et l'expérience d'un chef.
    Sa nomination surprit pourtant une grande partie
de l'opinion. Pour commander une armée ne fallait-il
pas être un vieux routier issu de la troupe ou un jeune
héros des armées de l'an II ? Entraient dans cet éton-
nement teinté de mépris d'autres facteurs. L'ignorance des « armes savantes » — que Carnot ne pouvait
partager —, le mépris des opérations de police —
Bonaparte ne demeurait-il pas, pour beaucoup, le
« général Vendémiaire » ? Aussi, on doit le dire, les
Corses apparaissaient à certains comme des Français
douteux. Dans une lettre à Reubell, Dupont de
Nemours demandait : « Ne savez-vous pas ce que c'est
que des Corses ? » Il affirmait : « Depuis deux mille
ans personne n'a jamais pu compter sur eux. Ils sont
mobiles par nature, ils ont toute leur fortune à faire. »
Ce chauvinisme latent, que l'on retrouve accentué
lorsqu'il s'agit des Italiens, même attachés à la Révolution, était conforté par la nomination récente de
Saliceti au poste de commissaire à l'armée d'Italie. La
légende antinapoléonienne était née avant la légende
napoléonienne. Pour les royalistes et les modérés,

point de problème : le « Jacobin de Vendémiaire » qui présida le 21 janvier 1795 la cérémonie anniversaire de l'exécution de Louis XVI n'était pas un adversaire sérieux. Mallet du Pan manqua singulièrement de lucidité quand il parla de « ce Corse terroriste nommé Bonaparte, le bras droit de Barras », du général « qui n'a pas trente ans et nulle expérience de la guerre », du « petit bamboche à cheveux éparpillés, bâtard de Mandrin ». Les généraux de l'armée autrichienne payeront cher leurs illusions sur le « giovinastro » que le Directoire leur opposait. Le choix de Bonaparte fut en fait, pour le Directoire, un pari raisonnable. Le 12 mars, le jeune général en chef était en route vers l'Italie.

Mais quelle Italie ? La carte laisse apparaître deux traits majeurs : l'état de division séculaire et l'influence, directe ou indirecte, de la maison des Habsbourg. Au nord — contrefort des Alpes, Piémont, plaines —, sept Etats « souverains », dont deux républiques oligarchiques : Gênes réduite à un territoire squelettique et la Sérénissime qui s'étend de la Vénétie aux îles Ioniennes. L'Emilie est découpée entre Parme (tenu par un Bourbon), Modène (dont le duc a marié sa fille unique à un Habsbourg) et l'appendice septentrional de l'Etat pontifical (connu sous le nom de Légations). Mais pour la République deux Etats sont importants : la Lombardie, autrichienne depuis 1713, le Piémont, base de l'Etat « savoyard » ou « royaume de Sardaigne » dont la capitale est Turin. Ce sont les deux seuls Etats dont l' « instruction pour le général en chef de l'armée d'Italie », remise à Bonaparte par le Directoire, exigeait de séparer les forces par une offensive rapide : contraindre Turin à la paix et chasser les Autrichiens de Milan. « Les détails d'exécution appartiendront au général en chef. » Il n'était point question de l'Italie centrale dont les deux centres importants étaient le grand duché de Toscane de Ferdinand de Habsbourg (le premier à s'être détaché de la coalition en 1795), et l'Etat pontifical. Moins encore du royaume de Naples

et de Sicile dont la reine, Marie-Caroline, était elle
aussi une Habsbourg. Ce particularisme territorial se
doublait d'une très grande inégalité — séculaire — de
développement économique et de structure sociale.
En Italie du Nord et en Toscane se situent, dans les
villes et dans les campagnes qui se sont transformées
au XVIII° siècle, les pôles de développement. Ce fut là
où prit son essor le « despotisme éclairé ». Ce fut là où
s'était formé depuis 1789 ou 1791 un mouvement
démocratique jacobin favorable à la Révolution française. L'historiographie italienne d'aujourd'hui souligne qu'il fut moins isolé que ne l'écrivaient les historiens d'hier. Avant la campagne de 1796, il n'y eut
aucune hostilité des masses à l'égard de la Révolution.
Ce qui est vrai, en revanche, c'est que la plupart des
Français qui ont connu l'Italie de cette époque ont
exprimé leur mépris ou leur scepticisme à l'égard du
jacobinisme italien. Au ministre Delacroix, qui consul-
tait en juillet 1796 les agents diplomatiques français
en Italie, le consul Fourcade répondait : « Les Italiens
en général ne tiennent à l'espèce humaine que par les
formes qui la distinguent et par les vices qui la désho-
norent. » D'autres, plus nuancés, estimaient que les
Italiens n'étaient pas mûrs pour la liberté et que les
Jacobins italiens exilés en France et de retour chez eux
avec l'armée de Bonaparte n'étaient que des rêveurs
coupés de toute racine populaire. Et pour Carnot,
l'Italie n'était qu'un citron à presser et un territoire
secondaire dans la grande lutte contre l'Autriche, où
tout devait se jouer entre Rhin et Danube. C'était
compter sans Bonaparte.

Rappelons ici, avant de suivre le déroulement de la
campagne, le débat ouvert en 1936 par l'historien italien G. Ferrero. Pour lui Bonaparte n'a été en Italie
qu'un exécutant et le disciple d'un seul maître. Exécutant fidèle de la politique décidée à Paris : on le
verra plus loin. Médiocre stratège, il n'aurait fait que
suivre les idées de Guibert dont les travaux rompaient
avec les lois militaires du XVIII° siècle, celles d'une
guerre limitée, et annonçaient la guerre totale de la

Révolution. Il n'aurait fait qu'appliquer un plan de campagne élaboré par d'autres — ce qui est faux — grâce à la violation de la neutralité des Etats italiens et aux concessions de ses adversaires. Les faiblesses de cette thèse ont été démontrées. Bien sûr Bonaparte avait lu Guibert, dont l'*Essai général de tactique* préconisait l'action de masse et la rapidité. Mais il avait aussi étudié les campagnes de Frédéric II, médité sur les travaux de l'anglais Lloyd, du chevalier Du Teil, de Bourcet. Ce n'était pas l'élève d'un seul maître. Et il manifesta, tout au long de cette campagne, une souplesse d'adaptation aux circonstances, une prudence extrême dans les risques à courir. Nul ne conteste aujourd'hui le génie militaire de Bonaparte. Son indépendance politique à l'égard du Directoire augmentera avec les victoires.

Le déroulement de la campagne fut celui d'un film à séquences successives. Première séquence : la rencontre du général en chef avec son armée le 29 mars à Nice. Une armée d'environ 45 000 hommes ; la plupart d'entre eux venaient des grandes « levées » de 1792 et 1793 dans les Alpes, en Provence, dans les Cévennes ; s'y étaient ajoutés, après la paix de Bâle, les contingents pyrénéens menés par Augereau. Peu de cavaliers — la cavalerie lourde fera défaut dans la plaine du Pô. Une artillerie suffisante, mais les voitures et les chevaux nécessaires à son transport manquaient presque totalement. Tout reposait sur l'infanterie. Ces soldats, mal nourris, mal vêtus, mal chaussés, étaient devenus des pillards. Ils sèmeront la terreur pendant toute la campagne. Alfieri évoque « toute la ladrerie de Provence et de Languedoc » se ruant sur sa patrie. Tels soldats, tels généraux. A part Sérurier, officier nourri dans les strictes habitudes de l'ancienne armée, et l'Allemand Stengel, chef de la cavalerie, Bonaparte rencontre deux chefs aimés de leurs troupes : Masséna, plus pillard encore que ses soldats, Augereau, dont le courage était légendaire, le goût du panache et de la gloriole partout affiché. Il manquait un véritable chef d'état-major. Bonaparte fit

venir de l'armée des Alpes celui qui sera pendant
toutes ses campagnes ultérieures le plus sage et le
meilleur des seconds : Berthier. Dès son arrivée, le
nouveau commandant en chef s'imposa à ses divisionnaires. Deux jours plus tard, il haranguait ses soldats
et des phrases réellement prononcées, il fit ensuite un
morceau de bravoure : « Soldats, vous êtes nus. Je vais
vous conduire dans les plus fertiles plaines du monde ;
de riches provinces, de grandes villes seront en votre
pouvoir, vous y trouverez honneur, gloire et richesse.
Soldats d'Italie, manqueriez-vous de courage ou de
constance ? » Point de départ d'une campagne publicitaire que par ses proclamations comme par ses
lettres Bonaparte organisera lui-même, non sans
succès.

   Deuxième séquence : le Piémont. Face à deux corps
de troupes, les quelque 15 000 hommes du Piémontais Colli, dont le camp était à Ceva, dans la vallée du
Tanaro, les 25 000 Autrichiens commandés par Beaulieu, qui s'étaient retirés vers le nord, Bonaparte
résolut d'attaquer Ceva de deux côtés, afin d'écraser
l'armée de Colli avant que l'armée de Beaulieu ne
puisse le secourir. Une attaque surprise des Autrichiens à Voltri (en territoire génois) l'oblige à modifier
ses plans. En quinze jours son armée réussit à couper
les Autrichiens des Piémontais, et le 23 avril Colli
demande un armistice. Le gouvernement piémontais,
inquiet des mouvements révolutionnaires encouragés
par Augereau, signa le 28 l'armistice de Cherasco qui
livrait à Bonaparte Coni, Tortone et Alexandrie.
Bonaparte sut faire valoir ses victoires. A Barras il
écrivait — pour que cela se sût — qu'il avait en dix
jours fait 12 000 prisonniers. A ses soldats il lança la
première déclaration écrite de sa main que les journaux parisiens allaient répandre : « Soldats, vous avez
en quinze jours remporté six victoires [...]. Mais, soldats, vous n'avez rien fait puisqu'il vous reste encore à
faire [...] tous veulent, en rentrant dans leurs villages,
pouvoir dire : j'étais de l'armée conquérante d'Italie. »
Le Piémont neutralisé et lourdement mis à contribu-

tion (5 millions dans les zones laissées à la France à Cherasco), restait le gros morceau et l'adversaire principal : la Lombardie autrichienne.

La troisième séquence, ce fut à la fois la rapide percée vers Milan et les premiers désaccords entre le commandant en chef et les autorités parisiennes. Percée rapide parce que Beaulieu fuyait le combat. La bataille du pont de Lodi, magnifiée par une gravure célèbre (pur instrument de propagande, elle fut gravée à Gênes sur les instructions de Faipoult pour être diffusée en France), transformée en victoire par les bulletins envoyés à Paris par Bonaparte et Saliceti, n'était qu'un coup de main contre une petite arrière-garde laissée à Lodi par Beaulieu. En fait l'armée autrichienne, loin d'être détruite, put se retirer en bon ordre. Mais les Français purent occuper Milan, dès le 14 mai, et Bonaparte y fit une entrée triomphale. Il promit la liberté aux Milanais : « Vous serez libres et plus sûrs de l'être que les Français. Si l'Autriche revient à la charge, je ne vous abandonnerai jamais. » Premier signe ouvert d'une politique personnelle qui allait opposer, en dépit de ce qu'a écrit Ferrero, le commandant en chef de l'armée d'Italie au Directoire et à Paris. La veille de son entrée à Milan, Bonaparte avait reçu une missive de Carnot contenant les nouvelles directives du gouvernement : renoncer à poursuivre jusqu'au Tyrol l'armée autrichienne, diriger ses troupes vers l'Italie centrale, abandonner à Kellermann le commandement des forces françaises en Lombardie, éviter toute action révolutionnaire en Italie. Sur les deux premiers points, Bonaparte n'était pas fâché des nouvelles instructions venues de Paris, car une campagne contre le Tyrol alors que les armées de Moreau et de Jourdan piétinaient était aventureuse. Sur le dernier point — l'attitude à l'égard des révolutionnaires italiens —, il se conduisait d'une façon empirique et selon les circonstances. A Cherasco il avait sacrifié au roi de Sardaigne les républicains piémontais. Mais à Milan il devait, pour le moment, s'appuyer sur la seule force politique favorable : les Jaco-

bins. Les libéraux milanais, héritiers du despotisme
éclairé, attendaient l'issue de la lutte pour se compromettre avec la France révolutionnaire. Si bien que la
propagande jacobine et unitaire put se développer
librement pendant quelques mois dans la presse lom-
barde. Sur le troisième point, en revanche, Bonaparte
refusa avec hauteur les directives de Carnot : « Si vous
rompez en Italie l'unité de la pensée militaire, je vous
le dis avec douleur, vous avez perdu la plus belle occasion d'imposer des lois en Italie. » « Réunir Kellermann et moi en Italie c'est vouloir tout perdre. » Il
n'était pas prêt à céder son armée. Le Directoire le
comprit et, bon gré mal gré, confirma Bonaparte dans
son commandement unique.

Quatrième séquence : la razzia en Emilie et en Toscane. Les missives réitérées des autorités parisiennes
décidèrent Bonaparte à entreprendre, en juin, l'expédition en Italie centrale qui lui était prescrite. L'objectif était triple ; rançonner des villes prospères et
riches, chasser les navires anglais des côtes italiennes,
amener les souverains à composition. Avant de partir
il réussit à arracher de l'envoyé du roi de Naples une
convention de neutralité (6 juin). Le contingent napo-
litain se retirait de la coalition. Puis il descendit vers le
sud. Les légations pontificales furent occupées entre le
18 et le 23. A Bologne il imposa aux envoyés du pape
Pie VI un armistice qui lui permit d'économiser une
poussée vers Rome. Le pape récupérait Ravenne, mais
livrait Bologne et Ferrare en attendant que les troupes
françaises puissent occuper Ancône. Il s'engageait, en
outre, à payer 21 millions de livres, à livrer 100
œuvres d'art et 500 manuscrits. Après le pape, le
grand duc de Toscane, qui avait été pourtant le premier à avoir choisi la neutralité, en février 1795. Au
passage Bonaparte occupa Pistoia (26 juin) et arracha
à la république de Lucques (qui n'était jamais entrée
dans la coalition) une rançon en argent et en armes
pour éviter le passage des troupes françaises. Après
quoi la division du général Vaubois occupa Livourne.
Ce grand port toscan, ouvert par le grand duc au libre

commerce avec l'étranger, était un objectif essentiel dans la lutte contre l'Angleterre. Mais les Anglais eurent le temps de rembarquer la plupart de leurs marchandises et ce manque à gagner exaspéra Bonaparte qui misait sur un bénéfice de 10 millions et en toucha trois fois moins. Reçu à Florence par le grand duc Ferdinand — le frère de l'empereur —, Bonaparte repartit vite vers Milan où il arriva le 13 juillet.

Cette expédition en Italie centrale eut une triple importance. Elle fut d'abord une razzia : le pillage de l'Italie, en argent et en œuvres d'art, avait déjà commencé au Piémont et en Lombardie, mais l'Emilie et la Toscane lui donnèrent une ampleur considérable. C'était l'intention avouée du Directoire. Dès le 7 mai une directive envoyée de Paris au général en chef exprimait cette volonté : « Le Directoire exécutif est persuadé, citoyen général, que vous regardez la gloire des beaux-arts comme attachée à celle de l'armée que vous commandez. L'Italie leur doit en grande partie ses richesses et son illustration, mais le temps est venu où leur règne doit passer en France pour affermir et embellir celui de la liberté. Le Musée national doit renfermer les monuments célèbres de tous les arts, et vous ne négligerez pas de l'enrichir de ceux qu'il attend des conquêtes actuelles de l'armée d'Italie et de celles qui lui sont encore réservées. Cette glorieuse campagne, en mettant la République en mesure de donner la paix à ses ennemis, doit encore réparer les ravages du vandalisme et joindre à l'éclat des trophées militaires le charme des arts bienfaisants et consolateurs. Le Directoire exécutif vous invite donc à rechercher, à recueillir et à faire transporter à Paris les objets de ce genre. » Bonaparte était d'accord avec Carnot pour « pressurer » le citron. Après avoir imposé 5 millions aux zones piémontaises que lui abandonnait Cherasco, il écrivait au Directoire le 28 avril : « En passant je compte rançonner le duc de Parme. » En Lombardie : « Nous tirerons de ce pays 20 millions » (17 mai). Le duc de Modène dut payer 10 millions et abandonner une vingtaine de tableaux

dont le *Saint Jérôme* du Corrège. Après l'expédition
d'Italie centrale, les profits augmentèrent considérablement. Selon une estimation de décembre 1796, le
pillage avait déjà rapporté 46 millions de francs en
argent et 12 millions en nature. Il faut ajouter à ce
butin « légal » les profits particuliers des soldats et des
généraux, notamment Masséna, Berthier, Bonaparte
lui-même, qui arracha à l'Italie près de 3 millions,
sans compter les cadeaux envoyés à sa famille, hier
famélique. Mais il voulait régulariser le pillage, écarter
du butin la cohorte de fournisseurs, de spéculateurs
de toute sorte, de parasites qui entouraient son armée
et, surtout, satisfaire celle-ci. La décision capitale avait
été prise le 20 mai : la solde serait payée pour moitié
en numéraire, alors que les armées du Rhin ne touchaient que des assignats. On comprend la popularité
acquise dans toutes les troupes de la République par
le général en chef de l'armée d'Italie. Pour lui le pillage a été l'occasion d'un formidable investissement.

Le passage en Italie centrale signifia dans la destinée
de Bonaparte une étape capitale. Avoir fait trembler le
pape, avoir été reçu à dîner par un Habsbourg, c'était
la mue d'un jeune général, hier peu connu, en homme
politique soucieux de son indépendance. Il n'était plus
disposé, désormais, à se montrer docile et à se laisser
rogner les ongles par un gouvernement d'avocats. Il se
plaignait ouvertement des commissaires civils qu'on
lui avait adjoints. « Ils n'ont rien à voir dans ma politique », écrivait-il. Or ce fut précisément en Emilie
que cette politique se précisa. Il y trouva une situation
fort différente de celle qu'il avait connue à Milan, où il
avait dû laisser les mains libres aux « patriotes » jacobins. A Ferrare, avec son conseil des centurions, à
Bologne, avec son Sénat, il rencontrait des aristocrates
libéraux et des grands bourgeois éclairés dont l'attachement aux libertés municipales s'accommodait fort
bien de la présence française. Bonaparte saisit la possibilité d'une troisième voie entre un jacobinisme italien qui lui pesait déjà et la politique brutale que dic-
tait Paris. N'était-ce pas là, comme il l'écrivait à

Carnot le 2 juillet, l'embryon d'une « république aristo-démocratique » ? Ces patriciens italiens, comme l'a bien vu Albert Sorel, tenaient à la fois des Feuillants de 1789 et de ce que seront demain les républicains de Brumaire. A court terme, l'expérience émilienne va dicter à Bonaparte sa politique de réorganisation de l'Italie. A long terme, elle préfigura la France du Consulat. D'un despotisme éclairé à l'autre.

★
★ ★

La cinquième séquence commença mal. Tout se jouait autour de Mantoue, où Beaulieu avait laissé un corps de 13 000 hommes. Bordée sur deux côtés de zones marécageuses que traversaient quatre chaussées, isolée au nord et à l'ouest par les larges eaux du Mincio, la ville semblait comme protégée par la nature. On s'est demandé pourquoi Bonaparte, au lieu de poursuivre Beaulieu dans le Tyrol, s'était obstiné à vouloir prendre Mantoue. Il y était contraint, car s'il avançait vers le nord, il risquait d'être menacé sur ses arrières par la garnison autrichienne laissée dans la ville ; Stendhal l'a bien vu, « tant que Mantoue n'aurait pas été prise, on pourrait dire que les Français avaient parcouru mais non pas conquis l'Italie ». Wurmser, qui remplaçait Beaulieu dans le Tyrol, disposait d'une armée de 50 000 hommes à laquelle Bonaparte ne pouvait opposer que 39 000 soldats. Fin juillet les Autrichiens prirent l'offensive sur trois axes. Le 29 Bonaparte dut évacuer l'Adige. Le flanc ouest de son armée, commandé par Sauret, était accablé par les troupes de Quasdanovitch. Bonaparte écrivait à Augereau le 31 : « L'ennemi a percé notre ligne sur trois points. Il est maître de Corona et de Rivoli [...]. Masséna et Joubert ont été obligés de céder à la force ; Sauret a abandonné Salo ; l'ennemi s'est emparé de Brescia. » Mais il passait sous silence ses propres responsabilités. Depuis trois jours, il avait abandonné ses divisionnaires à eux-mêmes pour retrouver à Brescia

l'infidèle Joséphine. Début août il décida de lever
momentanément le siège de Mantoue et d'attaquer les
corps divisés de l'armée autrichienne en concentrant
ses troupes sur chacun d'eux isolément. Il jouait sur la
vitesse, la mobilité et la concentration pour pallier,
grâce à des coups successifs et rapides, l'infériorité
numérique de ses effectifs. Ce furent les combats de
Castiglione qui obligèrent les Autrichiens à regagner le
Tyrol (6 août). Castiglione ne fut pas une grande victoire mais inaugurait la stratégie napoléonienne. Les
bulletins de victoire et les lettres envoyés au Directoire
masquaient la situation réelle. « L'armée autrichienne
a disparu comme un songe » : c'est Bonaparte qui
écrit. Et Berthier ajoute : « L'Italie nous est assurée. »
En réalité Wurmser avait conservé une armée à peine
diminuée dont il compléta rapidement les effectifs, et
l'on ne pouvait songer à assiéger Mantoue, faute de
matériel : on se contenta d'en faire le blocus. L'armée
française était épuisée alors que Carnot lui prescrivait
de coordonner ses efforts avec ceux des armées d'Allemagne qui pénétraient en Bavière et d' « aller porter
les conquêtes de la République jusqu'à Innsbruck ».
Pendant tout le mois d'août, ce fut l'inaction forcée.
Des renforts venus de France permirent de compléter
les effectifs dont disposait Bonaparte, qui reprit l'offensive le 1er septembre. Wurmser se réfugia dans
Mantoue. Il tenta d'en sortir : ce fut la bataille de
Saint-Georges (15 septembre). Refoulé, il dut s'enfermer dans la ville. Mais la situation restait indécise.
Il fallut plus d'un mois (du 15 septembre à la fin
d'octobre) pour que Bonaparte pût réorganiser son
armée, lutter contre la désertion, le pillage et l'indiscipline. Un mois utilisé pour affirmer sa politique et
confirmer son indépendance. Reggio s'était révoltée
contre le duc de Modène (26 août) et constitué un
gouvernement provisoire qui s'adressa à la France.
Bonaparte soutint la cause des révolutionnaires,
rompit unilatéralement la trêve signée par le duc de
Modène (4 octobre), autorisa la réunion à Modène
d'un congrès où siégeaient les délégués de Ferrare et

de Bologne (16 octobre). Ainsi naquit la Confédération Cispadane, avec une légion italienne et une cocarde tricolore — vert, blanc, rouge —, qui devait rester, pour l'Histoire, le drapeau italien. Militairement ce fut l'Autriche qui prit l'initiative. Sous le commandement du Hongrois Alvinczy, une armée de 50 000 hommes s'apprêtait à débloquer Mantoue. Pour la première fois dans la campagne d'Italie, les forces françaises étaient en état d'infériorité numérique, ses chefs étaient démoralisés. « On ne se bat que nonchalamment et presque avec répugnance, les chefs sont même dégoûtés », écrivait Garrau le 13 novembre. Cela n'empêchait pas Bonaparte ni Berthier d'envoyer à Paris des bulletins de victoire. Le 15 novembre ils décidèrent de réagir et d'attaquer les arrières de l'armée d'Alvinczy dans les marais d'un petit affluent de l'Adige, l'Alpone. Le pont d'Arcole fut attaqué, mais les troupes, selon le témoignage de l'aide de camp Sulkowsky, démontrèrent « une lâcheté inouïe ». Pour enrayer la panique, Bonaparte dut s'élancer sur le pont avec un drapeau. Le lendemain Bonaparte s'emparait d'Arcole : cette difficile victoire ne modifiait en rien les enjeux fondamentaux de la lutte.

Pendant quelques semaines, Bonaparte connut sans doute les moments les plus difficiles de sa carrière. Tout se jouait : l'Italie française et son destin personnel. Son armée avait perdu 7 000 hommes (dont il n'en avoua que 1 000) et montré à Arcole des signes évidents de lassitude et de fléchissement. A Paris, Carnot, à la recherche d'une issue pacifique, décida d'envoyer en Italie le général Clarke, chargé d'une double mission : enquêter sur l'armée de Bonaparte, négocier directement avec l'Autriche une paix qui eût sacrifié la Lombardie et la Confédération Cispadane. Face aux dangers et aux faiblesses, Bonaparte réagit sur tous les plans. Il reprit son armée en main, brisant les mutineries, multipliant les récompenses et les promotions, nommant de nouveaux divisionnaires (Joubert notamment). Politiquement il continua à affirmer

ses vues. Le second congrès cispadan, réuni à Reggio
du 27 décembre 1796 au 9 janvier 1797, transforma la
confédération en une République Cispadane, tandis
qu'à Milan on parlait presque ouvertement d'une
République Transpadane. Clarke, d'abord méprisant
à l'égard de son « jeune camarade », fut vite conquis à
ses vues. Les opérations militaires reprirent en janvier
1797. Quand Alvinczy déclencha l'offensive, les dés
étaient jetés. Le 2 février, Wurmser rendit Mantoue
aux Français. La porte de l'Italie était ouverte. Après
Rivoli (14 janvier), la capitulation de Mantoue permettait tout au vainqueur : contraindre l'Autriche à la
paix, parachever sa politique italienne, s'imposer, ne
fût-ce que par une campagne publicitaire habilement
menée, à un pouvoir parisien déchiré par ses contradictions, miné de l'intérieur par un cancer dont la
double origine était l'impossibilité de faire la paix sans
saper ses bases révolutionnaires, l'impossibilité de sta-
biliser le régime sans l'appui des généraux et des
armées. Et voilà que Bonaparte s'imposait comme le
nœud de ces contradictions, comme une médecine
quasi magique à des maux dont on ne pouvait entre-
voir aucun autre remède.

★

★   ★

Viennent alors de beaux jours. Les lendemains de la
prise de Mantoue, amplifiée par la campagne publicitaire, furent des jours d'ivresse. « Bonaparte qui sait
tout... », écrivait Brune à Barras. Et le tableau d'Ho-
race Vernet qui magnifiait le combat du pont d'Arcole
fut reproduit à d'innombrables exemplaires. L'enthousiasme gagna-t-il les Directeurs ? Leurs problèmes internes pesèrent davantage. Le danger royaliste se faisait sentir en France. Contre Carnot et
Letourneur, Barras et Reubell avaient besoin du cinquième homme : La Révellière, héritier des passions
girondines, ennemi du catholicisme, chantre des
« républiques sœurs ». Ce triumvirat de circonstance

— un cartel des oui — donna à Clarke de nouvelles directives : ne sacrifier ni la Lombardie, ni la Cispadane, ne tenter aucune négociation sans l'assentiment de Bonaparte. C'était un aveu de reconnaissance : tout pouvait passer par le général en chef de l'armée d'Italie, l'enfant prodigue de la Révolution. Mais Bonaparte se souciait peu de ces calculs et n'acceptait les instructions du Directoire que dans la mesure où elles coïncidaient avec ses propres vues. On le vit, en février, dans son comportement à l'égard du pape. Irrité par l'attitude pro-autrichienne de l'entourage pontifical à la veille de Rivoli, le triumvirat conseilla à Bonaparte (3 février) d' « éteindre le flambeau du fanatisme » et de « détruire le centre de l'unité romaine ». Bonaparte partageait le mépris républicain vis-à-vis de la « prêtraille », de la « vieille machine », de l' « imbécile radotage de ses vieux cardinaux ». Mais c'était un homme politique, homme de guerre, diplomate, cyniquement réaliste. Pressé de pousser les Autrichiens jusqu'au bout de leurs forces, il ne voulait pas d'une expédition romaine. Après être entré à Ancône le 5 février, il imposa, le 19, aux envoyés du pape, la paix de Tolentino. Négligeant toute cause spirituelle, il obtenait de Pie VI la Romagne et 15 millions : un supplément à l'addition présentée lors de l'armistice de Bologne. Une courte phrase résuma cette politique : « 30 millions valent pour nous dix fois Rome. »

Restait à contraindre les armées autrichiennes et à les conduire à cesser les armes. Ce fut fait en mars. L'archiduc Charles manquait d'hommes. Comme devait le reconnaître bien plus tard Bonaparte devenu Napoléon : « L'Autriche, après lui avoir opposé des armées sans général, lui opposait finalement un général sans armées. » La lutte, au nord-est de l'Italie et au Tyrol, fut brève. Le 31 mars ce fut la demande d'un armistice. Les négociations aboutirent à Leoben à de véritables préliminaires de paix (18 avril 1797). Ils contenaient des articles « patents », c'est-à-dire ouverts et publics, et des articles secrets. Ouvertement l'Autriche abandonnait la Belgique et le Milanais. Les articles secrets prévoyaient un remaniement de la carte italienne. Le Milanais et le duché de Modène formeraient une république indépendante à qui Venise céderait Bergame et Crémone. En échange, elle devrait donner à l'Autriche l'Istrie, la Dalmatie et toute la Terre Ferme jusqu'à l'Oglio, et à la France les îles Ioniennes. En principe Venise devrait être « récompensée » par l'acquisition des anciennes Légations pontificales. Pour la rive gauche du Rhin, l'Autriche renvoyait à une décision ultérieure de la diète d'Empire qui en discuterait à Rastatt avec les envoyés de la France.

Leoben n'a pas cessé de susciter, rétrospectivement, polémiques et débats historiographiques. Ferrero a écrit : « Bonaparte avait cédé sur toute la ligne en échange d'une colossale mystification à laquelle la cour de Vienne consentait à se prêter. » Paix « miraculeuse » pour l'Autriche ? Soit, puisqu'elle lui permettait d'empiéter sur le territoire vénitien sans perdre la Rhénanie. N'oublions pas pourtant que la panique régnait à Vienne devant la menace d'invasion française et que l'ultimatum de Bonaparte était sans équivoque : ou céder la rive gauche du Rhin et tout abandonner en Italie, ou garder la Rhénanie et troquer la Lombardie contre la Vénétie. L'Autriche choisit le moindre mal. Pour la France était-ce, comme l'a écrit Raymond Guyot, « l'abandon définitif de la politique de salut public au profit des ambitions de Bonaparte » ? Si le Directoire proclamait son attachement prioritaire à la rive gauche du Rhin, il était attiré par l'expansion en Lombardie. Et Bonaparte lui faisait miroiter une « amélioration » des clauses de Leoben, dont les limites du Rhin. En fait une seule victime à court terme : la République vénitienne. Comme elle l'avait fait hypocritement à Bâle en 1795 en laissant à la Prusse les mains libres en Pologne, la République française sacrifiait Venise sur l'autel de la paix. De ce dépeçage Bonaparte donna lui-même la justification le 19 avril : « Le gouvernement de Venise est le plus

absurde et le plus tyrannique des gouvernements ; il
est hors de doute qu'il voulait profiter du moment où
nous étions dans le cœur de l'Allemagne pour nous
assassiner. Notre république n'a pas d'ennemi plus
acharné. » Dès lors Venise devait être rayée de la carte.
Profitant de pseudo-révolutions qui avaient éclaté
dans la région de Vérone, Bonaparte déclara — unilatéralement — que l'état de guerre existait entre Venise
et l'armée française (2 mai) ; 3 millions, 5 vaisseaux,
20 tableaux et 500 manuscrits, voilà le prix pour la
France. Et Venise devint autrichienne.

Du château de Mombello, près de Milan, Bonaparte fit une véritable cour où il recevait pêle-mêle des
admirateurs venus de Paris, des envoyés des villes italiennes, cour où se côtoyaient de véritables parasites, à
commencer par la famille du maître, et les plus notables représentants du monde des sciences et des arts,
notamment Monge et Berthollet. Le maître, lui, se
préoccupait surtout de réorganiser l'Italie. Dans une
lettre au Directoire du 19 mai, il présentait le plan
qu'il entendait appliquer : faire éclater la République
Cispadane, en détacher (pour respecter les articles
secrets de Leoben) les Légations et la Romagne,
réunir le reste — c'est-à-dire l'ancien duché de
Modène, Massa et Carrare — à la Lombardie et
constituer ainsi une République Cisalpine. Bonaparte
aurait voulu étendre cette république jusqu'à Gênes,
mais les agents du Directoire le prirent de vitesse, suscitèrent à Gênes une révolution (22 mai) qui aboutit à
une nouvelle « république sœur » — la République
ligurienne — qui restera séparée de la Cisalpine, proclamée le 29 juin. Les préoccupations de politique
intérieure n'étaient pas étrangères à ce charcutage.
Les démocrates étaient plus nombreux et plus actifs à
Milan qu'en Italie centrale. Les noyer dans un
ensemble plus vaste — auquel se joignirent le
27 juillet, malgré Leoben, les Légations et la Romagne
—, c'était renforcer le soutien social de la visée bona-
partienne : la domination d'une couche mi-aristocra-
tique mi-bourgeoise, à égale distance de la « prê-

traille » et de l'anarchie. Déjà, en octobre 1796, le
général en chef avait écrit aux Cispadans : « Vous êtes
plus heureux que le peuple français, vous pouvez
arriver à la liberté sans les révolutions et les crimes. »
Cet objectif, né de l'expérience faite en Italie centrale,
se concrétisa dans la Constitution que Bonaparte
imposa à la nouvelle République Cisalpine le 8 juillet
1797. Elle s'inspirait de celle de l'an III, avec ce cor-
rectif capital — qui laisse deviner Brumaire — que le
général nommera lui-même les membres du Directoire et du Conseil législatif. Bref : une administration
de notables soumise au pouvoir exécutif. Et si, au
même moment, Bonaparte laissait s'agiter les démocrates de Venise, de Padoue et de Vérone, ce n'était
que pour précipiter la chute de la Sérénissime.

Pour conclure une paix avec l'Autriche, il fallait se
débarrasser des freins dont le levier se trouvait à Paris.
Dans le climat politique parisien, Bonaparte prit des
contacts avec les uns et les autres (comme il l'avait fait
la veille du 13-Vendémiaire). Mais, pour lui, le danger
principal venait de Carnot et de Barthélemy, acquis à
une paix de compromis, non à un diktat. Il envoya
donc Augereau aider les triumvirs à « fructidoriser »
leurs adversaires. Après le 18-Fructidor (4 septembre
1797), il avait les mains libres. Créancier du nouveau
Directoire, il se fit rembourser en dictant la paix. Celle-ci fut signée à Campo-Formio le 18 octobre. Bonaparte avait brusqué les négociations, car il craignait
qu'une nouvelle campagne en Allemagne pût ternir la
gloire de ses victoires italiennes. L'Autriche recevait,
outre l'Istrie et la Dalmatie déjà acquises à Leoben,
Venise et la Terre Ferme jusqu'à l'Adige. Elle laissait
à la Cisalpine Bergame, Brescia et Cremone, sans
compter les Légations. Des dépouilles vénitiennes, la
France obtenait les îles Ioniennes et des territoires en
Albanie. Mais en Allemagne les « sacrifices » autrichiens étaient trompeurs. La cession de la rive gauche
du Rhin restait subordonnée à une décision de la diète
d'Empire. Cette paix fut péniblement ratifiée par les
Directeurs. Pouvaient-ils faire autrement ? Elle fut

durement ressentie par les patriotes italiens. Foscolo, qui exaltait Bonaparte quelques semaines auparavant, exprima son indignation devant le sacrifice de Venise dans certaines des *Ultimes Lettres de Jacopo Ortis*. Mais les patriotes italiens, eux non plus, n'avaient guère le choix : ou reporter leurs espérances sur la Cisalpine — et ce fut le choix majoritaire —, ou retomber sous le joug autrichien.

★

★ ★

Comment apprécier alors le bilan de la campagne d'Italie ? Situons notre objectif à partir de trois points : l'Italie, la politique française, Bonaparte.

Pour les Italiens, ce fut à la fois un grand espoir et le début d'une grande désillusion. Nombreux étaient à Paris les émigrés italiens, nécessairement liés au jacobinisme français, dont le plus actif avait été Buonarroti. Il avait, dans des notes très lucides qu'il avait fait envoyer à Bonaparte par l'intermédiaire du ministre Delacroix, deviné les contradictions qui se développèrent. « N'oubliez pas, Français, que l'Italie fut autrefois votre tombeau et qu'elle pourrait le devenir encore si vous n'entrez pas en amis des peuples dont vous devez être les libérateurs [...]. Ne permettons pas que l'indiscipline de l'armée, et surtout la barbare cupidité des administrateurs militaires, qui désole le pays conquis en Italie, change l'amour des peuples en haine et rive de plus en plus les chaînes que nous voudrions briser. » Cette haine avait des raisons évidentes. Stendhal pouvait écrire en bon observateur : « Le bon peuple milanais ne savait pas que la présence d'une armée, même libératrice, est toujours une calamité. » Les révoltes antifrançaises avaient commencé dès l'entrée à Milan. Des troubles éclatèrent à Milan même le 21 mai 1796, mais surtout dans la région de Pavie entre le 23 et le 26 mai. A Binasco et à Arquata-Scrivia, des soldats furent tués. Bonaparte avait fait brûler Binasco par les soudards de Lannes et livré Pavie à la soldatesque pendant vingt-quatre heures. « Je ne doute pas, écrivait-il au Directoire, que cette leçon ne serve de règle aux peuples de l'Italie. » En Italie centrale, à Ferrare, à Bologne, on manifesta contre les Français. La ville de Logo s'insurgea et il fallut un combat en règle pour maîtriser l'insurrection. En avril 1797, la région de Vérone se souleva et ces « pâques véronaises » servirent de prétexte à Bonaparte pour rayer Venise de la carte : « Vous et votre Sénat êtes dégoûtants du sang français », disait-il aux envoyés de la Sérénissime. Ces révoltes ont été interprétées souvent par l'historiographie française — qui n'est pas exempte de chauvinisme — comme des tentatives contre-révolutionnaires de type « vendéen » dictées par la « prêtraille » et les partisans du retour à l'ancien système. Rien n'est plus faux. Dans une lettre où il parle de Bologne, le capitaine Sulkowski décrit les éléments antifrançais comme des républicains exagérés : « Un parti nombreux et fort répandu (heureusement qu'il est désarmé) aspire après le désordre. Ils se qualifient de révolutionnaires, leur intention est de massacrer les Français qui tomberaient entre leurs mains, de refuser les contributions publiques, de rançonner les prêtres et de piller les nobles. Voilà ce qu'en Romagne aujourd'hui on appelle le parti républicain. » Après Campo-Formio et la disparition de Venise, le courant antifrançais s'amplifia parmi les patriotes. Dès 1798 se forma en Italie une « Ligue noire » dont le médecin Botta écrit : « Les adeptes de cette secte détestaient autant les Français que les Allemands [...]. Ils voulaient se servir des premiers pour chasser les seconds, puis se servir des forces de l'Italie unifiée pour chasser les premiers. » Les soulèvements du Montferrat et de la région d'Asti en 1799 démontrent la persistance de ce mouvement : on pouvait aimer la Révolution sans aimer la France. Le drame espagnol de 1808, le drame allemand de 1811 sont en germe dans ces révoltes. La campagne de 1796-1797 n'a légué à l'Italie que deux cadeaux heureux : la Cisalpine, qui fut le creuset d'un mouvement réformateur et éclairé, et le drapeau tricolore vert, blanc, rouge, inventé par les Cispadans.

Quelle importance eut l'expédition transalpine de 1796 pour la France révolutionnaire et pour la République ? Ne pensons pas aux gains immédiats : des 46 millions extorqués aux pays conquis, le Directoire n'en toucha que 10, redistribués aussitôt aux armées d'Allemagne. Sur deux points la situation politique se modifia. La politique extérieure thermidorienne puis directoriale avait été, dès l'origine, soumise à des fluctuations, dues aux circonstances militaires et à une contradiction majeure entre la conscience qu'une paix durable était nécessaire et obligeait à des concessions, et une volonté expansionniste hautement proclamée parce que tout un secteur de l'opinion assimilait la Révolution à la croisade de la Liberté. La frontière du Rhin demeurait — encore que tous les dirigeants, sauf Reubell, n'y croyaient guère — une sorte de dogme intouchable. A Leoben et à Campo-Formio, Bonaparte aventurait la France dans une double déviation. La frontière du Rhin, malgré les promesses et les espoirs, était en fait sacrifiée au profit des protectorats italiens. Et ce sacrifice en entraînait un autre : celui d'un Etat neutre, la Vénétie. Entorse grave à l'idéologie exprimée en 1792 et en 1794, qui affirmait le droit des peuples à disposer d'eux-mêmes. Les Fructidoriens en furent conscients, mais ils mirent leur tête sous l'oreiller : après tout on « avait » l'Italie, du moins ses centres riches et prospères, et le mirage du Rhin persistait. La politique intérieure se trouva en revanche infléchie, inexorablement. Le poids des armées n'avait cessé de s'exercer sur les coups de barre successifs, de Prairial à Fructidor. Désormais l'arbitrage de Bonaparte s'imposait.

Pour lui, l'Italie fut l'occasion d'une prodigieuse mutation. Au soir de Lodi, l'aiglon sentit pousser ses ailes. « Ce soir-là je me regardai pour la première fois non plus comme un simple général, mais comme un homme appelé à influer sur le sort d'un peuple. Je

me vis dans l'Histoire. » Et peu après, il confiait à
Marmont : « Mon Cher, ils n'ont encore rien vu [...].
De nos jours, personne n'a rien conçu de grand :
c'est à moi d'en montrer l'exemple. » En Italie centrale il trouva la clef de son destin politique :
l'alliance avec des notables qui seraient subordonnés
à son pouvoir, la Révolution sans l'échafaud ni la
Terreur, l'étrange camouflage d'un pouvoir militaire
en pouvoir civil auréolé du prestige des gloires intellectuelles. Quand il remplaça à l'Institut, le 28 décembre 1797, le malheureux Carnot contraint à l'exil
par les triumvirs de Fructidor, Bonaparte pouvait
dresser un bilan, heureux pour lui, de sa campagne
italienne.

Denis Richet

ORIENTATION BIBLIOGRAPHIQUE

CANDELORO, Giorgio. *Storia dell'Italia Moderna,* t. 1, Milan,
Feltrinelli, 1956.

FERRERO, Guglielmo. *Aventure. Bonaparte en Italie (1796-
1797),* Paris, Plon, 1936.

GODECHOT, Jacques. *Les Commissaires aux armées sous le
Directoire. Contribution à l'étude des rapports entre les pouvoirs
civils et militaires,* Paris, Fustier, 1937.

GODECHOT, Jacques. *La Grande Nation. L'expansion révolutionnaire de la France dans le monde de 1789 à 1799,* Paris,
Aubier, 1956.

GUYOT, Raymond. *Le Directoire et la paix de l'Europe, des
traités de Bâle à la deuxième coalition (1795-1799),* Paris,
1911.

PROCACCI, Giuliano. *Histoire des Italiens,* trad. de l'italien par
Catherine Bourdet, Paris, Fayard, 1970 ; éd. originale :
Storia degli italiani, 2 vol., Bari, Laterza, 1968.

REINHARD, Marcel. *Avec Bonaparte en Italie, d'après les lettres
inédites de son aide de camp, Joseph Sulkowski,* Paris,
Hachette, 1946.

SOREL, Albert. *L'Europe et la Révolution française,* 8 vol.,
Paris, 1885-1904.

RENVOIS

Armée
Bonaparte
Carnot
Frontières naturelles
Traités de Bâle et de La Haye (1795)

CHOUANNERIE

On désigne sous le nom de « chouannerie », dans l'histoire de la Révolution française — le mot, tiré du surnom donné à un insurgé, n'est utilisé par l'administration qu'à partir de 1794 —, le mouvement paysan de résistance à la Révolution qui a gagné progressivement l'Ouest français à partir de 1791 et du serment des prêtres à la Constitution civile du clergé. Bien que les vendéens rebelles de 1793 aient été, eux aussi, des « chouans », le terme exclut de sa définition l'insurrection vendéenne proprement dite ; et on peut, pour en cerner le sens exact, partir de ce qui l'oppose à la Vendée.

Dans le quadrilatère militaire que forment au sud de la Loire les Mauges, le Bocage et une partie du Marais vendéen, l'insurrection eut le caractère d'une véritable guerre, avec des armées et des batailles rangées, guerre terminée à la fin de 1793 avec la déroute de Savenay et dont les séquelles sont définitivement liquidées avec la capture et les exécutions de Stofflet et de Charette en février et mars 1796. La « chouannerie », au contraire, ne mobilisa jamais des armées, ou même des débris d'armées ; elle ne fut qu'une guérilla intermittente et dispersée, tournant souvent au brigandage. Son territoire, en revanche, est beaucoup plus vaste que le rectangle insurgé au sud de la Loire ; il inclut tout l'Ouest français au nord du fleuve, du

Perche jusqu'à la basse Bretagne, cette immense campagne bocagère si distincte des openfields qui entourent Paris que Vidal de La Blache a pu écrire : « L'habitant des plaines du Bassin parisien est un villageois, celui de l'Ouest est un paysan. » Enfin, la chouannerie va durer pendant toute la période du Directoire et ne cessera qu'avec le Consulat.

La distinction, pourtant, est à la fois claire et trompeuse. Car de ce que l'intensité, l'extension territoriale et la durée respectives de la guerre de Vendée et de la guérilla chouanne ne sont pas les mêmes, il ne s'ensuit pas que les deux événements ou les deux résistances soient de nature différente. Après tout, la guerre de Vendée dans sa dernière phase n'est rien d'autre qu'une chouannerie, et sa liquidation précoce en 1796 simplement le résultat de la peur que le souvenir de la grande « armée catholique et royale » fait encore peser sur la République. D'ailleurs, au sud comme au nord de la Loire, c'est le même personnage qu'on trouve au centre de l'insurrection, le paysan de l'Ouest, sorti de sa ferme isolée du bocage pour se battre contre la République, alors que les villes et les bourgs restent aux mains des républicains.

Si bien que la Vendée et la chouannerie peuvent n'être aussi bien que deux modalités d'une même histoire, et de ce fait s'éclairer l'une par l'autre.

Par définition, la chouannerie n'est pas simple à raconter, vaste résistance rurale à la Révolution, installée dans un refus silencieux et massif, entrecoupée de coups de main et de violences sporadiques, traversée de mille complots de restauration. De ce nouveau type de jacquerie qui enchante les châteaux et qui a nourri une vaste littérature réactionnaire au XIXe siècle, il n'existe pas de synthèse complète : la multiplicité des événements et des sources rend fragmentaire le tableau que nous pouvons en avoir.

L'existence d'un mécontentement rural contre la Révolution est attesté non seulement en Vendée, non seulement dans l'Ouest, mais dans d'autres régions du territoire, comme les confins du Rouergue et de la

Lozère, dès 1790. Il entre dans cette hostilité latente des facteurs multiples, dont certains réactivent des sentiments anciens, comme la méfiance des villes, la résistance à l'administration et à l'impôt, et d'autres viennent d'un désenchantement par rapport à la Révolution. Car celle-ci, saluée partout avec espoir en 1789, n'a aboli les droits seigneuriaux qu'au prix de leur rachat ; elle a mis en place dans les bourgs et dans les villes des administrations bourgeoises désireuses de dominer le pays alentour, sans grande sensibilité aux traditions des campagnes ; elle a surtout entrepris de soumettre l'Eglise à la rationalisation administrative du vieux royaume et les prêtres au serment de fidélité. Dès la deuxième moitié de 1790, c'est cette dernière mesure qui crée le plus d'agitation, en donnant au surplus à cette agitation des porte-parole tout trouvés en la personne des prêtres réfractaires.

Contrairement à la thèse la plus fréquente de l'historiographie républicaine du XIXe siècle (dont l'ouvrage de Chassin est l'exemple le plus typique), la noblesse n'a aucune part dans cette frustration paysanne. Non qu'elle ne donne corps, ici et là, à ses espoirs contre-révolutionnaires, mais c'est sans rencontrer, ni même chercher, le soutien des masses rurales. Dans l'Ouest, la conspiration nouée en 1791 autour du château du baron de La Lézardière, en Vendée, près de Saint-Martin-sous-Mouzeuil, est réprimée sans difficulté. Au printemps 1792, le complot du marquis de La Rouërie, en haute Bretagne, est un réseau nobiliaire de comités militairement organisés qui restera sans participation aux actions armées de la paysannerie.

Actions qui commencent cette année-là autour de l'affaire religieuse, et aussi contre le tirage au sort et la conscription, de tout temps impopulaires. La Mayenne s'est insurgée en août 1792. Mais comme en Vendée, c'est mars 1793 la date fatidique : entre le 10 et le 13, des soulèvements armés ont lieu dans tout l'Ouest, de la Sarthe à l'Océan. Des bandes de paysans surgissent du bocage et défient les autorités répu-

blicaines un peu partout, mais de manière discontinue, dans le Perche, la Mayenne, le Maine, la
Bretagne. Un peu partout aussi, l'intervention rapide
des troupes rétablit l'ordre : c'est-à-dire qu'elle sauve
les villes de l'occupation par les ruraux. C'est la
grande, l'immense différence avec ce qui se passe dans
les Mauges et le Bocage vendéen, où les choses ont
commencé de la même façon, mais tournent tout
autrement : car dès le 19 mars, une armée républicaine de 3 000 hommes est mise en déroute par une
troupe improvisée de paysans. L'extension de l'insurrection sur un vaste territoire contrôlé par de véritables armées rebelles tient beaucoup à ce fait initial. Au
contraire, les soulèvements du nord de la Loire sont
étouffés, l'administration révolutionnaire continue à
tenir les villes et les bourgs : la colère rurale donne
alors naissance à des bandes clairsemées et à des
actions sporadiques, moins dangereuses pour la Révolution, mais moins vulnérables aussi à une répression
décisive.

En Bretagne, l'agitation autour de la question
religieuse, puis du tirage au sort a surtout secoué
le « pays gallo », à l'est de la fameuse frontière
linguistique ; et les troubles de mars 1793 renouvellent le tableau. En pays bretonnant, dans le centre
et l'ouest de la péninsule, seuls le Léon et le pays
autour de Vannes prennent les armes contre la
République. Saint-Pol-de-Léon au nord, Pontivy et
Vannes au sud sont menacés par des bandes
nombreuses ; mais sans expérience militaire, sans
chefs (si l'on excepte Cadoudal, qui commence dans
le Morbihan sa carrière de combattant de la Contre-
Révolution), celles-ci sont battues rapidement et sans
appel. Des emprisonnements et des amendes imposées aux communes insurgées constituent des
instruments suffisamment dissuasifs pour que le Léon
ne bouge plus, pendant toute la durée de la Révolution et de l'Empire. En Bretagne bretonnante, seul
le Vannetais oriental repart à l'assaut de la Révolution, mais plus d'un an après, dans l'été 1794 :

chouannerie de basse Bretagne qui est partie d'un
ensemble plus vaste, dont l'essentiel est en haute
Bretagne.

En effet, l'épicentre de la chouannerie bretonne se
situe dans un triangle dont Rennes, Fougères et Nantes
figurent les angles. L'agitation paysanne s'étend d'ailleurs aussi plus à l'est, dans le Maine et la Mayenne, où
elle est latente depuis 1791. Elle culmine en 1794, après
la défaite de la Vendée, sans jamais prendre la forme
d'une insurrection centrale ni d'un contrôle durable d'une
partie du territoire. Mais plusieurs milliers d'hommes,
dont une grande partie est faite d'insoumis, répartis en
trois ou quatre bandes importantes, tiennent le maquis
entre Laval et Rennes, ledit maquis étant en l'occur-
rence constitué par les forêts de Paimpont, de Liffré, de
Champaufour et du Pertre. Autour de ces foyers poten-
tiels d'une reconquête et de leurs chefs locaux se nouent
des réseaux d'intrigues qui vont jusqu'au comte d'Artois et au gouvernement anglais.

Dans cette mesure, l'histoire de la chouannerie
recoupe directement celle des derniers épisodes de la
Vendée, puisque les espoirs des émigrés sont sus-
pendus en même temps à ces vastes bandes disponibles et aux deux petites armées vendéennes qui ont
repris le combat, celle de Stofflet et celle de Charette.
Mais le désastre qui suit le débarquement des émigrés
à Quiberon (juillet 1795), la capture et l'exécution des
deux derniers chefs vendéens au début de 1796, les
succès de la politique de pacification de Hoche enlè-
vent à la chouannerie, en même temps que ses espoirs
d'une restauration rapide, une partie de son assise
rurale. Dès lors commence ce que Dubreuil appelle la
« seconde chouannerie », plus que jamais caractérisée
par le caractère sporadique des actions, l'éparpille-
ment des bandes armées, la division des chefs : guérilla relativement facile à contenir, mais presque
impossible à déraciner, en raison même de son caractère. La pacification de 1796 a réaffirmé l'autorité de
la République, sans pouvoir assurer partout la sécurité
des personnes et des biens.

Jusqu'au « coup d'Etat » du 18 fructidor an V, opéré contre les royalistes, les bandes chouannes bénéficient encore ici et là de complicités locales dans l'administration. Cadoudal dans le Morbihan, Frotté entre Avranches et Alençon, Scépeaux dans la Mayenne et le Maine peuvent partager avec leurs troupes de jeunes insoumis l'espoir d'un retour à demi légal des rois. Mais le 18-Fructidor ramène le salut public et la Terreur républicaine, notamment contre les prêtres réfractaires, grands prêcheurs de chouannerie. L'épisode marque un durcissement des combats locaux, qui ont moins de chance que jamais d'aboutir et qui déploient toute la gamme militaire de la guérilla, de l'embuscade au coup de main, sans oublier le brigandage pur et simple. Le dernier temps fort de la rébellion se situe au milieu de 1799, au moment où les difficultés extérieures et intérieures du Directoire redonnent de la substance à la vieille rumeur du débarquement anglais et du retour des princes. De la Bretagne jusqu'au Perche chartrain, à cent kilomètres de Paris, les chouans rêvent d'une offensive unifiée contre les villes et contre la République.

Le 18-Brumaire révèle, à l'automne, que le mouvement était fort surtout de la faiblesse de la République. Bonaparte va jouer d'une ambiguïté et d'une espérance. Car si les activistes du royalisme, à part quelques irréductibles comme Cadoudal ou Frotté, espèrent du nouveau maître la restauration du roi, les populations en attendent la paix intérieure, l'apaisement politique et religieux. Le retour à l'ordre, puis le Concordat (signé en juillet 1801) vont rallier les campagnes de l'Ouest au Consulat, en ne laissant aux chefs chouans que le recours à l'assassinat. La chouannerie se termine en complot. Son chef le plus emblématique, Georges Cadoudal, montera sur l'échafaud en 1804, convaincu d'avoir voulu opérer la restauration du roi par le meurtre de l'usurpateur.

Les chouans constituent le grand souvenir héroïque de la tradition royaliste. L'Ouest breton et vendéen se soulèvera encore en 1815, pendant les Cent-Jours, pour remettre Louis XVIII sur le trône : battus sur le terrain en juin, ils seront vengés par Waterloo. En 1832, la duchesse de Berry, mère de l'héritier légitime d'un trône usurpé par Louis-Philippe, jouera sur le mode du pastiche le dernier épisode de ce répertoire.

★
★ ★

Comme la guerre de Vendée, la chouannerie a suscité depuis deux siècles une immense bibliographie ; c'est souvent la même, dans la mesure où la chouannerie est une Vendée avortée, et la Vendée une chouannerie triomphante. On retrouve donc, dans les deux cas, les mêmes passions politiques et les mêmes types d'analyse.

Et d'abord, l'explication par le complot aristocratique, fréquente dans l'historiographie républicaine du XIXe siècle. Elle postule une population facile à manipuler, par suite d'un « obscurantisme » particulier à cet immense bocage d'habitat dispersé, où le paysan vit dans l'isolement, et des manipulateurs qui sont tout trouvés, le voisin du château et celui du presbytère, le noble qui n'a pas accepté la fin de ses privilèges et le prêtre réfractaire, qui pullule dans l'Ouest. Le livre le plus typique à cet égard est le travail monumental de Charles-Louis Chassin, qui reste encore aujourd'hui un trésor de sources et de documents ; la part de démonstration de ces *Etudes documentaires sur la Vendée et la chouannerie* (1900), celle qui tenait le plus à cœur au militant républicain, est aussi celle qui a le plus mal vieilli.

L'interprétation républicaine peut d'ailleurs être séparée de l'idée de complot et reposer simplement sur une propension supposée du paysan de l'Ouest à suivre docilement ses autorités « naturelles », le châtelain et le curé, aussi bien par temps calme et publiquement, que pendant la tempête révolutionnaire et secrètement : les votes du XIXe siècle en témoignent aussi bien que la guerre civile du XVIIIe siècle. Reste à expliquer cette propension, dont André Siegfried a fait une des pierres d'angle de son *Tableau politique de la France de l'Ouest* (1913) : il la lie en dernière analyse à la nature même des campagnes de l'Ouest, à travers une détermination géographique et même géologique ; le bocage granitique est chouan, alors que l'openfield calcaire est républicain.

A ces types d'interprétation, qui ôtent sa liberté et la noblesse de ses choix au paysan révolté, les historiens royalistes ont opposé dès longtemps la thèse d'une fidélité héroïque des ruraux à une société patriarcale qu'ils regrettaient parce qu'elle leur avait été douce. La marquise de La Rochejaquelein avait donné le ton sous l'Empire, en écrivant ses *Mémoires* : « [...] cette guerre n'a pas été, comme on l'a dit, excitée par les nobles et par les prêtres [...], il n'y a eu ni plan, ni complots, ni secrètes intelligences. Tout le peuple s'est levé à la fois. »

La force de cette thèse, aujourd'hui encore, tient à ce qu'elle rend compte de la spontanéité du soulèvement paysan ; l'essence populaire de la chouannerie, qui gêne tant les républicains, signe au contraire dans le camp royaliste l'alliance naturelle entre le paysan et le seigneur, ces deux fils de la terre et de la tradition. Mais l'ennui, c'est que le même paysan qui s'insurge en 1793 a salué avec joie en 1789 l'abolition des droits féodaux : comment en faire dès lors un suppôt de l'Ancien Régime ? Le préjugé républicain trouve son démenti dans 1793, le parti pris royaliste dans 1789, alors qu'il s'agit d'expliquer l'une et l'autre période de l'histoire de l'Ouest.

C'est cette conciliation qu'a tentée l'historiographie récente, moins passionnée que naguère, à partir d'une interprétation socio-économique des comportements ruraux. Ce qui consiste au fond à reprendre l'hypothèse déterministe et la méthode de recherche de Siegfried, en substituant à l'explication à la fois géographique et sociopolitique (le granit et la domination des grands propriétaires) des concepts tirés d'un marxisme rajeuni par les sciences sociales (les rapports des

classes et la conscience de la paysannerie). Dans cet
ordre d'idées, le livre le plus important est celui de
Paul Bois, paru en 1960.

Sous un titre qui habille large : *Paysans de l'Ouest,*
c'est une monographie rétrospective et minutieuse du
département de la Sarthe, pris comme paradigme :
choix intelligent, puisque le département est coupé en
deux par une ligne qui court du nord au sud et qui
sépare la droite conservatrice et la gauche républicaine, dichotomie observable dans les résultats électoraux depuis 1848 jusqu'à aujourd'hui. Paul Bois
recherche l'origine de cette partition géopolitique de
la Sarthe et remonte à l'époque de la Révolution, où
son étude retrouve, à la fin du XVIIIᵉ siècle, de part et
d'autre de la fameuse ligne, deux paysanneries bien
différentes. A l'est, une paysannerie pauvre, travaillant
un sol ingrat, bien souvent obligée de recourir au tis-
sage, et donc dépendante du marchand et de la ville.
A l'ouest, des paysans plus riches, plus productifs,
formant un groupe plus homogène, à la conquête de
la propriété des terres ; en l'absence des seigneurs,
lointains mais respectés, la promotion paysanne se
heurte au concurrent bourgeois, qui achète aussi du
foncier. L'événement révolutionnaire, quand il sur-
vient, cristallise en idéologie politique deux sociétés
rurales : l'une, la plus pauvre, alliée aux villes républicaines, dont les tisserands sont les plus chauds
soutiens ; l'autre, celle de l'Ouest le plus prospère,
va « chouanner » contre la bourgeoisie révolutionnaire
avec d'autant plus de feu que 1789 lui apporte surtout
des impôts nouveaux, une conquête des biens nationaux par les gens des villes et la conscription.

La chouannerie serait ainsi le produit d'une sorte de
conscience de classe d'une certaine paysannerie du
bocage, sans haine pour une noblesse absente (les
droits féodaux sont très légers à la fin de l'Ancien
Régime) et assez ambitieuse pour s'opposer à la bourgeoisie. L'ouvrage de Bois s'inscrit ainsi dans ce vaste
courant de redécouverte de l'autonomie politique de
la paysannerie, si typique du XXᵉ siècle, alors que la

plupart des auteurs du siècle précédent n'ont vu dans
le paysan français qu'un être dépendant, jouet des
autres classes sociales. La question posée par Bois
n'est plus de savoir, comme dans Michelet, Tocqueville ou Marx, qui tient l'homme des campagnes dans
sa dépendance, mais au contraire ce qui l'a constitué
en société particulière, agent d'une initiative historique aussi audacieuse que la guerre civile. La chouannerie n'est plus le produit d'une conspiration de quelques tireurs de ficelles, agitant des masses incultes.
Elle naît au contraire d'une prise de conscience collective spécifique à la paysannerie et qui peut être
aussi bien dirigée contre la bourgeoisie ou contre la
noblesse, selon les situations et selon les circonstances.

L'avantage de ce type de réhabilitation paysanne,
c'est qu'il permet de comprendre quelque chose que
n'expliquait pas l'exaltation de l'héroïsme vendéen au
service de l'Ancien Régime : à savoir que les paysans
de l'Ouest, avant de se révolter contre la dictature
révolutionnaire de 1793, ont été aussi favorables à
1789 que les ruraux partout ailleurs. Paul Bois croit
même sentir dans les cahiers des futurs chouans, à
l'aube de la Révolution, une agressivité antiseigneuriale plus forte que dans la partie du département qui
restera républicaine en 1793 : la vigilance paysanne se
serait exercée à l'encontre des nobles avant d'alimenter la révolte contre la bourgeoisie, devenue
l'unique menace.

Mais la difficulté d'une pareille interprétation vient
de ce qu'elle suppose une stricte détermination du
politique par le social. Outre le fait que l'idée ne va
pas de soi, elle s'expose, par l'accent mis sur une seule
série causale, à alimenter des résultats contradictoires.
Chez Paul Bois, c'est la paysannerie relativement aisée
qui se révolte ; mais chez Faucheux ou chez Sutherland, c'est au contraire la paysannerie pauvre. Chez
Bois encore, les tisserands jouent un rôle essentiel de
colporteurs des idées républicaines, traits d'union
entre les bourgs et les campagnes ; mais dans la thèse

de Claude Petitfrère, ils peuplent surtout l'« armée catholique et royale ». Tous ces auteurs, bien sûr, ne traitent pas des mêmes régions de l'Ouest. Mais puisque tous prennent comme élément explicatif unique la lutte des ruraux contre les villes, ils offrent de cette lutte des causes si variées et si incompatibles entre elles que cette diversité détruit finalement l'idée que l'Ouest s'est insurgé comme une société paysanne défendant ses intérêts propres contre les nouveaux dominants.

Comme l'insurrection vendéenne, comme la révolte des campagnes de la Lozère, la chouannerie n'est pas intelligible sans référence au rôle unificateur qu'y joue le sentiment religieux. Les paysans de l'Ouest ont été choqués sûrement par les nouveaux impôts décidés par la Constituante et par le découpage administratif départemental ; mais c'est la Constitution civile du clergé et l'affaire du serment des prêtres qui créent un peu partout, dans les régions où flamberont les rébellions de 1793, les sentiments décisifs de rupture avec la Révolution française. Cet attachement rural particulièrement vif à la foi et à l'Eglise traditionnelles, tel qu'il se manifeste dès 1791 dans l'Ouest bocager et dans le sud-est du Massif central, renvoie lui-même à des questions mal connues, comme l'implantation de la Contre-Réforme et la pratique religieuse dans la France de l'Ancien Régime.

Ce qui est sûr, c'est que l'activisme réformateur de la Révolution en matière de religion fait basculer les campagnes de l'Ouest dans l'hostilité ouverte, comme le montre la carte des troubles relatifs au serment des prêtres. Sur ce terrain miné, la conscription de mars 1793 jouera le rôle d'un détonateur, et l'explosion de mécontentement aura deux visages, selon les résistances rencontrées. L'insurrection se développera en Vendée parce qu'elle y est tout de suite victorieuse ; ailleurs, quand les gardes nationales tiendront au contraire le coup devant les bandes paysannes, la colère rurale sera contenue, et elle nourrira non pas la guerre, mais la chouannerie.

Celle-ci apparaît ainsi comme le produit de causes diverses, dont la plupart sont communes à la guerre de Vendée ; mais les paysans vendéens sont initialement vainqueurs, alors qu'ailleurs les bandes sporadiques d'insurgés font revivre les formes plus traditionnelles de la jacquerie. Quant à la spécificité de l'Ouest par rapport aux autres régions du pays en état de sécession virtuelle ou ouverte avec le Paris des Jacobins, c'est une question encore peu étudiée, masquée jusqu'à tout récemment par le tumulte des insurrections de l'Ouest et l'idée de la particularité du bocage. Mais il n'est pas du tout certain qu'il y ait une différence de nature entre ce qui s'est passé en Vendée, en Bretagne ou dans le Maine et les résistances rurales à la Révolution qui se manifestent ouvertement à partir de 1793 dans bien d'autres endroits : en Flandre, dans le Puy-de-Dôme, la Lozère, les Cévennes et la vallée du Rhône par exemple. De cette diffusion très large d'un mécontentement des campagnes à l'égard de la surenchère révolutionnaire, la question religieuse est sûrement le facteur essentiel ; et le caractère particulièrement violent de la révolte dans l'Ouest peut avoir été dû à la faiblesse relative du taux d'urbanisation, qui offrait peu de points d'appui à la répression républicaine.

François Furet

ORIENTATION BIBLIOGRAPHIQUE

Bois, Paul. *Paysans de l'Ouest. Des structures économiques et sociales aux options politiques depuis l'époque révolutionnaire dans la Sarthe*, Le Mans, impr. M. Vilaire, et Paris-La Haye, Mouton, 1960 ; éd. abrégée, Paris, Flammarion, 1971.
Chassin, Charles-Louis. *Etudes documentaires sur la Révolution française. Les pacifications de l'Ouest 1794-1801*, 3 vol., Paris, 1900.
Dubreuil, Léon. *Histoire des insurrections de l'Ouest*, 2 vol., Paris, Rieder, 1929-1930.

Dupuy, Roger. *De la Révolution à la chouannerie. Paysans en Bretagne,* 1788-1794, Paris, Flammarion, N.B.S., 1988.

Petitfrère, Claude. *Blancs et Bleus d'Anjou 1789-1793,* 2 vol., Lille, Université de Lille III, atelier de reproduction des thèses, Paris, diffusion H. Champion, 1979.

Sutherland, Donald M. G. *The Chouans : The Social Origins of Popular Counter-Revolution in Upper Brittany, 1770-1796,* Oxford, Clarendon Press, 1982.

RENVOIS

Constitution civile du clergé
Contre-Révolution
Dix-Huit Brumaire
Émigrés
Vendée

COUPS D'ÉTAT

Le concept de coup d'Etat — au singulier — ne correspond ni chronologiquement ni intellectuellement aux réalités qu'a connues la Révolution française entre le 9-Thermidor et le 18-Brumaire. Paradoxe apparent : on a parlé de coup d'Etat dès le début du XVIIᵉ siècle, mais il a fallu le XIXᵉ siècle — et surtout le 2 décembre 1851 — pour que l'expérience révolutionnaire fût assimilée et pût avoir son droit d'entrée dans le vocabulaire politique.

Dans les années 1630, dans les milieux « libertins », influencés par la littérature du quattrocento italien, la notion de coup d'Etat apparaît avec des connotations précises. *Le Prince* de Guez de Balzac et surtout les *Considérations politiques sur les coups d'Etat* de Gabriel Naudé (1639) diffusent l'idée qu'un coup d'Etat est une mesure « extraordinaire » dictée au souverain par le souci du bien public : en ce sens, le coup d'Etat est l'application concrète de la raison d'Etat. Naudé put ainsi justifier la Saint-Barthélemy et l'assassinat des Guises à Blois par Henri III en 1588. Les dictionnaires des XVIIᵉ et XVIIIᵉ siècles se réfèrent uniquement à cette notion de bien public ou d'utilité publique. Ouvrons Furetière (1684) : « La prise de La Rochelle fut un coup d'Estat. » Lisons la première édition du *Dictionnaire de l'Académie française* (1694) : « Coup d'Estat, c'est-à-dire qui est utile au bien de l'Estat. »

Et le *Dictionnaire dit de Trévoux* ne fait, dans son édition de 1771, que reproduire ses devanciers : « Un coup d'Estat est un coup utile au bien public. La prise de La Rochelle fut un coup d'Estat. » Il faudra attendre la sixième édition du *Dictionnaire de l'Académie française* (1823) pour que l'accent fût mis sur l'aspect extraordinaire et violent d'une action, toujours subordonnée à la notion de bien public : « Mesure extraordinaire et toujours violente à laquelle un gouvernement recourt lorsque la sûreté de l'Etat lui paraît compromise. » Vingt ans après le 18-Brumaire ! C'est dire, d'entrée de jeu, que contrairement à beaucoup de mots ou d'expressions qui précédèrent les réalités, le coup d'Etat moderne — celui des XIXe et XXe siècles — fut une réalité avant d'avoir reçu un nom de baptême. Lors de la suppression des parlements par le chancelier Maupeou, on parla de « révolution Maupeou », non de « coup d'Etat Maupeou ». Lorsque Louis XVI renvoya Necker, à la veille du 14 juillet 1789, on évoqua le « complot » aristocratique. Il en fut de même au début d'octobre, malgré l'appel des troupes. Force nous est donc d'étudier les coups d'Etat révolutionnaires sans appui sémantique et de distinguer, à titre d'hypothèse, trois types de coups d'Etat. Si le coup d'Etat est avant tout, comme nous l'entendons aujourd'hui, un renversement brutal du pouvoir et de ses orientations, sans vote populaire préalable, et avec un soutien militaire, il a pu s'opérer soit par un coup de force de l'Assemblée contre une équipe gouvernante dont elle était lasse (le 9 Thermidor), soit par la revanche du pouvoir législatif contre le pouvoir exécutif (Prairial après Floréal), soit par une action d'une partie du pouvoir exécutif contre l'autre (le 18-Fructidor avant le 18-Brumaire). Dans tous ces cas, le changement suppose une préparation, plus ou moins occulte, un plan politique prémédité, la recherche d'appuis en marge des institutions officielles.

★
★ ★

Le 9 thermidor an II (27 juillet 1794) fut-il un coup d'Etat ? En apparence non, puisque la Convention choisissait, éliminait ou confirmait les membres du Comité de salut public qui exerçait toutes les fonctions du pouvoir exécutif. En réalité oui, puisque la mise en accusation de Robespierre, de Couthon et de Saint-Just, minutieusement préparée, allait conduire à la liquidation du « gouvernement révolutionnaire » et, en fait, à un nouveau régime. La préparation du complot — on peut parler de complot — est bien connue. Quatre groupes d'hommes politiques y participèrent. Tout d'abord les anciens représentants en mission qui avaient, selon Robespierre, « abusé des principes révolutionnaires » et qui avaient été rappelés à la Convention pour leurs excès terroristes et leurs exactions : Tallien dont la maîtresse — la belle Thérésa Cabarrus — était emprisonnée depuis prairial et attendait son jugement, Barras, Fréron, Fouché surtout dont le passage dans la Nièvre et à Lyon avait laissé des traces sanglantes. C'est à lui que s'en prit ouvertement Robespierre dès le 23 prairial (11 juin), puis à nouveau le 23 et le 24 messidor (11 et 14 juillet). C'était aux Jacobins, car Robespierre n'intervenait plus à la Convention. Il accusa l'ancien proconsul de la Nièvre d'avoir imposé une politique matérialiste et athée. Menacé, Fouché déserta les Jacobins mais fit dire aux autres Conventionnels — les « fripons », dira Robespierre — qu'ils étaient tous menacés et qu'il fallait prendre les devants.

Or le Comité de salut public était divisé. Se sentant isolé, affaibli dans l'opinion, Robespierre cessa de participer à ses travaux dès le début de messidor — quarante jours avant sa chute. En son absence, qui mena l'opposition ? Carnot, comme le pensait Georges Lefebvre ? Il y eut certes de violentes querelles entre Robespierre et lui (à propos de Bonaparte), et surtout entre Saint-Just et lui (à propos de la nomination du général Jourdan). Mais il est difficile de croire que ce laborieux capitaine du génie, dont la carrière ultérieure devait prouver la médio-

crité, ait eu les reins assez solides pour abattre l'In-
corruptible. Les « techniciens » du comité — un
Prieur de la Côte-d'Or, un Lindet — s'enfermaient
dans leur spécialité — militaire ou économique — et,
du reste, étaient souvent absents. Restaient deux
hommes que la poussée cordelière des 4 et 5 septembre 1793 avait imposés au comité et qui entendaient sauver du naufrage de leur passé terroriste
leurs liens avec l'expansion révolutionnaire et ses
armées : Collot d'Herbois et Billaud-Varenne. Ils se
sentaient menacés et prirent les contacts décisifs avec
d'autres.

Avec qui ? Le Comité de sûreté générale, mené par
Vadier et Amar, n'avait jamais admis d'être réduit,
depuis la grande loi terroriste de Prairial, à l'état de
second par rapport au Comité de salut public. Ces
athées ricanaient devant le culte de l'Etre suprême
inauguré par Robespierre et dont la grande fête du
20 prairial (8 juin) ordonnée par David semblait faire
un Messie de l'ancien avocat d'Arras. La rumeur
s'empara bientôt d'une obscure et ridicule affaire —
l'affaire Catherine Théot : une illuminée annonçait
l'avènement d'une ère nouvelle où Robespierre aurait
été appelé à sauver les hommes. Tout y est suspect,
comme l'a bien montré Albert Mathiez. Mais le
Comité de sûreté générale s'en saisit, l'amplifia,
car c'était une merveilleuse machine de guerre contre
un homme dont ils détestaient le déisme et le pouvoir.

Robespierre, depuis plus d'un mois, se sentait isolé.
La terrible loi de Prairial, qui avait accentué la Terreur sans lui donner carte blanche dans le choix des
accusés (1 285 condamnations à mort du 10 juin au
27 juillet, dont celle d'André Chénier), provoquait un
écœurement dont il sentait les effluves. Le culte de
l'Etre suprême, mal vu des déchristianisateurs sans
rassurer les fidèles de la religion ancestrale, l'isolait
encore davantage. Et surtout il y avait le renversement
spectaculaire de la situation militaire : le 7 messidor
l'armée de Sambre-et-Meuse s'emparait de Charleroi ;

le 8 c'était Fleurus ; le 20 c'était l'entrée à Bruxelles.
Comme l'écrira plus tard Barère, « les victoires
s'acharnaient sur Robespierre comme des furies ».

Barère, c'était la Plaine, ralliée au gouvernement
révolutionnaire tant que celui-ci lui avait semblé indispensable pour sauver la Révolution, mais désireuse
d'effacer terreur et dictature dès lors que la Révolution lui semblait sauvée. Ce fut lui la tête pensante du
9-Thermidor. Le pari de Danton avait échoué : la
liberté et la paix, mais sans la certitude de la victoire.
A présent la victoire n'autorise-t-elle pas la liberté ?
Tous les groupes peuvent l'espérer, et Robespierre,
accroché à ces deux termes contradictoires — la terreur et la victoire —, paiera de sa vie son obstination à
refuser le réel.

Robespierre précipita le dénouement. Le 8 thermidor (26 juillet), il se porta à la tribune de la
Convention, confiant dans la force persuasive de sa
parole, qui avait tant de fois servi à sa politique. Il
défendit le comité — et se défendit lui-même —
contre l'accusation de dictature. Il dénonça une poignée de fripons. C'était en dire trop ou trop peu :
quels étaient ces fripons ? Faute de vouloir — ou de
pouvoir — les nommer, Robespierre s'enfermait dans
une contradiction insoluble. Charlier se chargea de lui
répondre : « Quand on se vante d'avoir le courage de
la vertu, il faut avoir le courage de la vérité. Nommez
ceux que vous accusez. »

Dans la nuit du 8 au 9, le coup d'Etat fut minutieusement préparé. Rappelé de l'armée, Saint-Just
fut sollicité par Billaud-Varenne d'y participer. Quels
que fussent ses désaccords avec Robespierre, il refusa
de se désolidariser de lui. Collot d'Herbois, qui
devait présider la Convention le 9, était chargé d'empêcher Robespierre et Saint-Just de parler. Contact
était pris avec la Plaine, qui acceptait de livrer Robespierre en échange de l'abandon de la Terreur. Le 9,
vers midi, Saint-Just prit la parole, mais put seulement prononcer quelques phrases. Tallien l'inter-
rompit, Billaud-Varenne attaqua Robespierre : « Un

abîme est ouvert sous nos pas ; il ne faut pas hésiter à le combler de nos cadavres ou à triompher des traîtres. »

Robespierre voulut monter à la tribune, mais le président, Collot d'Herbois, agita sa sonnette et lui couvrit la voix, tandis que dans l'assemblée des cris : « A bas le tyran » retentissaient. Tallien fit voter l'arrestation d'Hanriot, le commandant en chef de la garde nationale. Louchet demanda un décret d'arrestation contre Robespierre, Saint-Just et Couthon. Augustin Robespierre et Le Bas revendiquèrent l'honneur d'être compris dans le décret. « La République est perdue, les brigands triomphent. »

Transportés dans diverses prisons de la capitale, les cinq furent bientôt libérés. La Commune et Hanriot firent sonner le tocsin et mobilisèrent les sections pour la fin de l'après-midi, tandis que Barras et Bourdon rassemblaient les sections fidèles à la Convention qui envahirent l'Hôtel de Ville. Robespierre et ses amis ne croyaient pas à un mouvement insurrectionnel. Ces parlementaires n'avaient jamais été des hommes d'émeute. On trouva Robespierre la mâchoire fracassée. En dépit d'une légende, il s'était blessé lui-même. Le Bas se tua d'un coup de pistolet et Augustin Robespierre se jeta par la fenêtre. Le 10 au soir, les triumvirs et 19 autres partisans de leur régime furent guillotinés sur la place de la Révolution ; 71 les suivirent le 11 — le tribut le plus lourd que la Terreur ait fourni à la guillotine. Le 12, 12 encore. On ne pouvait mettre fin à la Terreur sans recourir à la terreur.

La Convention thermidorienne ne connut pas de coups d'État : elle sut se défendre de la pression de la rue (en germinal et prairial an III contre la poussée néo-terroriste, le 13 vendémiaire an IV contre les royalistes) en conservant l'intégralité du pouvoir. Sur un point cependant elle céda à une nécessité : le recours à l'armée pour vaincre les ennemis du pouvoir légitime. Le général Menou en prairial, Brune et Bonaparte en vendémiaire, devinrent des agents d'exécution indispensables. Le danger était de les transformer en arbitres. La nouvelle Constitution fut votée le 5 fructidor an III (22 août 1795) par la Convention avant qu'elle ne se séparât. Elle s'inspirait des principes de 1789, revus et corrigés par l'expérience de 1793 et 1794. Elle se voulait libérale et respectueuse de la séparation des pouvoirs. Mais elle instituait, en fait, un recours permanent aux mesures d'exception, une sorte de mini-coup d'État permanent en attendant les grandes secousses, celle de Fructidor et celle de Brumaire. Un Corps législatif divisé entre deux conseils — le Conseil des Cinq-Cents, qui a l'initiative des résolutions, et le Conseil des Anciens, qui les transforme en lois — et un pouvoir exécutif confié à un Directoire de cinq membres choisis par les Anciens sur une liste de cinquante proposée par les Cinq-Cents. Un renouvellement annuel, un Directeur sur cinq, un représentant sur trois : c'était beaucoup pour un pays en proie à la guerre, intérieure et extérieure, c'était condamner les fondateurs de la République à ruser, chaque année, avec leur propre constitution. Cela commença même avant sa mise en application, puisque la Convention vota le « décret des deux tiers » (22 août) qui obligeait les électeurs des futurs conseils à choisir parmi les sortants les deux tiers de leurs représentants. On sait que le 13-Vendémiaire est né de cette carte forcée. Les « Perpétuels », comme les appelaient leurs ennemis, entendaient maintenir, envers et contre toute constitution, les acquis de la Révolution. Les premières élections — celles de brumaire an IV (octobre 1795) — donnèrent la majorité aux républicains. Tout calcul est vain, dans la mesure où les étiquettes ne correspondaient pas toujours aux réalités. Mais les élections partielles de prairial an V enregistrèrent un très fort glissement à droite. Près de 170 royalistes, ouverts ou camouflés, entraient dans les conseils. Les « sortants » n'étaient plus « perpétuels » : sur 216 d'entre eux, 11 seulement furent réélus.

La seule solution pour le Directoire exécutif, c'était le coup d'État. Le Conseil des Cinq-Cents avait élu

président le général Pichegru, acquis au royalisme et
membre du Conseil de Clichy (société de notables
royalistes modérés). Barbé-Marbois fut choisi par les
Anciens comme président et le négociateur Barthélemy remplaça au Directoire Letourneur. Le printemps 1797 obligea les deux camps à se définir et à
s'organiser. Les royalistes et les modérés des conseils
étaient divisés et indécis. Divisés entre anciens
monarchistes constitutionnels — les héritiers des
Monarchiens et des Feuillants — et partisans des
chouans et des vendéens. Indécis devant la perspective d'un coup de force. Au Directoire, deux hommes
étaient décidés, dès le printemps, à en finir avec les
réacteurs : Reubell et La Révellière. Barras se montra
longtemps hésitant. Comme d'habitude il jouait
double jeu. Il avait pris contact avec l'Agence royaliste de Paris, mais envoyé un de ses amis — Fabre
de l'Aude — à Milan auprès du général Bonaparte,
pour obtenir l'appui de son armée contre la majorité
des conseils. Bonaparte lui ayant fait communiquer
les preuves de la trahison de Pichegru, Barras se
décida, à son tour, à agir : il s'agissait de sa carrière,
peut-être même de sa vie.

Restait l'armée, puisque l'intervention populaire
était exclue. Or l'armée, c'étaient trois hommes :
Moreau (armée du Rhin), Hoche (armée de Sambre-
et-Meuse), Bonaparte (victorieux en Italie). Moreau
hésita tout l'été, non qu'il fût acquis aux avances royalistes, mais parce qu'il répugnait à dénoncer Pichegru.
Son armée, comme toutes les armées de la République, manifestait par ses adresses son attachement
prioritaire à la République. Bonaparte agit, comme il
l'avait fait le 13-Vendémiaire et comme avait fait
Barras : en prenant contact avec les uns et les autres,
en louvoyant. Il avait envoyé à Carnot son aide de
camp, La Valette, qui était lié aux modérés. Mais il
craignait qu'on lui ravît la paix avec les Autrichiens, et
les critiques portées à Paris par les députés et les journalistes de droite le décidèrent à soutenir Barras,
Reubell et La Révellière. Il envoya donc Augereau

soutenir le Directoire. L'armée de Sambre-et-Meuse
était plus proche et son général en chef, Hoche, peu
suspect de sympathies pour les ennemis de la Révolution. Sous le prétexte d'un transfert de troupes vers
Brest, destiné à une expédition en Irlande, il mit en
marche 9 000 hommes vers Paris, dès le 1er juillet.
Vers le 15 sa cavalerie est à La Ferté-Alais, dans le
« rayon constitutionnel » interdit à l'armée par la
Constitution de l'an III. La lutte politique fut désormais ouverte, dans les conseils et au Directoire. Le
14 thermidor, à Carnot qui réclamait un remaniement ministériel favorable aux modérés, les triumvirs
répliquèrent en éliminant les hommes de Carnot, en
nommant Hoche ministre de la Guerre, François de
Neufchâteau ministre de l'Intérieur et Talleyrand aux
Affaires extérieures. Quand le 17 fructidor (4 septembre) les conseils mettent en accusation les triumvirs, il est trop tard. Dans la nuit du 17 au 18, les
soldats de Hoche investissent peu à peu la capitale,
et Augereau prend le commandement de la division
de Paris. Pichegru et Barthélemy sont arrêtés. Seul
Carnot parvient à s'échapper. Le 19, les conseils
durent accepter deux lois d'exception exigées par les
vainqueurs. Dans 49 départements les élections
étaient cassées ; 53 députés et les Directeurs Barthélemy et Carnot étaient condamnés à la déportation en Guyane. De nouvelles mesures sévères frap-
paient les émigrés et les prêtres réfractaires.

Coup d'Etat minutieusement préparé et organisé, le
18-Fructidor semblait inaugurer une nouvelle Terreur. Pas tout à fait : ce fut une Terreur sans l'échafaud. Mais c'était la fin d'un régime, de celui du
Directoire voulu par les hommes et la Constitution de
l'an III. On a parlé d'un second Directoire : si les
apparences restent les mêmes, ce n'était plus qu'un
fantôme pour laisser la maison vide à qui saurait l'occuper.

*
* *

Le « second » Directoire ne vécut, après Fructidor, que dans l'attente annuelle des élections. Celles de l'an VI (mai 1798) étaient attendues par les Fructidoriens : les exclusions dues à Fructidor, la nécessité de remplacer la moitié des Perpétuels restés en place après la fin de la Convention prenaient à la gorge le Directoire. Barras mena la lutte sur deux fronts : contre les « royalistes à bonnet rouge » et contre les anarchistes qui prêchaient le nivellement. Les élections — favorables aux fonctionnaires et aux néo-jacobins — ne pouvaient satisfaire les Directeurs. Aussi bien prirent-ils les devants. Par la loi du 22 floréal an VI (11 mai 1798), on « floréalisa » 106 députés, ainsi exclus de leur mandat. En même temps on exclut près de 200 fonctionnaires et administrateurs. Pour la première fois, on parla de « coup d'Etat ». Jourdan l'a bien dit : « Dès lors c'est l'exécutif qui va nommer les députés. Il n'y a plus de république. Il est évident qu'un régime où l'on s'arrange pour que systématiquement les élections soient invalidées afin de créer une assemblée qui plaise au gouvernement n'est plus une république, mais une dictature. » C'est du 22 floréal an VI — quelque maigres que fussent ses fruits —, et non du 18-Brumaire, que naît le coup d'Etat. Rien n'était résolu. Les élections de l'an VII (mars 1799) furent mollement menées par le Directoire et laissaient le pays déchiré entre une aile attachée aux conquêtes de la Révolution et une aile modérée, assez proche d'une monarchie tempérée. A l'armée d'arbitrer. Le Directoire avait perdu les élections : sur 79 députés sortants — disons des candidats officiels —, 43 furent écartés par les électeurs. Sur 64 nouveaux candidats proposés par le gouvernement, 39 furent battus. Elu Directeur le 16 mai, Sieyès, la « taupe de la Révolution » comme le disait Robespierre, décida d'ouvrir une nouvelle crise. Le 30 prairial an VII (18 juin 1799), il fit éliminer par les conseils ses collègues qui le gênaient et élire trois pâles figurants de la période révolutionnaire : Roger Ducos, Gohier et Moulin. En apparence le 30-Prairial est une revanche du 22-Floréal, dans la mesure où c'est une reprise en main par les conseils d'un pouvoir qui leur avait été ôté : un pâle 9-Thermidor. En réalité ce fut une victoire des généraux et de l'armée. Les balbutiements du pouvoir civil comptèrent peu face à un mouvement issu des profondeurs : le révisionnisme.

★
★ ★

Le révisionnisme datait, en fait, des débuts du Directoire. Personne — surtout pas Sieyès qui avait été ulcéré de voir écarter par la Convention son plan de constitution — n'avait cru à la durée d'un régime construit pour la stabilité en une époque de fragilité constante. Il fallut attendre le début de l'année 1798 pour que le problème fût clairement posé à la tribune des Cinq-Cents par le député Rouault : dans la Constitution, disait-il, il y avait un « germe de mort ». Même certains responsables de la Constitution de l'an III, comme Daunou, étaient convaincus de la nécessité d'une révision. Plusieurs forces contribuèrent à ce mouvement, et la plupart d'entre elles en furent victimes. Mme de Staël et le jeune Benjamin Constant préconisaient une constitution selon leur cœur : libérale et élitiste. Tout un flanc droit de l'opinion — en excluant chouans et vendéens — penchait pour cette révision. D'autres forces y poussaient. Le vieux personnel révolutionnaire, assombri et amputé par tant d'échecs, ne croyait plus aux Perpétuels et à leurs soubresauts imprévisibles. Puisqu'on avait liquidé la Commune et écrasé les faubourgs, seules les armées de la République incarnaient leurs désirs. La « classe politique » était usée : à force d'épurations permanentes, elle ne se maintenait qu'au prix d'une tradition et d'une fiction. Tradition ? C'était 1789 et c'était 1793. Fiction ? L'incarnation de la Révolution dans un groupe d'hommes pour la plupart estimables, mais qui n'étaient pas la Révolution elle-même.

Le 18-Brumaire, à la différence du 18-Fructidor, fut un coup d'Etat bien préparé et mal accompli. Au départ : un homme et des forces. L'homme, c'était Sieyès. L'oratorien régicide, qui avait échoué dans toutes ses tentatives d'accéder au pouvoir, passait pour un théoricien méconnu. « Enigmatique et volontairement inintelligible, il semblait porter en lui un grand mystère de salut public » (Vandal). Durant l'été 1799, il rassembla autour de lui tous les mécontents. D'anciens Jacobins, las des coups d'Etat successifs, des modérés comme Daunou, Benjamin Constant, Roederer, Talleyrand. Des clients, comme Roger Ducos, Cambacérès, Fouché, Lefebvre. Avec un grand marginal : Barras. Sieyès avait, sans doute, deux plans. Un plan à long terme, qui visait à une restauration monarchique pour la branche d'Orléans. Un plan immédiat : un coup d'Etat appuyé par le Conseil des Anciens et remettant le pouvoir à trois consuls. Que faire sans l'armée et ses généraux ? Sieyès pensa à Moreau, mais il était suspect de royalisme, à Joubert, mais il mourut à Novi, à Brune, à Masséna, mais ils étaient occupés à accomplir des victoires.

Et voilà que débarque à Fréjus, le 9 octobre 1799, Napoléon Bonaparte. Qu'il ait laissé enfouie dans les sables d'Egypte une armée vaincue qu'il laissa au malheureux Kléber, peu importe : sa légende était née. « Le retour de Bonaparte — lit-on dans un rapport de l'époque — est regardé comme un pronostic de bonheur pour nos armées, comme un garant de victoires aussi promptes qu'éclatantes si le sort de la guerre devenait incertain. » Le courant d'opinion domina les Cinq-Cents et même les Jacobins. Le Directoire fit grise mine, mais ne put s'opposer à cette vague. Bonaparte tint des propos modestes et ne dédaigna pas de recevoir chez lui des « Jacobins » comme Moulin et Gohier. « L'accueil unanime qu'il recevait, nous dit son frère Lucien, alors président des Cinq-Cents, lui parut d'abord exiger de ne repousser personne. » Les choses sérieuses, ce fut Lucien, averti par Sieyès, qui les lui présenta.

L'important, c'est la formation d'un groupe de
« Brumairiens » : des politiciens modérés, des intellectuels de l'Institut — avec lesquels s'affiche le nouvel
académicien, qui a remplacé Carnot après Fructidor
—, mais aussi les généraux dont il a besoin. Finalement il rencontra Sieyès chez Lucien le 10 brumaire.
Il accepta le projet de transfert des conseils à Saint-
Cloud, mais refusa le plan initial de Sieyès : un gouvernement provisoire de trois consuls, dont il serait le
premier, serait chargé d'élaborer une nouvelle constitution. Sinon, « vous ne devez plus compter sur moi ».
Sieyès s'inclina : « On est toujours obligé de confier
quelque chose au hasard. » Mais ce hasard s'appelait
Napoléon Bonaparte.

Le 18-Brumaire se passa selon le plan prévu. Pendant
que Bonaparte réunit rue de la Victoire tous les chefs
des armées, un décret transfère à Saint-Cloud les Conseils
des Cinq-Cents et des Anciens et lui confie la tâche de
« sauver la République ». Aux Tuileries le nouvel impe-
rator s'écrie : « Dans quel état j'ai laissé la France et dans
quel état je l'ai retrouvée ! Je vous avais laissé la paix et
je retrouve la guerre ! Je vous avais laissé des conquêtes
et l'ennemi passe nos frontières. » Rarement des propos
aussi mensongers ont été si efficaces. Tout se joue le 19,
au château de Saint-Cloud. Les députés des Cinq-
Cents s'interrogent : pourquoi ce transfert, pourquoi
cette mobilisation des soldats ? Les Anciens envoient au
Directoire un message qui est une demande d'explications. Bonaparte décide alors d'intervenir en personne.
Son discours, devant les assemblées, est un tissu de maladresses et de provocations. Bousculé, frappé, entraîné
par les soldats de Murat et de Lefebvre, il est sauvé par
son frère Lucien et par ses généraux.

*
*   *

Le 18-Brumaire a une triple importance dans l'histoire des faits et dans l'histoire des idées.

Pour les contemporains ce fut un épisode habituel,

moins important que le 18-Fructidor ou le 22-Floréal :
un coup de barre supplémentaire dans le long zigzag
que traversait la Révolution depuis le 9-Thermidor. Les
Brumairiens constituaient une coalition hétéroclite : les
modérés, comme Daunou et Roederer, pensaient à la
stabilité et à la paix. Ils avaient pris Napoléon pour
Louis-Philippe.

Le 18-Brumaire imposa pourtant à la France et à
l'Europe un régime dont elles ne devaient sortir
qu'après 1815. Ce fut peut-être le prix payé pour l'en-
fantement de l'Europe moderne.

Le 18-Brumaire, s'il ne fut pas considéré par ses
contemporains comme un « coup d'Etat », restera
pour les XIXe et XXe siècles le type même du *coup
d'Etat*. Lorsque le 2 décembre 1851 le neveu de
l'Aigle s'empara des pouvoirs de la deuxième République, Marx pouvait écrire à bon droit « le 18-Bru-
maire de Louis Napoléon Bonaparte. »

Denis Richet

ORIENTATION BIBLIOGRAPHIQUE

BAINVILLE, Jacques. *Le 18-Brumaire,* Paris, Hachette, 1925.
LEFEBVRE, Georges. *La France sous le Directoire, 1795-1799,*
Paris, Editions sociales, 1977.
OLLIVIER, Albert. *Le 18-Brumaire, 9 novembre 1799,* Paris,
Gallimard, 1959.

RENVOIS

Bonaparte
Carnot
Comité de salut public
Commune de Paris
Constitution
Danton
Dix-Huit Brumaire
Gouvernement révolutionnaire

Robespierre
Saint-Just
Sieyès
Terreur
Thermidoriens

DÉCHRISTIANISATION

Appliqué à la Révolution française, le mot de déchristianisation est lourd d'ambiguïtés. La première tient à la possibilité, ou à l'impossibilité, d'en user pour caractériser la Révolution tout entière. Car il y a eu des interprètes — Maistre et Bonald — pour faire de la Révolution une entreprise entièrement définie par son inspiration antichrétienne. Mais il y en a eu aussi pour soutenir que la Révolution n'a nullement poursuivi la déchristianisation comme son projet le plus cher : rien à l'origine ne laissait prévoir le conflit entre la Révolution et l'Eglise, fruit de décisions partielles et successives, qui vont jouer comme les pièces d'un engrenage involontaire. Dans le premier cas, la volonté de déchristianisation est partout, dès l'aube de la Constituante, dès la suppression des dîmes, dès la mise à la disposition de la Nation des biens du clergé. Dans le second cas, l'épisode déchristianisateur, isolable dans la chronologie révolutionnaire (on le limite aux deux années qui séparent 1795 de 1792), se raccorde mal à ce qui le précède et à ce qui le suit. Vite déclenchée, vite oubliée, c'est une péripétie sans grande portée : ainsi la voit Richard Cobb.

Dans les deux cas pourtant — qu'il s'agisse d'étendre ou de réduire l'ampleur de la déchristianisation révolutionnaire —, on assimile la déchristianisation à la volonté de venir à bout de la religion catho-

lique : l'accent est mis sur une entreprise consciente
d'elle-même, et le problème alors posé est celui d'une
réussite ou d'un échec. Or, l'idée de déchristianisation
suggère presque l'inverse : un très lent mouvement
séculaire, vécu plus que pensé, spontané et non
imposé, ne descendant pas de l'autorité politique,
mais montant des profondeurs de la société. Parler de
déchristianisation révolutionnaire, c'est alors toucher
au problème si compliqué des rapports entre l'événement et la longue durée. Se demander si l'épisode
révolutionnaire a été, ou non, préparé par une histoire
beaucoup plus ancienne. Passer d'une déchristianisa-
tion-cause, volontaire et agressive, à une déchristiani-
sation-effet, beaucoup moins consciente d'elle-même.
Abandonner l'hypothèse de la volonté maléfique d'un
groupe d'hommes et sinon les disculper, du moins
faire largement partager leurs responsabilités et les
étendre à l'esprit du temps.

En optant pour l'hypothèse d'une déchristianisation
de longue durée, par rapport à laquelle la convulsion
révolutionnaire joue surtout un rôle de révélateur
brutal, on relativise la volonté déchristianisatrice des
hommes de la Révolution. Pourtant on ne l'escamote
pas. Car si elles ont été préparées par une longue
déchristianisation silencieuse, les initiatives révolutionnaires en précipitent et en redoublent les effets, et
créent du même coup une situation entièrement nouvelle. Moins inventive qu'on ne l'a dit en matière de
déchristianisation, la Révolution n'en marque pas
moins alors la fin d'un monde où l'obéissance à la
religion n'était jamais objet d'interrogation, l'avènement d'un monde où des couches de plus en plus
larges de la population glissent à l'indifférence. Dans
cette perspective, l'épisode violent et incongru est bien
plus qu'une péripétie.

Enfin, les différents sens qu'on peut donner au mot
déchristianisation viennent encore compliquer le problème. Car par déchristianisation, on peut entendre
sécularisation, déprêtrisation, fléchissement de la pratique — toutes choses mesurables —, ou affaiblisse-

ment du sentiment religieux : chose inappréciable celle-ci, et c'est cette réalité hors d'atteinte qui a nourri la polémique autour de la déchristianisation. Certains historiens, qui, comme Jean Delumeau, répugnent à juger du degré de la ferveur par la densité d'un encadrement ou la régularité des pratiques, font alors l'hypothèse d'un double mouvement induit par la Révolution française : déchristianisation d'une majorité (au sens de la pratique), rechristianisation d'une minorité (au sens de la ferveur). N'entrons pas dans cette hypothèse dont la vérification est très difficile, mais retenons qu'elle fait s'affronter deux définitions du christianisme : expérience intérieure incommunicable ici, comportement communautaire observable là. C'est évidemment cette seconde approche que l'historien, résigné à ne connaître qu'obliquement de la première, peut faire sienne. Et c'est précisément celle que les hommes de la Révolution avaient eux-mêmes en ligne de mire, eux dont le but était d'atteindre et de détruire, non la religion, mais ce qu'ils appelaient « ses signes extérieurs ».

*
* *

L'idée d'une France uniformément et paisiblement chrétienne à la veille de 1789, et donc remuée de fond en comble par la déchristianisation agressive de la Révolution, est un lieu commun. De fait, la France offre à la veille de la Révolution le spectacle d'une population paysanne presque unanime à faire ses Pâques. La réception des sacrements est une règle d'autant moins contournable que le prêtre catholique a entre les mains l'inscription au registre paroissial et donc l'état civil. Naître et mourir, en conséquence, c'est naître et mourir dans la foi catholique. La France demeure catholique au point qu'on refuse toujours aux protestants, à qui on vient pourtant d'accorder un état civil, les postes de justice, de police et d'enseignement. Ceux mêmes qui seront les plus zélés patriotes

— Fauchet, par exemple — défendent l'idée que le catholicisme est la religion la plus naturelle aux monarchies, dans la mesure où elle n'abandonne pas les objets du culte à l'anarchie des opinions particulières. Cette impression massive d'uniformité, d'ancienneté et de force, l'histoire religieuse de la France d'Ancien Régime ne la confirme pourtant pas exactement.

L'uniformité, d'abord. Pour peu qu'on entre dans le détail, elle paraît moins évidente. Il y a dès avant la Révolution une différenciation sociale de la pratique, qui montre l'apparition d'un comportement non conforme dans des groupes mobiles ou mal encadrés : colporteurs, tisserands, soldats, cabaretiers. S'amorce aussi le dimorphisme sexuel de la pratique. La discordance entre l'observance masculine et l'observance féminine (on sait qu'elle annonce partout et toujours l'affaiblissement global de la pratique) s'amorce déjà dans les campagnes du centre de la France : les hommes qui sortent de l'église avant le prône et rentrent tout juste pour la consécration, et dont le comportement sera si commun au xix^c siècle, Necker déjà les a observés. Enfin, bien avant que la Révolution n'en durcisse les contours, il y a une géographie différentielle de la pratique. Les montfortains en mission dans l'Ouest ne se trompent pas sur le degré de ferveur des régions qu'ils quadrillent et sur l'accueil inégal qu'on leur réserve : ils répertorient des « pays durs », pays de campagne ouverte, pays proches de l'influence urbaine, pays maritimes où la circulation des hommes et de l'air du large font déjà un « peuple républicain ». Ailleurs, en Provence par exemple, ces frontières peuvent changer et le littoral être plus dévot que le fond des terres. Peu importe : l'essentiel dans cette régionalisation précoce de la pratique religieuse est le démenti qu'elle apporte à l'uniformité. Et s'il se trouve par ailleurs que les lieux et milieux ainsi repérés sont précisément ceux que va toucher de façon privilégiée la déchristianisation révolutionnaire, voilà de quoi relativiser la brutalité de celle-ci.

L'ancienneté ensuite. L'idée d'une France immémorialement chrétienne, autre lieu commun, est elle aussi démentie par l'historiographie récente, qui croit la christianisation médiévale moins large et moins profonde qu'on n'a dit, et date du xviᵉ siècle la vraie christianisation. C'est l'époque où le catholicisme post-tridentin entreprend une reprise en main du troupeau. Par la réforme intellectuelle et morale des prêtres, que semblent désormais promettre un espace quadrillé par des séminaires et un temps ponctué par des visites pastorales régulières. Par une politique d'encadrement des fidèles confiée à des missionnaires pédagogues : montfortains, lazaristes, eudistes s'en vont par les chemins diffuser les images, distribuer les livrets, enseigner les cantiques, planter les croix de mission, mettre au point cette scénographie sacrale qui fera dire à l'abbé Pluche que « tout est prédication dans l'Eglise catholique » (et qui impressionnera les déchristianisateurs révolutionnaires au point qu'ils voudront la recopier pour leurs propres buts). Par un effort accru enfin pour capter l'énergie gaspillée dans les rites préchrétiens et les superstitions suspectes. Toute cette entreprise met du temps à porter ses fruits. Au rebours de l'idée reçue, le xviiiᵉ siècle peut donc apparaître comme le vrai siècle chrétien. Alors en effet les fidèles s'appuient sur un bon clergé paroissial (il n'y eut jamais, dit Tocqueville, un clergé plus remarquable que le clergé catholique de France au moment où la Révolution l'a surpris), qui lit davantage, se tient désormais à l'écart de la danse et du troquet, et que sa soutane — une innovation — isole désormais et empreint de dignité au milieu du village. Alors une nouvelle génération d'évêques se met à résider dans ses diocèses et se voue à leur administration. Alors les fidèles eux-mêmes, grâce au manuel de catéchisme et à l'enseignement qui leur est dispensé, savent et font l'essentiel de ce qui est requis du chrétien : prière du soir et du matin, communion pascale, messe dominicale. Pour qui garde en mémoire les plaintes des évêques du XVIIe siècle sur l'ignorance des fidèles, il est clair qu'un effort considérable a été accompli.

La force, enfin : dans cet édifice solide, que la hiérarchie contrôle beaucoup plus efficacement et au moment même de la plus grande pratique, des lézardes déjà sont visibles, signes annonciateurs de la déchristianisation. D'abord à l'intérieur de l'Eglise. Passe encore que les vocations masculines monastiques soient en crise grave : l'époque est sans tendresse pour une vie monastique inutile et vaine. Mais la courbe des ordinations sacerdotales fléchit elle aussi. L'extrême inégalité des revenus a en outre avivé les affrontements internes au clergé et entretenu la turbulence d'une petite avant-garde richériste. Les querelles du jansénisme ont sans doute, à la fin du siècle, déserté le plan théologique, mais leur descente vers la politique leur a fait gagner en virulence ce qu'elles ont perdu en élévation. On n'a probablement pas assez mesuré par ailleurs l'ébranlement profond qu'ont communiqué à la masse des fidèles les querelles interminables du jansénisme. Hume qui les observe, stupéfait, note qu'à travers elles la religion apparaît comme l'envers de ce qu'elle devrait être, facteur d'éclatement et non d'union de la communauté. Et s'il est malaisé de faire la part des raisons pour lesquelles le jansénisme a contribué à l'affaiblissement de la ferveur, il est sûr au moins qu'il a développé l'habitude de la contestation, à la fois contre le despotisme papal et l'autorité royale, qu'il a, en imposant la rareté des sacrements — il y voyait la garantie qu'on en approcherait avec respect et tremblement —, pu travailler au recul des dévotions. Même s'il y a eu jansénisme et jansénisme, et si aux « frontières de catholicité » il n'a pas été forcément un facteur de déchristianisation, comme l'a montré Pierre Chaunu sur l'exemple lorrain, reste que le jansénisme a été une formidable école de commerce personnel avec Dieu, d'émancipation à l'égard de l'autorité, d'autonomie de la conscience individuelle :

par là, à travers tout l'archaïsme de sa vision du monde comme malignité, la modernité s'est frayé un chemin.

De cette montée de l'individualisme les signes ne manquent pas non plus du côté des fidèles. Michel Vovelle a montré comment, en un siècle, les testaments s'étaient laïcisés : les formules liminaires de recommandation des âmes se sont rabougries, les pompes funèbres ostentatoires ne font plus recette, l'indifférence grandit quant au lieu de la sépulture ; l'inhumation dans le cimetière clos et non plus dans l'ombre tutélaire de l'église, prescrite du reste par les hygiénistes du siècle, devient la règle et le symbole d'une séparation entre la vie chrétienne et la vie tout court. Cet écart grandissant, le déclin des confréries et la laïcisation de leurs activités le montreraient aussi. Signes plus obliques, mais également éloquents : la montée des naissances illégitimes, le développement des habitudes contraceptives.

Enfin, il faut compter avec le succès et la diffusion de la philosophie des Lumières. En leur fond, les Lumières n'étaient pas antireligieuses, toutes traversées par le dynamisme créateur d'une foi nouvelle. Elles n'étaient pas non plus forcément antichrétiennes : elles pouvaient être nourries par l'esprit d'un christianisme primitif que l'Eglise romaine aurait trahi ; surtout elles disaient poursuivre le christianisme comme pouvoir politique et non comme croyance. Reste qu'il est souvent malaisé de distinguer entre le pouvoir et la croyance, qu'on glisse vite à l'antichristianisme à partir de l'anticléricalisme, et que les Lumières ont été décidément anticléricales. L'Eglise catholique, pour avoir scellé par la révocation de l'édit de Nantes son alliance avec la monarchie, est devenue leur cible d'élection. Les grands ouvrages de Bayle datent de l'époque où les protestants sont mis devant ce choix si contraire à l'intérêt national : s'exiler ou se convertir. Les philosophes y puisent (et d'autant plus volontiers que Bayle, quoique protestant, ne parle pas au nom de la secte vaincue et que l'intolérance calvi-

niste lui paraît également détestable) quelques-unes
de leurs idées les plus fortes : qu'aucune religion n'apporte de preuves décisives de sa véracité et qu'en
conséquence l'Etat n'a pas à s'en mêler ; qu'aucune
appartenance religieuse ne garantit la moralité ; enfin
et surtout que toute forme de coercition en matière
religieuse est absurde. Ces articles de la foi nouvelle
ont, lorsque la Révolution éclate, déjà gagné une élite
éclairée, toute disposée, si l'occasion lui en est fournie,
à être tracassière, comme le montrera dès 1790 le
conflit des administrations départementales anticatho-
liques et d'une paysannerie christianisée. Par ailleurs,
l'esprit des Lumières a gagné les pasteurs eux-mêmes :
dans leur prédication, l'image du Dieu cruel et des
supplices éternels s'est décolorée, l'obsédante présence du péché s'est dissipée. Il leur arrive de conce-
voir et de diffuser une « méthode facile pour être heureux en cette vie et assurer un bonheur éternel », titre
qui avait de quoi faire bondir un janséniste et
témoigne pour « la tournure moelleuse et pacifique
qu'a prise la religion ». Boisgelin, l'archevêque d'Aix,
admet que « la couleur du xviiie siècle ne peut être
celle des premiers temps ». Une religion en train de
rompre avec les pratiques ostentatoires et en passe de
se confondre avec la morale : là est sans doute le
symptôme le plus significatif des progrès de l'incrédulité. Dans ses *Questions sur l'incrédulité*, Le Franc de
Pompignan note qu'il faut désormais subdiviser à l'infini la catégorie autrefois simplette des incrédules.

Il ne faut pourtant pas forcer le trait. Moins uniforme, moins ancien, moins stable qu'il ne paraît,
l'édifice chrétien est pourtant toujours définisseur
d'un ordre du monde presque unanimement accepté.
L'influence voltairienne peut gagner les élites, les
masses continuent à vivre la vie de religion. Et quant
aux prêtres, ce qui frappe sans doute le plus chez eux,
c'est un double mouvement de séparation et d'intégration. Le clergé de cette veille de Révolution est à la
fois plus séparé de la société des hommes que deux
siècles plus tôt : différencié par son vêtement, son

code de conduite, ses lumières, cet homme qui sait, au milieu de gens qui ne savent pas, a pu, par son attitude de rejet brutal à l'égard des traditions populaires, favoriser l'indifférence des fidèles et accentuer, par ses exigences accrues, une séparation morale. Mais en même temps, le prêtre du XVIIIe siècle a pleinement fait sien l'idéal d'utilité sociale : il est beaucoup plus que par le passé rattaché à sa paroisse par ses nouveaux devoirs de bienfaisance, d'assistance, d'éducation. A la fois étranger et intégré à la communauté laïque, exigeant pour la pratique mais indulgent à la recherche du bonheur terrestre, il a su trouver dans cette situation paradoxale un certain équilibre. C'est celui-ci que la Révolution compromet : en voulant contraindre les prêtres à l'intégration, elle va les condamner à la séparation.

*
* *

Dans cette évolution séculaire, la Révolution a d'abord marqué un changement de rythme. Des premiers pas de la Constituante jusqu'à la Constitution civile du clergé se sont enchaînées rapidement des mesures législatives susceptibles d'éveiller le soupçon que l'Assemblée est hostile à la religion catholique. Dans la foulée du 4-Août, elle a supprimé les dîmes et, à la différence des autres droits, sans indemnités ; le 2 novembre, elle a mis les biens du clergé à la disposition de la Nation pour rembourser le déficit. Dans les deux cas, elle justifie la dépossession par l'argument que l'Eglise n'avait pas la propriété de ces biens, mais seulement l'usufruit pour remplir ses tâches traditionnelles d'éducation et d'assistance. En février, c'est le vote de la loi sur les vœux monastiques. Aucune de ces mesures n'ouvre toutefois un véritable conflit. L'Eglise, il est vrai, était accoutumée à subir la loi du pouvoir politique : on ne la contraint plus au nom de la couronne, mais au nom du peuple souverain.

L'émotion va naître dans les régions de France où
vit une forte minorité dissidente, là où se trouvent face
à face une riche bourgeoisie protestante et un proléta-
riat catholique travaillé par la Contre-Révolution.
Celui-ci s'émeut de la fin de non-recevoir opposée par
l'Assemblée à la motion de dom Gerle qui propose, en
avril 1790, de déclarer le catholicisme religion d'Etat.
La motion, à laquelle le haut clergé adhère tout de
suite, avait été dénoncée par certains jansénistes de
l'Assemblée comme un piège. On le voit fonctionner à
merveille, en effet, en Languedoc, en Poitou, et surtout à Montauban (en mai) et à Nîmes (en juin), où
de sanglants affrontements font croire à la guerre
civile.

Le conflit pourtant ne prend sa véritable forme
qu'avec la difficile ratification de la Constitution civile
du clergé. Dans le vide créé par la mauvaise grâce du
pape — il met huit mois à faire connaître sa sentence
négative et les évêques ont annoncé d'emblée leur
intention d'attendre, pour y conformer le leur, l'avis
de l'autorité spirituelle la plus haute —, l'Assemblée
se décide, le 26 novembre 1790, à exiger des prêtres
un serment à la Constitution : ce qui implique le serment à la Constitution civile du clergé qui doit se faire
publiquement, à la sortie de la messe, devant l'assemblée des fidèles. Les municipalités se mettent à organiser la cérémonie et sa validation : c'est l'occasion
d'interminables contestations lorsque le serment,
comme ce va être souvent le cas, a été enrichi de
commentaires, détourné de son sens initial ou suivi de
rétractations. Au terme de ces opérations confuses, où
la communauté laïque s'arroge le droit de juger de la
validité des serments, il y a donc en France deux
clergés, l'un jureur, l'autre réfractaire (celui-ci estimé
à environ 45 % de l'effectif). Il y en aura même trois,
puisque le serment fait une catégorie inédite de prêtres : ceux qui ont bien prêté le serment, mais refusent
toutes relations avec les prêtres élus en remplacement
des réfractaires, que stigmatise la dénomination
d' « intrus ».

Timothy Tackett s'est récemment penché sur les motifs que les prêtres pouvaient avoir de prêter ou de ne pas prêter le serment. Quels prêtres juraient, et quels prêtres non ? Où jurait-on le plus volontiers ? Dans l'écheveau des raisons qui pouvaient inciter un prêtre à prêter serment, on peut démêler des motifs économiques : l'Ouest, dont le clergé était relativement aisé, a refusé massivement le serment. Inversement le Bassin parisien, la Champagne, le Centre ont vu leurs prêtres pauvres s'y soumettre. La densité de l'encadrement clérical a beaucoup joué aussi : les prêtres se sont dérobés au serment là où ils se sentaient soutenus par un groupe cohérent et dense, là aussi où ils étaient le moins personnellement exposés au jugement, dans les villes par exemple. L'environnement religieux surtout a été déterminant : on a moins juré sous le regard de l'ennemi, en présence de fortes communautés protestantes. Enfin l'attitude de la population a beaucoup compté. Sans aller jusqu'à postuler que le choix du prêtre a été le simple miroir des sentiments de la communauté, il est remarquable que la géographie du serment, pour une large part, puisse dessiner à l'avance les cartes de la pratique religieuse des années 1960 : l'échec du serment dans l'Ouest, le Nord, le Nord-Est et au sud-est du Massif central annonce les régions françaises restées pratiquantes au XXe siècle ; sa réussite dans le Bassin parisien, le Centre, le nord du Massif central annonce les zones de faible pratique. Malgré l'extrême bigarrure des situations locales et le caractère inédit de l'événement, on voit donc celui-ci partager durablement une France cléricale et une France anticléricale : ce qui relativise le choix personnel du prêtre et met en valeur l'attitude de la communauté des fidèles.

Quoi qu'il en soit, le bilan de cette première secousse révolutionnaire est très lourd ; s'il est relativement aisé de remplacer les 80 évêques défaillants, il l'est beaucoup moins de faire élire les prêtres des paroisses. Ou bien les prêtres élus n'acceptent pas leurs postes, ou bien la population les boycotte, et la

Constituante doit se résigner à laisser en fonction les réfractaires qui ne trouvent pas de remplaçant. Dans cette situation d'impasse, y a-t-il une amorce de déchristianisation ? On pourrait plaider que la perturbation n'affecte que le seul corps clérical, l'encadrement des fidèles et non le sentiment chrétien. Pourtant, outre le désarroi engendré par l'existence de clergés concurrents, comment la sécularisation de l'Eglise, la pratique de l'élection des curés et des évêques n'auraient-elles pas bousculé le sentiment traditionnel de dépendance et de déférence à l'égard du prêtre ? Un curé fonctionnaire n'est plus à l'abri de la contestation.

Toutefois, jusque dans le gâchis provoqué par la double intransigeance du pape et de l'Assemblée, on pouvait lire une accumulation de maladresses et non une volonté délibérée de déchristianisation. L'intention hostile saute aux yeux, en revanche, un an plus tard. Non seulement dans la déportation des prêtres réfractaires, décidée après le 10-Août pour empêcher qu'ils ne pèsent sur les élections, mais surtout dans la laïcisation de l'état civil. Cette fois la mesure frappe de plein fouet le clergé constitutionnel qui tenait les registres paroissiaux, auquel on recourait pour les sacrements, et qui perd ainsi une de ses fonctions essentielles. Au sein de ce clergé fidèle, c'est donc une nouvelle fracture. Puisque désormais c'est le contrat civil seul qui fait la légitimité des mariages, il appartient à l'Etat seul d'en déterminer les empêchements. On pourra donc divorcer, se remarier ; le mariage d'un religieux ou d'un prêtre sera légitime. C'est tout le droit ecclésiastique qui s'en trouve bafoué. De nouveau, sur ce point capital, les évêques constitutionnels se divisent : Lindet, l'évêque de l'Eure, se marie un mois après le décret (24 novembre 1792) ; d'autres, tels Grégoire et Fauchet, avaient pris les devants : ils avaient déclaré intangible la règle de l'ordination comme empêchement dirimant au mariage. Mais tous perçoivent la sécularisation comme signe annonciateur de la déchristianisation violente.

Celle-ci était encore à venir. Elle déferle sur les départements au début de l'automne de l'an II et, malgré le coup d'arrêt que lui donne Robespierre dès frimaire, peut, dans les régions mal reliées, s'étendre jusqu'au printemps. Elle prend des formes très variables selon les lieux et les hommes : ici, il s'agit d'une déprêtrisation imposée, marquée par des abdications de prêtres, souvent suivies de leurs mariages ; là de la fermeture des églises et de l'interdiction du culte ; là de la remise aux autorités de l'argenterie et des cloches, destinées au « creuset national », contribution à l'effort de guerre ; là de scènes d'iconoclasme, pillage d'objets précieux, destruction d'images et de statues, un « deux-Septembre des saints », dira Michelet ; là encore de mascarades anticléricales ; partout enfin des tentatives pour substituer au culte chrétien un rituel révolutionnaire. Dans ce tableau, tous les degrés sont imaginables : la mémoire collective a surtout retenu les scènes de transgression — elles font revivre celles des guerres de Religion — où les saints se brisent sous le marteau, les soutanes se consument sur les bûchers, les prêtres défilent à l'envers sur des ânes après avoir livré aux flammes leurs lettres de prêtrise ; mais il y a eu aussi des scènes pacifiques de remise aux autorités des objets de culte.

Quels ont été les initiateurs, quels ont été les acteurs ? Si on excepte Michelet et Quinet, à qui le mouvement déchristianisateur ne déplaît pas, même si le premier juge qu'il vient un peu tard et le second qu'il ne va pas assez loin, les historiens n'ont pas été tendres pour l'épisode, dans lequel ils ont déchiffré l'intention d'une faction politique. Albert Mathiez et Daniel Guérin, après beaucoup d'autres et après Robespierre lui-même, ont désigné les coupables — aventuriers et étrangers sans scrupule gravitant autour d'Hébert — et identifié le mobile du crime, celui même qu'avait stigmatisé Robespierre : ces hommes douteux auraient voulu, en mobilisant la clientèle populaire dans le militantisme déchristianisateur, détourner l'attention de leurs dilapidations. Ce qui

plaide pour cette thèse politique, c'est évidemment la
brièveté de l'épisode ; c'est aussi la part qu'y prennent
les représentants en mission, qui ont été partout les
déclencheurs du mouvement. Dumont dans la
Somme, Fouché à Nevers sont les initiateurs de cérémonies païennes et de scènes iconoclastes bien avant
la scène qui passe pour inaugurale de la déchristianisation : l'abjuration solennelle de l'évêque de Paris, à
la fameuse séance du 17 brumaire an II à la Convention. Ces hommes, arrivés dans les départements pour
lutter contre le fédéralisme, font de la déchristianisation une « campagne » qui suit fidèlement leurs dépla-
cements et dont la violence et le caractère systématique dépendent de leur acharnement personnel. La
participation d'autres éléments extérieurs plaide à son
tour pour la descente du modèle déchristianisateur
vers des populations qui n'en peuvent mais : car les
détachements de l'armée révolutionnaire, chargés de
garantir la sûreté des communications et d'assurer les
réquisitions alimentaires, même s'ils ne sont pas les
initiateurs du mouvement, lui prêtent au moins une
main énergique. Cela explique que l'onde déchristianisatrice suive les routes empruntées par ces soldats
politiques, aille des villes vers les campagnes, épargne
les zones montagneuses difficiles d'accès. Le mouvement vient par conséquent du dehors, étranger aux
régions concernées, artificiel, coercitif. De même
qu'une initiative politique l'a inauguré, une initiative
politique y mettra fin, puisque l'intervention de Robespierre le 1er frimaire, que bientôt appuiera Danton,
marque un premier coup d'arrêt qui déconcerte les
sans-culottes, jusqu'à ce rapport du 18 floréal qui
définit « les rapports des idées religieuses avec les principes républicains », annonce l'Etre suprême et clôt
définitivement l'épisode.

Cette interprétation politique, qui refuse au mouvement populaire toute autonomie dans la déchristianisation, rencontre aujourd'hui beaucoup de résistances
chez des historiens généralement soucieux de restituer
aux acteurs de la base leur place dans le mouvement.

Ne nous attardons pas à la version spontanéiste de cette restitution : pour ôter à Robespierre l'initiative du coup de frein donné à la déchristianisation, il a paru parfois suffisant d'en faire l'interprète génial, le déchiffreur des sentiments populaires où le sacré remonterait « depuis germinal ». L'hypothèse présente l'avantage de faire du rapport de floréal l'expression d'un besoin profond émané du peuple. Elle ne mérite pourtant pas qu'on s'y attarde : car qu'est-ce qu'un sentiment religieux qui peut s'assoupir ou se réveiller en quelques mois ? On peut plaider de façon beaucoup plus raisonnable pour la participation active des populations au mouvement. De deux façons au moins.

La première consiste à repérer, à côté des représentants en mission et des soldats de l'armée révolutionnaire, des acteurs moins extérieurs aux régions concernées, activistes des sociétés populaires et militants locaux. Leur participation active, parfois même leur surenchère enthousiaste — car il arrive qu'ils débordent les consignes des représentants en mission —, font comprendre qu'il y ait eu, en contradiction avec la description précédente, des villages mal reliés, peu accessibles, et pourtant violemment touchés par la déchristianisation. On peut en conclure sans grands risques que la déchristianisation a été particulièrement lourde là où les initiatives descendues d'en haut ont rencontré l'assentiment monté d'en bas. Il ne faut pourtant pas se méprendre sur ce « bas » : l'engagement local a été le fait des militants des sociétés populaires ; souvent bien peu « populaires », une minorité d'activistes aptes à prendre la parole, à entraîner et à convaincre.

La seconde manière de rendre aux populations leurs droits est, comme déjà pour le serment, de découvrir une géographie de la déchristianisation moins arbitraire que ne le laisserait supposer le déplacement au long des routes des représentants en mission et des commandos de l'armée révolutionnaire. Michel Vovelle, qui a étudié le mouvement des abdications pour le quart sud-est de la France, distingue trois zones. Dans la première — au centre de la France —, le serment constitutionnel, première expression de tiédeur religieuse, a été massif ; à son tour la déchristianisation est très active ; et cette même région est au XIX⁰ et au XX⁰ siècle un désert pour la pratique. La deuxième région — les zones montagneuses, Alpes et bordure du Massif central — est une région rebelle : le serment y a été inégalement accueilli, accepté ici, refusé là. Mais ici et là une déchristianisation souvent très violente reste le fait de petits groupes activistes et ne trouve aucun appui dans la population : ces pôles de résistance restent au XIX⁰ siècle des zones de ferveur. Une zone mixte enfin (vallée du Rhône, Hérault, Gard) ; le serment y avait été inégalement prêté, la pression déchristianisatrice elle-même y est très inégale, et les comportements au XIX⁰ et au XX⁰ siècle sont restés contrastés. La constance de ces cartes relativise l'épisode déchristianisateur. Elle permet de supposer, c'est l'hypothèse de Michel Vovelle, qu'il a été moins traumatisant qu'on ne l'imagine habituellement, parce qu'il s'inscrivait dans le cours d'une déchristianisation de longue durée. Il ne s'agit pourtant là que d'indications susceptibles de nuancer, non de contredire, le caractère généralement agressif et imposé du mouvement.

Mais imposé ne veut pas dire sans conséquences, ni oublié aussi vite qu'il avait été lancé. Ces quelques mois, parfois ces quelques semaines, de coercition déchristianisatrice ont laissé des traces profondes. Parmi les « signes extérieurs » que pourchassaient les commandos révolutionnaires, combien de clochers, de croix, de porches, de statues disparus à jamais ? Combien de paroisses sans desservant ? A la ponction opérée par le refus de serment et l'émigration s'ajoute la ponction des 20 000 abdicataires qui, malgré les efforts ultérieurs de la hiérarchie pour les récupérer, ne sera jamais totalement réparée. Dans ce désert d'encadrement, il n'est pas indifférent que l'habitude ait été prise d'un culte domestique, accentuant l'indépendance à l'égard de la hiérarchie. Et encore moins que le mouvement de mobilisation populaire contre les mesures déchristianisatrices ait été si massivement inspiré et conduit par les femmes. Car ce sont les femmes qui ont d'abord décidé le boycott des prêtres jureurs : Grégoire se plaignait que son Eglise constitutionnelle ait été « étranglée par les femmes crapuleuses et séditieuses ». Ce sont elles qui ont campé à la porte des sacristies, défendu leurs ciboires, réclamé leurs cloches, molesté les administrateurs ; elles qui ont boudé le calendrier républicain et les cultes de substitution. Et c'est dans leur résistance que s'est affirmé et fixé le visage féminin de l'Eglise catholique française au xixe siècle.

L'épisode violent une fois clos, une période confuse devait s'ensuivre. Quand Robespierre (il avait tout fait pour mettre fin à une déchristianisation dont le caractère impolitique l'inquiétait et dont le caractère exhibitionniste le révulsait) tombe le 9-Thermidor, ses successeurs sont des anticléricaux décidés, qui ont trempé dans la déchristianisation. Malgré leur voltairianisme, leur accession au pouvoir ne marque pourtant pas le triomphe de Voltaire sur Rousseau. Car le retour à la liberté, qui est à la fois la logique de leur politique et le vœu de l'opinion, implique la liberté religieuse ; celle-ci paraît par ailleurs indispensable à la pacification. La Convention thermidorienne se résigne donc à accorder la liberté des cultes et à faire un essai de séparation : plus de salaire pour les prêtres, plus de locaux et pas de « signes extérieurs » ; mais, en contrepartie, la possibilité pour la religion catholique de sortir de l'existence souterraine. Malgré la ferme intention qu'ont les dirigeants de claquemurer le culte dans les oratoires privés, les églises commencent donc à rouvrir. Les Assemblées du Directoire, au gré de leurs virages, tantôt fermeront les yeux, permettant le retour au culte de nombre de paroisses, la réouverture des églises et l'usage des cloches, pratiquant une politique d'apaisement à l'égard des « prêtres tranquilles », tantôt reviendront, notamment après fructidor an V, à

une politique de persécution. Avec l'obligation pour
les prêtres de prêter serment (celui de « haine à la
royauté et à l'anarchie » vaudra aux nouveaux jureurs
le sobriquet de « haineux »), la possibilité administrative de déporter les prêtres qui troublent la tranquillité
publique, la Révolution renoue sinon avec la terreur,
car les autorités sont négligemment obéies et les
exécutions sont rares, mais avec l'arbitraire. Dans
cette atmosphère de combat, aucune bienveillance
particulière n'est montrée à l'Eglise gallicane, qui doit
se battre sur deux fronts : contre la concurrence des
« romains », d'un côté, et, de l'autre, contre les reli-
gions de substitution imaginées par la Révolution.
Celles-ci ne parviennent pas à s'imposer (la Révolution, dit tristement Michelet, a pu fermer l'église
mais non ouvrir le temple) et la résistance paysanne
aux « institutions républicaines » ne désarme pas.
Boulay de la Meurthe, en messidor an VII, exprime le
sentiment général en remarquant que « le peuple est
plus attaché à l'indépendance de ses opinions religieuses qu'à toute idée de liberté » et en tire une
prophétie personnelle : « Un usurpateur habile, même
avec des forces peu considérables, se ferait des partisans en garantissant cette liberté. » Ce sera précisément l'habileté de Bonaparte, dès les débuts du
Consulat et avant tout règlement d'ensemble du
problème, de montrer par des gestes apaisants que
l'autorité publique a renoncé à vouloir la déchristianisation.

★
★ ★

Cette clôture sans gloire de l'expérience révolutionnaire pourrait faire conclure qu'il ne reste rien de la
politique religieuse de la Révolution et qu'il faut vider
de tout contenu l'expression de « déchristianisation
révolutionnaire ».
Pourtant, elle conserve à l'évidence son sens si par
déchristianisation on entend une décléricalisation. Le

départ dans l'émigration de milliers de prêtres, l'abdication, souvent sans retour, d'autres milliers, ont fait un champ de ruines : paroisses sans pasteurs, presbytères abandonnés, fidèles en mal de sacrements. Elle le conserve encore si par déchristianisation on entend la sécularisation : l'Eglise, qui a cessé de présider aux activités sociales, ne retrouvera jamais plus son contrôle sur les existences individuelles et nul ne reviendra plus sur ce point capital, le retrait de l'état civil au clergé. Elle le conserve toujours si par déchristianisation on entend un reflux de la pratique. Car la crise révolutionnaire aggrave le dimorphisme sexuel de l'observance, précipite l'abstention masculine à la communion pascale et inaugure ces deux lieux antagonistes de la sociabilité villageoise au XIXe siècle, l'église pour les femmes, le cabaret pour les hommes. Elle annonce aussi une géographie contrastée : ici la réponse à la persécution a conforté, et même parfois, comme c'est le cas pour la Vendée, inventé l'identité régionale ; là au contraire on a si bien toléré l'absence du prêtre et l'interruption des offices qu'on s'est installé dans une paisible abstention. Le prêtre constitutionnel chargé du diocèse de Limoges à la place de l'évêque émigré fait sous le Directoire ce portrait affligé de ses ouailles : « Quand on a voulu les exciter à se montrer chrétiens et catholiques, ils ont donné pour raison qu'ils attendaient leurs prêtres légitimes pour se confesser et communier même à Pâques. Mais dans le vrai, ce n'étaient que des échappatoires. Quand, en 1795, ils sollicitèrent les prêtres de retourner dans leurs églises, ils parurent tous remplis de zèle, mais quand la réaction vint, ils ne parurent plus. La plupart attendent la mort pour s'approcher des sacrements et Dieu sait comme ils les reçoivent. » Un maire bourguignon, de son côté, note : « Un bon tiers des habitants ne veulent plus observer le dimanche. On reste au cabaret, on joue aux cartes pendant les messes et les vêpres. » Dans beaucoup de régions françaises, la Révolution n'est pas une parenthèse qu'on referme : elle marque les débuts d'une pratique indifférente et intermittente dont témoigneraient encore les enfants sans instruction chrétienne et l'allongement des délais du baptême.

Mais si par déchristianisation on entend la perte du sentiment religieux, la question est beaucoup plus difficile, sinon impossible, à trancher. On a pu arguer de la reviviscence de ce sentiment sous la Révolution : « Jamais, avait écrit le chanoine Duchastanier, il n'y eut autant de bonnes messes que sous la Terreur [...]. Robespierre a peuplé le ciel, purifié et sauvé la religion en France, et des ignorants soutiennent et croient qu'il l'a perdue. » Mais pareil constat retire d'un côté ce qu'il accorde de l'autre, car il postule que cette renaissance miraculeuse, qui tient à ce que la société chrétienne s'est allégée de ses tièdes et épurée de ses conformistes, se détache sur le fond d'une vie sociale qui a cessé d'être religieuse et prétend se suffire à elle-même. Il se paie de l'individualisation croissante de l'engagement religieux. Il se paie aussi de la croyance — elle ne cessera de peser sur la politique française — que, Mme de Staël en fait tristement le constat, « les amis de la liberté paraissent être les ennemis de la religion ». Le cours de la Révolution a donné corps à une idée que conçoivent difficilement ceux qui tiennent la liberté et l'égalité pour les valeurs mêmes de l'Evangile appliquées à la vie civique ; une idée qui, au matin de la Révolution, eût paru saugrenue à la majorité des acteurs : celle d'une incompatibilité entre les principes nouveaux et l'ancienne religion.

Mona Ozouf

ORIENTATION BIBLIOGRAPHIQUE

Annales historiques de la Révolution française, n° 233, juill.-sept. 1978, numéro spécial sur « La déchristianisation de l'an II ».

Cobb, Richard. *Les Armées révolutionnaires, instrument de la Terreur dans les départements avril 1793-floréal an II,* 2 vol., Paris-La Haye, Mouton, 1961-1963.

Delumeau, Jean. *Le Catholicisme entre Luther et Voltaire,* Paris, Presses universitaires de France, 1971.

Dupront, Alphonse. « Vie et création religieuse dans la France moderne (XVI⁰-XVIII⁰ siècle) », in Michel François (sous la dir. de), *La France et les Français,* Paris, Gallimard, « Encyclopédie de la Pléiade », 1972.

Groethuysen, Bernard. *Origines de l'esprit bourgeois en France,* t. 1, *L'Eglise et la bourgeoisie,* Paris, Gallimard, 1927.

Hufton, Olwen. « The Reconstruction of the Church », in Gwynne Lewis et Colin Lucas (sous la dir. de), *Beyond the Terror : Essays in French Regional and Social History, 1794-1815 : Essays for Richard Cobb,* Londres, New York et Melbourne, Cambridge University Press, 1983.

Leflon, chanoine Jean. *La Crise révolutionnaire, 1789-1846,* t. 20 de l'*Histoire de l'Eglise depuis les origines jusqu'à nos jours,* fondée par Augustin Fliche et Victor Martin, Paris, Bloud et Gay, 1951.

Pérouas, P. Louis. « Sur la déchristianisation. Une approche de la pratique pascale sous le Directoire. Le cas de la Creuse », *Revue d'histoire de l'Eglise de France,* nᵒ 189, juill.-déc. 1986.

Tackett, Timothy. *La Révolution, l'Eglise, la France,* trad. de l'anglais par Alain Speiss, préface de Michel Vovelle, postface de Claude Langlois, Paris, Cerf, 1986 ; éd. originale : *Religion, Revolution and Regional Culture in Eighteenth-Century France : The Ecclesiastical Oath of 1791,* Princeton, Princeton University Press, 1985.

Vovelle, Michel. *Religion et révolution. La déchristianisation de l'an II,* Paris, Hachette, 1976.

RENVOIS

DIX-HUIT BRUMAIRE

Le coup d'Etat du 18-Brumaire, qui devait avoir de si formidables conséquences historiques, peut être analysé sous deux angles. Comme l'inévitable produit d'une situation, presque inscrit dans le discrédit où était tombé le régime du Directoire, et si accepté d'avance que son exécution déplorable n'a pas empêché son succès. Ou comme une intrigue conduite par deux hommes associés par les circonstances pendant ces quelques semaines de l'automne 1799 où se croisent leurs vies, quand l'une se termine et l'autre commence : Sieyès et Bonaparte, le passé et l'avenir de la Révolution. L'historien peut encore comprendre la fatalité qui les réunit à travers le malentendu qui forme le fond de leur complot.

*
* *

Sieyès, d'abord. A tout seigneur tout honneur. L'ancien vicaire général de Chartres avait déjà quarante et un ans en 1789. Avant d'être élu par le Tiers Etat de Paris aux Etats généraux, il a donné à la Révolution, par les fameuses brochures du dernier automne et du dernier hiver de l'Ancien Régime, ses premiers mots d'ordre. Augure constitutionnel de l'Assemblée constituante, il a été aussi un Conventionnel assidu et influent, votant la mort du roi, avalisant l'expulsion des Girondins, enfin prudemment silencieux et même absent pendant les derniers mois de la dictature robespierriste. Thermidor l'a remis au premier plan, mais avec beaucoup d'autres : la Constitution de l'an III, qui lui donne l'occasion de deux grands discours dans l'été 1795, n'a pas été conforme à tous ses avis. Le voici pourtant élu Directeur par le tout neuf Conseil des Anciens, le 31 octobre 1795, mais il se récuse, en prétextant la méfiance dont il est l'objet. Sans doute s'est-il réservé pour un avenir moins collégial, ou pour une Constitution plus conforme à ses vœux. Siégeant à l'Assemblée des Cinq-Cents, membre de l'Institut, il est resté fidèle à sa passion dominante, la haine des nobles, et il soutient le coup d'Etat de Fructidor an V (septembre 1797) contre les royalistes, l'épuration des assemblées et les mesures d'exception. Mais son heure tarde. En mai 1798, nouveau poste d'attente, l'ambassade à Berlin, où il passe une année. Voici enfin, en mai 99, son moment, son court moment. Elu à nouveau Directeur, en remplacement de Reubell, il accepte la nomination et s'en fait en quelques semaines une position prépondérante. Il est pour la première fois au pouvoir, presque dix ans après sa brillante entrée dans la politique révolutionnaire.

Sa force vient avant tout de l'épuisement de ses rivaux. Les Directeurs qui ont « fait » le 18-Fructidor ont peut-être sauvé la République, mais à quel prix ! Ils ont déshonoré le régime dont ils sont les premiers serviteurs. L'arbitraire, la terreur, la persécution des prêtres ont ranimé les pires souvenirs. De nombreux élus du printemps 1798 ont dû être invalidés en floréal (11 mai) sur injonctions de l'exécutif. Retour de Berlin, Sieyès bénéficie de la distance prise dès l'origine par rapport à la Constitution, et d'une longue absence. Les élections d'avril 1799 ont profité à la gauche, la guerre a repris avec l'Autriche le mois précédent, ce qui rend à la fois possible, et nécessaire plus que jamais, l'arrivée au pouvoir d'un homme fort au service des conquêtes de la Révolution. Sieyès est la dernière carte de la République, mais c'est une carte maîtresse, puisqu'il incarne aussi la révision des institutions. Le parti de la Révolution l'accueille avec les mots doux que Benjamin Constant trouve pour lui, dans une lettre du 18 mai 1799 (29 floréal an VII) : « Je regardais votre nomination comme le dernier espoir de la République, de cette pauvre République qui depuis dix-huit mois a tellement à lutter contre l'immoralité et la sottise... Il n'est pas étonnant que celui qui a créé l'opinion publique en 1789 soit le même qui la ressuscite dix années après... Vous arrivez plus fort qu'homme ne le fut encore depuis la Révolution, plus entouré du vœu général, plus investi de la confiance universelle, toute la France est fatiguée de médiocrité et de corruption, toute la France a soif de vertus et de lumières... » Benjamin Constant exagère un peu, et par flatterie et par *wishful thinking* : « toute la France », c'est trop dire ; mais « sa » France, bien plus étroite, celle des élites post-révolutionnaires, est bien, elle, derrière Sieyès.

De fait, celui-ci assoit son pouvoir, en prenant appui sur la majorité des Assemblées. C'est la revanche de Floréal l'année précédente. Cette fois, les Conseils s'attaquent aux Directeurs. En prairial, ils invalident Treilhard (17 juin), qu'ils remplacent par Gohier, ancien ministre de la Justice sous la Convention, personnage terne, mais « à gauche ». Ils obtiennent le lendemain (18 juin, 30 prairial) la démission de La Révellière-Lépeaux et de Merlin, auxquels ils substituent l'ancien Conventionnel Roger Ducos, et le général Moulin, commandant de l'armée de l'Ouest. Il ne reste plus de l'ancienne équipe au pouvoir que Barras, trop discrédité pour être un pôle d'influence, et d'ailleurs trop ex-Conventionnel pour n'avoir pas ses intérêts du côté de Sieyès.

Alors s'ouvrent les quelques mois, entre juillet et octobre, pendant lesquels l'ancien prêtre, qui préside le Directoire, se rend maître de la scène politique. Non qu'il soit incontesté, même chez les rescapés de 1793. Les « néo-jacobins », forts des élections du prin-

temps, font grand tapage aux Cinq-Cents au nom du
« salut public », en prenant argument des revers subis
par l'armée française en Allemagne, en Italie et en
Suisse. Ils font voter la levée en masse, une loi des
otages, un emprunt forcé sur les riches : rhétorique du
souvenir, qui ne s'étend guère au-delà du petit monde
de la gauche parlementaire. Or Sieyès n'est pas revenu
finalement aux affaires pour faire revivre l'an II ! Son
idée de 1799 est la même que celle de 89, ou de 95 :
donner à la France de la Révolution un Etat réglé, une
bonne Constitution, respectée par tous les citoyens
comme la forme collective de leur raison. Il s'entoure
d'hommes qui lui ressemblent par leur passé, et qui
regardent vers lui, des rescapés de la politique révolutionnaire, qu'on appellera un peu plus tard « brumairiens » : Cambacérès, mis à l'Intérieur, Fouché, à la
Police générale, Talleyrand, qui vient de quitter les
Affaires étrangères, et les Thermidoriens centristes qui
sont ses collègues à l'Institut, Daunou, Boulay de la
Meurthe, Marie-Joseph Chénier, Roederer.

Qu'a-t-il en tête au juste ? Nul ne le sait et ne le
saura jamais. Le mystère fait partie de son style politique. C'est pourquoi ses contemporains, et les chro-
niqueurs, lui ont attribué toutes sortes de desseins, y
compris celui de restaurer le trône au profit d'un
prince constitutionnel. Ce qui est sûr, c'est qu'il veut
mettre fin au régime du Directoire et instituer enfin sa
Constitution. Le seul moyen d'y parvenir est de procéder à un coup d'Etat de l'intérieur : car l'opinion
publique est trop incertaine et divisée, elle est trop
hostile, dans tous les cas, aux vieux politiciens qui se
sont survécus à eux-mêmes, depuis dix ans, d'un
régime à l'autre, pour s'enchanter de voir succéder
Sieyès à Barras. L'homme de 1789 qui reprend à son
compte, après tant d'autres, l'interminable projet de
« terminer la Révolution » n'est populaire que parmi
ses pairs, comme un syndic de faillite devenu le
suprême espoir. Il n'a pas de soutien dans le peuple.

C'est Tocqueville qui a trouvé la meilleure formule
pour décrire l'état d'esprit des Français de ce temps,

dans un des deux chapitres qu'il a écrits en 1852 sur cette période : « Comment la nation en cessant d'être républicaine était restée révolutionnaire ». En effet, la France n'était plus républicaine, si d'ailleurs elle l'avait jamais été, parce que le régime né de la Constitution de l'an III, imaginé pour donner à la République des institutions réglées, n'avait pu conjurer les souvenirs d'anarchie et de terreur liés à la dictature de salut public. Au contraire, les hommes de la Convention s'étaient survécus à eux-mêmes par des dispositions ou des actes contraires à la légalité, le décret des deux tiers, le coup du 18-Fructidor an V, celui de Floréal an VI, de Prairial an VII... Arbitraire, instable, peut-être invivable, la République faisait resurgir la gesticulation jacobine et le fantôme de la Terreur. Pis encore, elle n'était même plus, de l'autre côté, un bouclier contre la réaction : en ce printemps 1799, des foyers de chouannerie se sont rallumés dans l'Ouest et dans le Midi. Or, les Français de cette dernière année du siècle sont déjà ce qu'ils seront au XIXe siècle : attachés aux « conquêtes » de la Révolution, à la fois morales et matérielles, l'égalité civile et les biens nationaux ; et détestant l'idée d'un retour de l'Ancien Régime, qu'entretiennent les frères de Louis XVI et la plupart des émigrés.

Sieyès, resté farouchement fidèle à sa haine de l'aristocratie, partage encore ces sentiments avec la masse des Français. Pourtant, sur un autre plan, il n'incarne plus à leurs yeux, dix ans après 1789, que le fondé de pouvoir des ex-Conventionnels. C'est ici qu'intervient Bonaparte.

*
* *

Bonaparte, lui, n'a pas véritablement participé à la Révolution. C'est même une chose étrange que le spectacle du jeune officier corse resté corse si longtemps, bien après que la Révolution a ouvert les carrières aux talents. Entre 1789 et 1793, il garde encore les yeux tournés vers son île et les batailles de clans qui s'y livrent. Il reste si bien le fils d'un monde excentrique que, s'il n'a rien à regretter de l'Ancien Régime, il ne se jette pas non plus sur les conquêtes de 1789. A l'époque où Sieyès est devenu à quarante ans, en un hiver, le prophète de la Révolution, lui n'est encore qu'un minuscule officier d'artillerie à peine sorti de l'adolescence, et resté étranger aux affaires de la nation. C'est l'insurrection victorieuse de Paoli contre la France, en avril 1793, qui brise les liens des Bonaparte avec la Corse ; proscrite comme profrançaise, la famille débarque à Toulon avec armes et bagages, naturalisée par l'exil forcé avant de combattre pour la patrie en danger.

Le jeune Napoléon acquiert ainsi tardivement ses lettres de noblesse révolutionnaire : d'abord sous les Robespierre, Maximilien et Augustin, ensuite, après Thermidor, dans l'entourage de Barras. Nommé général par les premiers, après la reprise de Toulon, il n'a pas de réticence à servir les Thermidoriens, comme il le montre au 13 vendémiaire (5 octobre 1795). Mais si ces années le lient aux survivants de la Convention, elles ne l'exposent pas au discrédit qui frappe ceux-ci : il est trop obscur pour paraître, trop militaire pour aimer ces politiciens rescapés, trop singulier pour appartenir à leurs salons. Son éclat est d'une autre nature, et attend encore son occasion. Robespierristes et Thermidoriens ont bien pu lui faire ce qui est déjà une carrière. Sa gloire ne viendra que de lui.

Il la conquiert en Italie, en 1796, l'année où ses victoires et son génie forment un si vif contraste avec l'incapacité des hommes du Directoire à enraciner la République dans le cœur des Français. Dès le printemps, dès le mois de mai, dans son palais de Montebello, à Milan, Napoléon Bonaparte a formé l'idée de conquérir le pouvoir : « Ce que j'ai fait jusqu'ici n'est rien encore. Je ne suis qu'au début de la carrière que je dois parcourir. Croyez-vous que ce soit pour faire la grandeur des avocats du Directoire, des Carnot, des

Barras, que je triomphe en Italie ? Quelle idée ? Une
république de trente millions d'hommes ! Avec nos
mœurs, nos vices ! Où en est la possibilité ? C'est une
chimère dont les Français sont engoués, mais qui passera comme tant d'autres. Il leur faut de la gloire, les
satisfactions de la vanité. Mais la liberté, ils n'y entendent rien... » Transformer le régime de l'an III, on voit
que le jeune général y a songé très tôt, avant Sieyès, et
selon d'autres voies...

Il a appris dans les livres du siècle qu'une république n'est pas viable dans un grand pays, et sans la
vertu. Or la France qui sort de la Révolution est un
vaste État peuplé d'hommes passionnés de bien-être
et d'enrichissement personnel : à cet égard les élites
du Directoire donnent le ton ! A cette analyse classique, que Constant et Staël cherchent à contourner
par la théorie du « gouvernement représentatif »,
Bonaparte ajoute un élément de psychologie nationale
tiré d'une autre tradition et favorable à son ambition :
la vanité des Français, ou encore, à les considérer
ensemble, leur soif de gloire. Si telle reste la passion
dominante de la nation, même au milieu de l'égalité
civile et des intérêts nouveaux, comme un nouveau
roi, élevé en son sein, grandi avec elle, garantie de ses
acquis, incarnation de sa gloire, lui fera vite oublier la
liberté républicaine ! Formulée très tôt, cette philosophie du pouvoir réconcilie les passions post-révolutionnaires avec les desseins et le caractère du général
en chef de l'armée d'Italie. Elle est simple, presque
simpliste, et pourtant magistrale. D'un côté, les intérêts. De l'autre, la grandeur de la nation.

Dès l'Italie, la renommée nationale de Bonaparte
s'est alimentée à cette double magie. C'est que la
gloire militaire, dont tant de bons esprits pensaient
qu'elle était étrangère à la société moderne, avait
accompagné en France la naissance de la démocratie.
La guerre avait fait excuser la Terreur. Elle auréolait
depuis la République et ses soldats. Elle transformait
insensiblement le caractère de la Révolution. A la
vertu civique du sans-culotte se substituait l'héroïsme

du soldat. Ainsi l'armée constituait-elle peu à peu le
suprême refuge des révolutionnaires ; en même temps
qu'un champ illimité et rapide à la promotion des
mérites, elle offrait une dérivation puissante à ce que
la passion égalitaire des grandes années avait toujours
eu d'antique. Mélange d'époque qui avait de quoi
déconcerter les penseurs du libéralisme naissant, mais
qui allait porter la fortune de Bonaparte.

Pourtant, après l'Italie, le jeune héros avait dû
attendre. Non que l'Etat républicain, à Paris, eût
regagné de la force à ses victoires. Au contraire : au
18-Fructidor (5 septembre 1797), il n'a gagné la
partie, contre la nouvelle majorité royaliste, qu'avec le
concours de l'armée. Mais Bonaparte ne s'est pas
exposé lui-même dans cette opération de police ; il a
délégué un de ses lieutenants, Augereau, prêter la
main à l'armée de Hoche, qui a fait le travail. Moins
que jamais il ne veut être mêlé à la politique intérieure
de la Révolution, pour mieux incarner par contraste sa
gloire à l'extérieur. Il figure à Paris de vainqueur à la
romaine, rentré dans sa patrie, républicain au-dessus
des partis, siégeant à l'Institut, étranger aux intrigues
politiciennes et aux persécutions qui ont suivi le
18-Fructidor.

En juillet 1798, c'est le départ pour l'Egypte :
risque calculé, qui se trouve être un bon placement de
son capital italien. Non que l'expédition soit triomphale, on le sait, puisqu'il est tout de suite enfermé
dans sa conquête quand Nelson coule sa flotte à
l'ancre dans la rade d'Aboukir, le 1er août. Mais, en
son absence, la situation intérieure s'aggrave en
France et la guerre a repris dans des conditions difficiles : des défaites au printemps font renaître le « salut
public » mais surtout font sentir son absence. Sieyès
est au milieu de ses combinaisons révisionnistes quand
il décide de rentrer, en août 1799, en abandonnant
l'armée d'Egypte à Kléber.

Dans la France de cette époque, seule l'armée pouvait constituer l'appui matériel et la caution morale
d'un coup d'Etat pour sauver la Révolution de ses

démons et de ses ennemis. Le 18-Fructidor l'avait montré. Sieyès ne l'ignorait pas, qui en avait parlé à Joubert, jeune général républicain nommé à l'armée d'Italie. Mais Joubert est battu et tué à Novi, le 15 août. Sieyès s'est retourné vers Moreau, qui hésite, quand Bonaparte débarque à Fréjus, le 9 octobre, accueilli par l'enthousiasme des foules, tout au long de sa route vers Paris. Personne n'a plus alors le choix de son associé. Les deux hommes sont condamnés à agir ensemble.

*
* *

Ils n'ont pas les mêmes appuis. L'homme de 1789 n'est plus que le syndic de faillite de la Révolution. Le général d'Italie reste le dépositaire de la gloire de la nation. Au fil des ans, le premier a usé sa réputation dans les convulsions intérieures : 1793 a déshonoré 1789, et les Conventionnels se sont éternisés pourtant au pouvoir. Le second, au contraire, est né à Lodi, et n'est jamais descendu de son piédestal italien : même ce retour impromptu d'Egypte, par lequel il abandonne son armée, n'ôte pas à son arrivée en France un air de triomphe. L'opinion publique, cette nouvelle divinité mystérieuse de l'état social démocratique, penche sans équivoque d'un seul côté. Mais pourtant Sieyès est aussi nécessaire que Bonaparte à un grand coup de torchon : non seulement parce qu'il incarne mieux que personne ces élites que la Révolution a formées, et qui n'entendent pas revenir sur ce qu'elles ont fait ; mais aussi parce qu'il est dans la place, le plus visible, le plus important personnage de l'Exécutif, indispensable à l'habillage « légal » aussi bien qu'à la facilité technique d'un coup d'Etat.

Veulent-ils la même chose ? Assurément non. Sieyès est enfermé dans l'horizon parlementaire qui a cerné son existence. Il reste plus que jamais le philosophe du gouvernement représentatif, le théoricien constitutionnel, l'homme de la conservation révolutionnaire, cette énigme qu'il n'a cessé de vouloir résoudre. On lui a prêté, dès cette époque, des projets de monarchie constitutionnelle, soit au profit d'un prince allemand protestant, soit en faveur du jeune duc d'Orléans. L'idée a pu se présenter à son esprit, puisque Sieyès veut une « tête » à la République, indépendante des pouvoirs représentés. Mais elle n'est pas absolument nécessaire, puisque ce « Grand Electeur », pouvoir arbitre qui serait chargé, dans son plan, de nommer deux consuls, chefs de l'exécutif, ce pourrait être, aussi bien, lui-même. Au reste, on ne connaît ce plan que par des notes prises par Boulay de la Meurthe sur des conversations avec lui. Ce qui est sûr, en dehors de ce « Grand Electeur » magistrat suprême du régime, c'est que Sieyès a pris aussi ses précautions du côté du suffrage universel. Par le système des « listes de notabilités », le peuple ne fournirait plus que des éligibles, à charge pour un corps inamovible, grand jury ou sénat, de les choisir : par où réapparaît l'idée d'une « jurie constitutionnaire » mise en avant dès l'an III, et reprise par Mme de Staël dans ses *Circonstances actuelles* de 1798. Ainsi Sieyès a-t-il pu croire proche la consécration de ses longs travaux constitutionnels : dix ans après 1789, l'occasion de fermer la Révolution par le gouvernement représentatif n'a jamais paru si belle. L'augure tient sa revanche sur ceux qui ne l'ont pas écouté quand ils ont fait la Constitution de l'an III.

Bonaparte, lui, voit la situation sous un angle exclusivement politique : à ses yeux, les constitutions enregistrent plus qu'elles ne fondent. Il a le sens de l'opinion et la manière de lui plaire : depuis le temps de ses communiqués italiens, il sait comment parler aux Français. A peine rentré, il veille par-dessus tout à ne pas apparaître prisonnier des factions, pour conserver son image de héros national, indépendant des ambitions politiciennes. Ce qu'il conserve de militaire, la brièveté, l'austérité, ne nuit en rien à son personnage civil, mais au contraire donne au retour du soldat une auréole antique : c'est par la victoire, et non par la lutte fratricide, qu'il appartient à la France de la Révolution tout entière, tous partis mêlés, toutes classes confondues. Il est courtisé par les Néo-Jacobins, qu'il laisse venir ; par Barras, son vieux protecteur, qui flaire l'occasion, et qui peut encore être utile ; par la droite des Conseils, qui souhaite son entente avec Sieyès, mais il ne veut pas avoir l'air pressé. Il attend et fait attendre, prenant soin de paraître à l'Institut, comme après l'Italie, auprès des représentants de la science et de la pensée, qui sont aussi les plus capables de lui faire une figure d'ami de la philosophie et des Lumières.

*
* *

L'intrigue avec Sieyès se noue dans les premiers jours de Brumaire par la force des choses plus que par la confiance entre les hommes. Deux personnages font office d'intermédiaires : Roederer, l'ancien Constituant, un des meilleurs esprits de l'oligarchie révolutionnaire, combinaison rare de talents pratiques et philosophiques, et l'inévitable Talleyrand, depuis peu déchargé des Relations extérieures, d'autant plus à l'affût, à la recherche d'assurances sur l'avenir. Avec eux, l'affaire de Brumaire se négocie enfin entre les deux protagonistes comme un complot. « Dans les douze ou quinze jours qui précédèrent le Dix-Huit Brumaire, raconte Roederer, j'allais tous les soirs chez Bonaparte, et j'avais avec lui un entretien particulier. Bonaparte ne voulait rien faire sans Sieyès ; Sieyès ne pouvait provoquer Bonaparte. Tous les yeux étaient ouverts sur l'un et l'autre. Nous nous étions interdit toute entrevue particulière et tout entretien secret. Talleyrand était l'intermédiaire qui concertait les démarches à faire et *la conduite à tenir*. Je fus chargé de négocier les conditions politiques d'un arrangement ; je transmettais à l'un et à l'autre leurs vues respectives sur la constitution qui serait établie et sur la position que chacun y prendrait ; en d'autres mots, la tactique de l'opération était l'objet de Talleyrand, le résultat était le mien. » En réalité, Sieyès, qui est aussi un politique de terrain, plus expérimenté en ce domaine que Bonaparte, a plus ou moins imposé son plan, qui vise à obtenir des Assemblées elles-mêmes leur désaisissement. Mais Bonaparte y a introduit une modification essentielle : le coup d'Etat ne sera pas destiné à substituer une Constitution rédigée par Sieyès à celle de l'an III, mais à former un gouvernement de trois Consuls chargés de faire une Constitution avec l'aide d'une commission parlementaire issue des deux Assemblées. Ce compromis établi, le temps de l'action est venu. Et Roederer termine ainsi son récit : « Lorsque les conventions furent arrêtées entre Bonaparte et Sieyès, Bonaparte prit jour avec les principaux membres des deux Conseils du Corps législatif ; ce jour fut le fameux 18-Brumaire an VIII (9 novembre 1799). »

Le complot proprement dit est ainsi mis au point par un petit nombre d'hommes, entourant les deux associés principaux. Autour d'eux, qui sont dans tous les secrets techniques, existe un milieu politique « brumairien » relativement vaste, dominant au Conseil des Anciens, à la majorité plus incertaine aux Cinq-Cents, et qui forme le grand parti conservateur des intérêts révolutionnaires, consentant d'avance à un nouveau 18-Fructidor si cette fois un régime républicain stable doit en sortir. Le scénario imaginé par les conjurés constituait une opération en deux temps : le premier jour, vote par les Anciens d'un transfert des Assemblées à Saint-Cloud sous le prétexte d'un complot « anarchiste », le général Bonaparte étant responsable de l'exécution du décret. Le lendemain, à Saint-Cloud, vote par les deux Assemblées de leur désaisissement constitutionnel au profit de trois Consuls.

Le premier jour, 18-Brumaire, tout se passe comme prévu. Le second, tout a failli rater.

*
* *

Le 18 en effet, les Anciens convoqués au petit jour votent le transfert des Consuls à Saint-Cloud et confient l'exécution de leur décision à Bonaparte. Réunis à 11 heures, sous la présidence de Lucien, les Cinq-Cents manifestent déjà leur hostilité, mais ils n'ont pas l'initiative et s'ajournent au lendemain, à Saint-Cloud. Entre-temps, Bonaparte est arrivé aux Tuileries entouré de généraux et de soldats ; il y est rejoint par Sieyès. Le Directoire est neutralisé selon le plan arrêté à l'avance. Sieyès et sa doublure Roger Ducos sont du complot. Barras accepte de signer une lettre de démission qu'on lui tend — avec de l'argent — et de se retirer dans son château de Grosbois. Restent Gohier et Moulin, qui invoquent la loi et sont placés sous garde militaire au Luxembourg. Les ministres, l'administration se rallient, la Bourse monte, Paris s'est couvert d'affiches préparées par Roederer et qui donnent le mot d'ordre : sauver la République ! D'ailleurs, dans la matinée, au jardin des Tuileries, Bonaparte a donné le la, acclamé par les troupes, en prenant à partie, dans une admonestation soigneusement pesée, le secrétaire de Barras venu aux nouvelles : « Dans quel état j'ai laissé la France et dans quel état je l'ai retrouvée ! Je vous avais laissé la paix et je retrouve la guerre ! Je vous avais laissé des conquêtes et l'ennemi passe nos frontières ! J'ai laissé nos arsenaux garnis et je n'ai pas retrouvé une arme ! J'ai laissé les millions de l'Italie et je retrouve partout des lois spoliatrices et de la misère ! Qu'avez-vous fait de cent mille Français que je connaissais, mes compagnons de gloire ? Ils sont morts ! » Discours où la répétition du « je » laisse déjà paraître qui est l'homme du jour... De fait, dans l'après-midi, Bonaparte reçoit aux Tuileries toute une foule de ralliés qui prennent date.

Pourtant, le lendemain 19, les choses se gâtent. Le Tout-Paris s'est porté à Saint-Cloud et forme autour de l'événement attendu une vaste rumeur d'incertitude et d'intrigue. D'importants corps de troupes campent autour du château. Les représentants du peuple s'étonnent et s'inquiètent du spectacle, qui ravive le spectre d'un nouveau Cromwell. Quand les Cinq-Cents se réunissent, au milieu de la journée, les Néo-Jacobins dominent l'Assemblée. Aux cris de « A

bas la dictature ! », ils font prêter à chaque député un
serment de fidélité aux institutions. De leur côté, les
Anciens sont moins décidés que la veille : chez ces parlementaires, l'idée d'un replâtrage des institutions regagne
du terrain sur celle d'un vrai coup d'Etat. Devant eux,
au milieu de l'après-midi, Bonaparte n'est pas bon, incapable de ressaisir à son profit leur résolution. « Il faut
lire, commentera Tocqueville, cette improvisation malheureuse pour voir ce génie extraordinaire succomber
au milieu des difficultés dans lesquelles se noient les
esprits vulgaires qui veulent parler en public ; la passion, manquant de l'art de se contenir et de s'exprimer,
et ne se faisant jour que par des mots incohérents ; la
pensée préparée d'avance ne laissant plus d'autres traces
dans l'esprit de celui qui veut l'exprimer que les expressions saillantes qui devaient la résumer... » Mais quand
le général paraît devant les Cinq-Cents, juste après, il a
à peine ouvert la bouche qu'il est menacé par les députés,
en danger d'être frappé. Ses aides de camp viennent à
son secours et l'arrachent aux représentants jacobins.
Le voici menacé, comme aux beaux temps de la Convention, d'une « mise hors la loi », antichambre de la guillotine. C'est le prêtre, Sieyès, qui donne le conseil pratique : faire marcher la troupe. Et c'est le frère, Lucien,
président des Cinq-Cents, qui gagne du temps d'abord
au milieu d'une Assemblée hostile, avant de monter à
cheval pour prononcer devant les troupes la harangue
décisive du jour : le président des Cinq-Cents demande
lui-même aux soldats de chasser les factieux de l'Assemblée ! Scène finale commandée par Leclerc, le beau-
frère, et Murat, le futur beau-frère : leurs grenadiers
dispersent au crépuscule les représentants du peuple.

Redevenus dociles, les Anciens font ce que Sieyès
leur demande : le remplacement du Directoire par une
commission exécutive de trois membres, lui-même,
Roger Ducos et Bonaparte. Après quoi on va dîner.
Mais, après dîner, Lucien veut encore un vote des
Cinq-Cents, pour donner après coup à toute l'affaire
l'air de légalité qui était au programme. On rameute
alors une centaine de députés égaillés dans les guin-

guettes de Saint-Cloud, et on termine la pénible journée
à la bougie, par des votes successifs obtenus cette fois
selon les règles : les Anciens annulant d'abord leur résolution de la fin d'après-midi, pour que celle-ci puisse
leur être proposée par les Cinq-Cents ou ce qui en reste,
et finalement revotée par eux. Trois consuls, donc, assistés
de deux commissions législatives pour représenter les
Conseils. En passant, pour rester fidèles aux traditions,
les vainqueurs excluent soixante-deux députés du Corps
législatif. A 2 heures du matin, les trois consuls fraîchement investis prêtent serment devant Lucien Bonaparte
à la République une et indivisible, à la liberté, à l'égalité
et au gouvernement représentatif : dans cet instant à
nouveau suspendu entre deux constitutions, l'habitude
révolutionnaire du serment est plus requise que jamais,
mais elle ne trouve à s'investir que dans des principes.
Même scène aux Anciens, après quoi il ne reste qu'à
élire les deux commissions législatives, et à rédiger les
communiqués du lendemain. A l'aube, tout le monde
— les civils et les militaires — rentre à Paris. La grande
ville n'a pas bougé. Commencée au Palais-Royal, la Révolution française s'est terminée à Saint-Cloud, comme si
elle aussi, à l'exemple de la monarchie, avait dû quitter
Paris pour asseoir son pouvoir sur la France.

*
* *

Dans les coulisses de l'événement, un des hommes
le plus intelligent de l'époque, qui fait partie de l'entourage de Sieyès, a compris tout de suite ce qui se
passe, avant même que le coup d'Etat soit achevé.
Benjamin constant a fait passer ce mot à son protecteur dans la matinée du 19 : « Citoyen Directeur,
après le premier sentiment de joie que m'a inspiré la
nouvelle de notre délivrance, d'autres réflexions se
sont présentées à moi, peut-être y attaché-je trop
d'importance mais je vous conjure de les lire : je crois
le moment décisif pour la liberté. On parle de l'ajour-
nement des Conseils, cette mesure me paraîtrait

désastreuse aujourd'hui, comme détruisant la seule barrière à opposer à un homme que vous avez associé à la journée d'hier, mais qui n'en est que plus menaçant pour la république. Ses proclamations, où il ne parle que de lui, où il dit que son retour a fait espérer qu'il mettrait un terme aux maux de la France, m'ont convaincu plus que jamais que dans tout ce qu'il fait, il ne voit que son élévation. Il a cependant pour lui les généraux, les soldats, la populace aristocratique et tout ce qui se livre avec enthousiasme à l'apparence de la force. La République a pour elle Vous, et certes c'est beaucoup, et la Représentation, qui, mauvaise ou non, sera toujours propre à mettre une digue aux projets d'un individu... »

Dans ce qu'elle comporte de conseils, la missive rejoint les craintes de Sieyès, mais elle est frappée de nullité le soir même : le vin est tiré dans l'après-midi du 19. Dans sa partie analytique, en particulier sur le rapport de forces entre les conjurés, elle traduit chez Constant une surestimation du poids de ses amis dans le complot de Brumaire et dans l'après-Brumaire. La France dont il parle et à laquelle il s'adresse, c'est celle de la société parisienne, membres de l'Institut, députés aux Conseils, bourgeois parvenus, avec laquelle il partage la philosophie des Lumières et le goût du gouvernement représentatif. Ses interlocuteurs préférés depuis 1795 sont les royalistes constitutionnels qu'il veut rallier. De la nation dans ses profondeurs, il ne sait pas grand-chose. Il est étranger à une de ses plus fortes passions, la grandeur nationale, inséparable de la gloire militaire... Quand il parle de la « populace aristocratique » — car la guerre est liée dans son esprit à l'état social aristocratique — il met bien le doigt sur la popularité de Bonaparte, mais au prix d'un contresens. Car cette « populace » qui aime le spectacle des uniformes et la promotion de ses fils dans l'armée n'est pas « aristocratique », c'est-à-dire contre-révolutionnaire. Ce qu'elle salue dans le général d'Italie et d'Egypte, ce sont les armes de la Révolution. Que pèse, en face, au milieu de politiciens agrippés au pouvoir depuis si longtemps, que pèse Sieyès, son homme ?

Mais dans son diagnostic du matin du 19 brumaire sur ce qui s'accomplira l'après-midi, Benjamin Constant a tout compris d'avance de l'événement : l'enjeu en est la fin du gouvernement représentatif et du libéralisme politique. La suite donnera vite raison à ses craintes, même si lui aura la faiblesse d'y jouer un rôle provisoire comme membre du Tribunat. D'une part, la partie n'est pas égale entre Bonaparte et Sieyès. De l'autre, Bonaparte incarne un type de gouvernement inédit, à la fois personnel et fondé sur un rapport passionnel avec le peuple. C'est ce que dévoile en quelques semaines l'après-Brumaire, à travers les institutions du Consulat.

Car le 18-Brumaire, coup d'Etat accompli par un général, avec le soutien des troupes, n'a eu que les formes d'un pronunciamento militaire ; il n'est pas destiné à mettre au pouvoir un groupe d'officiers, gouvernant par et au profit de l'armée. Dans son fond, c'est un complot imaginé et mis au point par des politiciens thermidoriens pour garantir enfin à la France post-révolutionnaire ses intérêts acquis et des institutions durables. Dans ce complot s'impose *in extremis* Bonaparte au lieu de Joubert, ou de Moreau : changement de distribution qui transforme l'ordre de ses bénéficiaires, mais n'en altère pas la destination politique. Ce qui se joue entre Sieyès et Bonaparte dans l'après-Brumaire n'est pas le choix entre un gouvernement civil et un gouvernement militaire ; c'est la question de savoir quel type de gouvernement civil sera donné au pays qui puisse lui assurer un ordre politique et social post-révolutionnaire.

Bonaparte n'a pas, comme Sieyès, de réponse constitutionnelle longuement méditée à la question. Mais il en comprend tout aussi bien que son associé, peut-être mieux encore, l'urgence et la portée. Il sait que ses victoires, qui lui donnent un titre autrement éclatant à incarner la Révolution que l'art politique de l'ex-abbé, ne lui ouvrent pourtant un avenir national qu'à condition de reconstruire vite un ordre intérieur. S'il n'a pas étudié spécialement les constitutions, il a la tête politique ; il voit que les Français, las de l'anar-

chie, fatigués de mépriser leurs gouvernants, seront
fatalement tentés de revenir à leurs anciens rois, qui
guettent leur moment en exil. Lui seul peut s'inter-
poser entre le peuple et ses souvenirs contradictoires,
lui seul peut se porter garant à la fois des conquêtes de
1789 et d'un pouvoir central retrouvé. La situation de
l'opinion le conduit à la même idée que la pente de
son tempérament : une monarchie républicaine.

Dans les semaines qui suivent le coup d'Etat, le débat
se poursuit entre les deux vainqueurs ; et comme dans
les semaines qui l'ont précédé, les grands intermédiaires
sont Roederer et Talleyrand, auxquels il faut joindre
Boulay de la Meurthe et Daunou, deux des auteurs de la
Constitution de l'an III, très actifs dans l'élaboration de
celle de l'an VIII, comme porte-parole de ces commissions législatives croupions issues des Anciens et des
Cinq-Cents, prévues au soir du 19 brumaire. Au fil de
ces semaines, par l'attente de l'opinion à l'égard de son
personnage et par les ralliements qu'il suscite, Bonaparte apparaît clairement comme le vrai vainqueur du
coup d'Etat. Il impose assez vite son point de vue, qui
est celui d'un exécutif fort, concentré en ses seules mains
comme Premier consul, nommé pour dix ans, les deux
autres n'ayant que des voix consultatives. Quant au législatif, il est constitué de pièces et de morceaux conservés
du plan originel de Sieyès : plusieurs Assemblées, Sénat,
Conseil d'Etat, Tribunat, Corps législatif, possédant des
rôles distincts dans l'élaboration des lois, et dont les
membres sont choisis sur les « listes de notabilités » élues
par le peuple. Choisis par qui ? Sieyès avait renoncé par
force à une place dans l'exécutif, puisqu'il n'y en avait
qu'une. De là l'idée de lui donner la présidence du Sénat,
avec mandat de nommer les premiers sénateurs, donc le
Sénat, qui nommerait à son tour le Tribunat et le Corps
législatif. Ainsi Sieyès était fait « procréateur d'assemblées » (A. Vandal), gardien des temples où allaient se
presser les survivants de la politique révolutionnaire. En
face du Premier consul, le fondé de pouvoir des Thermidoriens gardait la main sur le dispositif législatif, avec
des places à distribuer, des amis à caser, une multitude

de textes à inspirer, et la tradition représentative à faire vivre. Mais Bonaparte avait sur lui la supériorité de l'homme neuf et couvert de gloire, capable à tout moment d'en appeler au pays contre le personnel discrédité des Assemblées révolutionnaires. Le privilège consenti à son associé de nommer les nouveaux représentants était aussi un cadeau empoisonné.

La Constitution de l'an VIII, ratifiée par un vote massif des Français, juxtapose ainsi à sa principale nouveauté, un exécutif fort, un système représentatif affaibli puisqu'il est morcelé et qu'il n'est plus réellement élu. Prise à la lettre, elle n'est ni monarchique ni dictatoriale : le Premier consul peut proposer aussi la loi mais il ne la fait pas, et moins encore la décrète. Et le Sénat peut, sur proposition du Tribunat, évoquer devant lui les actes du gouvernement ou les décrets législatifs pour cause d'inconstitutionnalité. D'ailleurs, pendant les premiers mois du régime, le monde politique reste bruissant d'incertitudes, de paris et de calculs. Ce n'est qu'après la victoire difficile mais décisive de Marengo, à la mi-juin 1800, que le Premier consul, rentré en triomphateur à Paris, fait taire les conspirateurs et les intrigants. La grande fête du 14-Juillet le consacre chef incontesté de la République. Ce qu'il a de national lui donne aussi ce qu'il a de démocratique, en face d'assemblées législatives cooptées dans un milieu politique méprisé. Lui seul incarne le peuple, et en garantit les intérêts contre la double menace du retour des Bourbons, ou d'une reprise révolutionnaire.

Ainsi la Révolution a fini par refaire à la France un souverain, représentant unique de la volonté nationale, sur les échecs et sur les ruines du gouvernement représentatif. Elle dévoile par là son caractère le plus profond, qui est de réassumer l'héritage monarchique sur des bases absolument neuves. Car le nouveau prince ne doit son élévation qu'à ses actions et aux suffrages du peuple, et il règne sur une société d'individus égaux, qui a détruit tous les corps « aristocratiques » : la démocratie lui donne un pouvoir potentiel beaucoup plus fort que celui de l'ancien roi, mais elle frappe aussi ce même pouvoir d'une infirmité radicale, en le privant de la durée. Dès le 2 août 1800, six semaines seulement après Marengo, Roederer évoque devant Bonaparte l'incertitude politique liée à l'absence d'un héritier et prône la mise en place d'une procédure de succession en faveur d'un héritier désigné : c'est que, contre l'ancienne monarchie en exil, il n'y a qu'une monarchie de la Révolution qui puisse protéger les enfants de 1789 ! Mais Bonaparte : « J'ai bien réfléchi avant et depuis Marengo sur tout cela ; et je me suis convaincu qu'il n'y a rien à changer à ce qui existe... Vous ne savez pas ce que c'est que le gouvernement, vous autres, vous n'en avez pas une idée ; il n'y a que moi qui, par ma position, sache ce que c'est que le gouvernement. Les Français ne peuvent être gouvernés que par moi. Je suis dans la persuasion que personne autre que moi, fût-ce Louis XVIII, fût-ce Louis XIV, ne pourrait gouverner en ce moment la France. Si je péris, c'est un malheur ! »

Tel est bien, exprimé par son premier rôle, le sens ultime du 18-Brumaire : la rencontre d'une situation et d'un homme exceptionnel. Rencontre dont le charme, si profond dans l'opinion, a survécu à la faillite impériale, puisqu'il a nourri pendant tout le siècle qui a suivi l'antiparlementarisme français : il ne faudra rien moins que le 2 décembre 1851 pour mettre en cause, même chez beaucoup de républicains, la tradition née au 18-Brumaire an VIII.

François Furet

ORIENTATION BIBLIOGRAPHIQUE

BAINVILLE, Jacques. *Le Dix-Huit Brumaire*, Paris, Hachette, 1925.
CONSTANT, Benjamin. « Lettres à Sieyès », éditées par Norman KING et Etienne HOFMANN, *Annales Benjamin Constant*, 1983, 3.

LEFEBVRE, Georges. *La France sous le Directoire*, Paris, Editions sociales, 1977.

ROEDERER, Pierre-Louis. « Notice de ma vie pour mes enfants », et « Conversations avec Bonaparte », in *Œuvres complètes* publiées par son fils, Paris, 1854, tome III.

STAËL, Madame de. *Des circonstances actuelles qui peuvent terminer la Révolution et des principes qui doivent fonder la République en France,* Edition établie par Lucia Omacini, Genève, Droz, 1979.

TOCQUEVILLE, Alexis de. *L'Ancien Régime et la Révolution,* vol. II, « Fragments et notes inédites sur la Révolution », texte établi et annoté par André Jardin, tome II des *Œuvres complètes,* Paris, Gallimard, 1953.

VANDAL, Albert. *L'Avènement de Bonaparte*, Paris, Plon, 1907, 2 vol.

RENVOIS

Armée
Bonaparte
Coups d'État
République
Sieyès
Thermidoriens

ÉLECTIONS

Les élections forment un chapitre important, et cependant méconnu, de la Révolution française. Important, parce que les diverses assemblées révolutionnaires ont élaboré avec soin la législation électorale, témoignant ainsi de la place privilégiée réservée au suffrage dans le nouvel ordre politique. Chapitre important encore par le nombre et la fréquence des consultations : une vingtaine pendant la décennie révolutionnaire, tant au premier qu'au second degré.

Malgré la fréquence des élections et l'ampleur des débats qu'elles ont provoqués, on ne peut qu'être frappé par l'indifférence généralement manifestée par les historiens ; indifférence plus marquée pour les scrutins de la période 1789-1792 que pour ceux de la période directoriale, qui ont au contraire fait l'objet d'études systématiques, comme celles de J.-R. Suratteau.

Des scrutins du début de la Révolution, le seul qui ait été largement étudié est celui du printemps 1789 pour les Etats généraux. Cet intérêt singulier s'explique notamment par l'insertion de l'événement dans la chronologie révolutionnaire, à la charnière de deux époques ; par sa situation originale, l'élection de 1789 pouvait être alternativement envisagée comme le dernier acte politique de l'Ancien Régime, ou au contraire comme l'acte inaugural de la Révolution.

Mais, jusqu'aux thèses novatrices d'Augustin Cochin, ce sont les cahiers de doléances qui ont retenu l'attention des historiens, soit la part la plus passéiste de ce scrutin, et non l'élection proprement dite des députés. Or, si les cahiers dressaient un bilan de la société d'Ancien Régime, la nomination des députés chargés de les porter à Versailles préludait à la naissance, le 17 juin 1789, de la première assemblée représentative française.

A contrario, l'exemple de Michelet révèle la cause d'un désintérêt fort banal au XIXe siècle : il est le seul à consacrer de pénétrantes analyses aux élections, notamment à celles de 1792 ; mais il est aussi le seul à s'appuyer sur le trésor des archives. C'est d'ailleurs, autour du centenaire, le passage d'une histoire « philosophique » à une histoire érudite et bientôt universitaire, chargée de dresser l'inventaire de la « Grande Révolution » chère à la troisième République naissante, qui a permis l'exhumation de l'histoire électorale révolutionnaire. Les multiples études sur l' « esprit public », mais aussi des œuvres plus illustres, comme celle d'Aulard, y contribuèrent. Pourtant, l'optique dans laquelle étaient entreprises ces recherches neuves — retrouver les racines d'un consensus républicain — indiquait assez la place marginale réservée aux élections : on les utilisait dans le seul but de permettre une improbable et peu pertinente radiographie de l'opinion publique.

Malheureusement, et malgré ses faiblesses, cette entreprise est restée sans lendemain : l'historiographie du XXe siècle, mobilisée par l'histoire sociale et les modes extra-légaux d'action politique, s'est massivement détournée de la question électorale.

★
★ ★

La Constitution de l'an III marque une frontière très nette pour ce qui concerne les élections : en aval, elles deviennent un facteur majeur de la vie politique ;

en amont, leur situation est plus ambiguë, conjuguant d'un côté l'incapacité à remplir le rôle qui leur était assigné, de l'autre la confiscation progressive d'une institution essentielle, son détournement, par les divers groupes se disputant le pouvoir. Entre 1790 et 1793, les élections se laissent difficilement saisir, ce qui explique en partie une indifférence jamais démentie, aussi bien qu'un intérêt toujours marginal et anecdotique.

Traditionnellement découpée en séquences chronologiques — la monarchie constitutionnelle, la République et la Terreur, le Directoire, le Consulat —, la Révolution est scandée par une succession de crises majeures, insurrections et coups d'Etat : Varennes, le 10-Août, le 31-Mai, le 9-Thermidor, le 18-Brumaire enfin. Ces ruptures constituent l'articulation et le sens des principales époques révolutionnaires. Dans la genèse des bouleversements et des infléchissements politiques, les élections sont toujours un épisode accessoire, du moins jusqu'au Directoire. Tout au plus, en renouvelant les équipes au pouvoir, confirment-elles des changements et des épurations *qui ont déjà eu lieu.*

Il y a ainsi deux histoires parallèles possibles de la Révolution : la première est celle des ruptures, dont la spirale dessinerait une histoire majeure, et la seconde celle des institutions, de la continuité, à peine ébauchée et déjà compromise, éclatée et discontinue. Jusqu'en l'an III, le facteur essentiel de la vie politique est le télescopage permanent entre la légitimité conférée par le suffrage et la légitimité de fait, celle que délivre et ôte l' « opinion » : la première donne le pouvoir, au moins nominalement ; la seconde permet seule de s'y maintenir. Le corps électoral désigne, mais le « peuple » veille : si les Jacobins s'efforcent à chaque scrutin de faire élire, dans la mesure du possible, leurs partisans, ils insistent davantage encore sur la nécessité de surveiller les élus, au nom de la « volonté populaire » que les électeurs pourraient avoir trahie.

Cette situation s'explique en partie par toute une tradition populaire d'hostilité à l'égard des gouvernants, que le régime censitaire (1789-1792), en bornant les choix des citoyens actifs, a pu alimenter. Mais cette explication est insuffisante, dans la mesure où la défiance envers la capacité du suffrage d'exprimer le vœu réel des citoyens subsiste avec la même vivacité après l'établissement du suffrage universel en août 1792.

Plus déterminante paraît être l'incapacité de la Révolution d'enraciner durablement l'esprit des institutions nouvelles. Dans le système représentatif élaboré par les Constituants, l'élection n'avait pas pour finalité de dresser l'inventaire, par addition, de la volonté des électeurs, ni même de préciser la volonté générale, par synthèse, mais seulement d'opérer la sélection des députés qui, au nom de la nation indivisible, libres de toute entrave comme de tout contrôle, exerceraient la souveraineté. L'élection n'était qu'une fonction, commise par la nation à certains citoyens reconnus aptes à son exercice, une médiation instrumentale destinée à composer et légitimer l'assemblée des représentants.

La loi était précise : les électeurs devaient se rassembler sur convocation, vérifier les titres d'admissibilité des citoyens présents, élire un bureau, enfin procéder aux nominations. Il était interdit à ces assemblées de délibérer, de prendre des arrêtés, d'assortir leurs choix d'instructions ou de mandats impératifs, de correspondre entre elles, et elles devaient se séparer aussitôt épuisé l'objet de leur convocation. Les élus, dès la proclamation des résultats, échappaient à ceux qui les avaient élus : s'ils avaient été désignés par les électeurs de telle ou telle circonscription, ils tenaient en revanche toute leur autorité de la nation entière.

D'après cette doctrine, dont la réalité devait rapidement se charger de démontrer l'impraticabilité, les élections devaient se dérouler dans un vide politique total, notamment par l'absence d'une compétition publique opposant des candidats et des programmes.

Sans doute, le renouvellement fréquent des assemblées constituait un veto en faveur du corps électoral, lequel jugeait ses élus, en choisissant de renouveler ou de mettre un terme à leur mandat. En dépit de cette réserve, la physionomie des élections différait profondément de ce qu'elle était encore en 1789, où corps et communautés avaient exprimé leurs doléances et choisi des mandataires chargés de les représenter, en s'y conformant strictement. Les décrets de décembre 1789, en libérant les élus de la tutelle de leurs commettants, en opérant ainsi une profonde mutation du lien politique, provoquèrent une résistance vive et prolongée, notamment dans les districts parisiens.

Le vide politique, devenu la règle du processus électoral, permettait en fait la reconstitution marginale du débat sur les enjeux politiques, en dehors de toute permission légale, au travers d'instances dispensatrices d'une légitimité « populaire » distincte du suffrage. En même temps, les conséquences de ce vide politique (absence d'enjeux, mais aussi de candidatures déclarées, la loi ne reconnaissant rien entre l'Etat et les citoyens pris individuellement) favorisèrent le progressif investissement de la machine électorale, sa confiscation, par ceux qui étaient les mieux armés pour imposer les enjeux implicites des différents scrutins et pour trier les hommes.

*
* *

L'exercice du suffrage, quel qu'en fût le régime, censitaire ou universel, a été l'affaire de minorités dont les « candidats » se disputaient les voix. On peut esquisser l'évolution générale de la participation électorale, en dépit des lacunes, de la dispersion et de l'incertaine fiabilité de la documentation.

Dans une première phase, et indépendamment du passage d'un vote communautaire (en 1789) privilégiant les solidarités traditionnelles à un vote individua-

lisé faisant appel à la conscience civique des citoyens
(en 1790), la participation a été forte, soit que les
réformes aient emporté l'adhésion, soit que la nouvelle législation électorale, mal comprise, n'ait pas
encore modifié le contexte de la mobilisation de
1789 : généralement, il y eut pour les scrutins de 1790
une participation supérieure à 50 %, atteignant parfois
près de 80 ou 90 %, notamment dans les cantons
ruraux ; l'ardeur des Parisiens fut nettement moins
marquée, puisque seulement un quart des citoyens
actifs se rendit dans les assemblées.

Pour l'histoire électorale, l'année des grandes
réformes fut également celle d'un véritable « âge
d'or ». Michelet remarque que 1793 n'a nullement été
la période culminante de l'enthousiasme populaire
pour la Révolution, mais qu'au contraire, et cela dès la
fin de 1792, le peuple est « rentré chez lui ». En fait,
du point de vue qui nous occupe ici, c'est dès le printemps 1791 que les citoyens ont délaissé les affaires
publiques : les assemblées primaires du mois de juin
n'attirèrent pas la moitié des votants de 1790. Un an
plus tard, en août 1792, l'effondrement se confirma,
malgré le suffrage universel mis en place pour la première fois, et dans bien des cas, comme à Paris où
moins de 10 % des inscrits se rendirent aux urnes, la
baisse de la participation fut inversement proportion-
nelle à l'élargissement du corps électoral.

Les scrutins intermédiaires pour le choix d'électeurs
du second degré n'étaient pas les seuls à être affectés
par une lourde abstention : on constate, bien qu'at-
ténué, le même phénomène pour les élections municipales. La participation électorale ne devait pas
connaître d'essor significatif les années suivantes, si on
excepte le référendum de juillet 1793, soigneusement
encadré, dont l'objet était d'obtenir l'approbation formelle de la nouvelle Constitution. La fin de la Terreur
et le retour à un fonctionnement plus régulier des institutions ne suscitèrent aucune inversion de tendance :
pendant les années 1795-1799, la participation électorale fut généralement inférieure à 20 %.

Comment expliquer une telle abstention ? L'effondrement irréversible qui suit les premiers succès de 1790 rend caduques les explications sociologiques, comme l'opposition entre vote urbain et vote rural, où le premier, plus individualisé que le second, irait dans le sens d'un accroissement de l'abstention ; de la même façon, le type d'analyse qui tente d'établir des niveaux hiérarchiques d'intérêt entre les divers scrutins, locaux et nationaux, s'avère inopérant. Certes, on peut ainsi expliquer la physionomie d'une consultation donnée, ou encore des spécificités régionales, mais nullement rendre compte d'une évolution générale caractérisée par une désaffection à la fois précoce et massive.

Il est impossible également de retenir comme facteur explicatif dominant l'ensemble des raisons qui affectent un volant notable de l'abstention : les conditions météorologiques ou le calendrier agricole, les frais de déplacement et de séjour, les élections ayant lieu au chef-lieu de canton, la lassitude provoquée par des sessions trop longues, ou encore les problèmes propres aux régions linguistiques.

Reste l'indifférence pour la chose publique, ce « marais » dont parle Michelet : éducation politique insuffisante, inaptitude à comprendre la portée et les mécanismes des institutions nouvelles, comme l'ont pensé Jaurès et Aulard ? Les Constituants avançaient déjà les mêmes raisons pour justifier le cens, mais sans pouvoir justifier une désaffection qui concernait tout autant les citoyens actifs, pourtant censés posséder les moyens intellectuels et matériels de participation à la vie politique ! L'indifférence n'est-elle pas plutôt la manifestation d'un refus, d'une opposition, liée par exemple au durcissement des luttes politiques ? Les assemblées d'août 1792 et de fructidor an III ont été réellement affectées par des mesures de proscription, visant dans un cas les modérés et les royalistes, dans l'autre les terroristes de l'an II. Plus généralement, et dès 1790, la recherche de l'unanimité semble la règle. Il n'y a pas

de place pour les opinions minoritaires : dans la plupart des assemblées, les majorités sont écrasantes ;
ceux dont le « candidat » paraît ne pas pouvoir s'imposer préfèrent souvent se retirer, plutôt que de subir
un échec, quitte à former, à côté de l'assemblée régulière, une assemblée parallèle. Cette pratique devait
se généraliser sous le Directoire. Certes, le retrait
n'est pas toujours volontaire, mais l'emploi de la
contrainte ne faisait qu'accélérer une tendance au
refus de la compétition réglée et du pluralisme des
opinions, qui sont les conditions indispensables au
caractère démocratique des élections.

Pour ce qui est de l'indifférence proprement dite,
qui ne doit pas être négligée, sans doute faut-il y voir
le résultat du désintérêt pour une activité formelle,
destinée à sélectionner l' « élite représentative »,
comme dira Sieyès en 1799, et non à se prononcer sur
un programme ou une orientation politiques. L'appré-
hension des enjeux implicites des élections nécessitait
un effort qui ne pouvait mobiliser que ceux-là mêmes
qui avaient intérêt à la compétition électorale. La
France majoritairement immobile, que la Révolution
n'a secouée qu'au siècle suivant, demeurait en dehors
d'un champ de concurrence politique monopolisé par
des minorités. Des contemporains avaient déjà saisi le
contraste étonnant entre, d'un côté, la faible mobilisation électorale, et, de l'autre, l'importance des foules
que réunissaient soulèvements, émeutes et pillages.
L'opinion éclairée s'inquiétait de voir les Français
dédaigner les pratiques politiques régulières issues de
la Révolution de 1789, pour leur préférer des formes
violentes caractéristiques des siècles de « despotisme »
qui avaient précédé.

★
★   ★

La récupération du suffrage dans le champ des
luttes politiques s'est faite par la manipulation des
silences et des failles du système électoral.

L'absence d'enjeux publiquement débattus, si elle n'empêchait pas le contexte de peser sur les élections, avait pour effet de fortement localiser et individualiser les choix : les hommes comptent en quelque sorte davantage que les idées. Sans doute le corps électoral n'est pas aveugle, et il se détermine, surtout à partir de 1792, en fonction des événements nationaux. En l'absence d'affiliations partisanes, les électeurs votent d'abord pour des individus, et les idées, les options, ne sont prises en compte que dans la mesure où les candidats « officieux » sont contraints de s'aligner en permanence, du point de vue idéologique, sur les « valeurs » dominantes successives de la Révolution — la Constitution en 1790-1791, l'égalité en 1792, Thermidor en 1795. La composition des assemblées électorales, administratives ou parlementaires, démontre amplement la surreprésentation des notables, au sens large du terme, par rapport à des clivages politiques mouvants et de second plan. Dans bien des endroits, les nouvelles représentations, les nouveaux discours politiques s'intègrent aux divisions et aux clivages anciens de la société locale, renforçant le jeu des parentèles et des clientèles, ne donnant à l'ancien que l'apparence de la modernité.

Le trait le plus frappant n'est pas la domination de la vie politique par les notables — eux seuls réunissant à la fois le goût, le temps et les moyens également requis par la participation aux affaires publiques —, mais bien la condensation précoce d'une classe politique homogène. Le mode de scrutin indirect, à deux degrés, favorisait ce résultat, en faisant des assemblées du second degré le vivier au sein duquel était choisie, bien que la loi n'y obligeât nullement, la quasi-totalité des députés et des fonctionnaires publics. Dès 1791, on constate que les élus locaux de l'année précédente occupent souvent plus de la moitié des sièges dans les assemblées électorales : un véritable système de cooptation fonctionne alors, qui porte les uns des fonctions subalternes vers des charges plus importantes, tandis que d'autres, par exemple les Constituants sortis de charge, réintègrent massivement les administrations

locales. En septembre 1792, de nombreux députés
sortants de la Législative, trop modérés pour être
réélus à la Convention, furent pourtant choisis par les
mêmes électeurs pour des charges à moins haut
risque. Inversement, plus de 85 % des Conventionnels
furent pris dans le vivier des fonctionnaires publics, et
presque tous ceux qui étaient élus pour la première
fois parmi les électeurs du second degré. Cette caractéristique des élections révolutionnaires, trop peu sou-
lignée, favorisait la formation d'une classe politique
éprouvée et compétente, progressivement formée aux
affaires par une sorte de *cursus honorum,* mais négati-
vement, elle traduisait aussi une tendance à l'oligarchie, souvent dénoncée par les contemporains, et
réelle, même s'il faut nuancer l'emploi d'un terme
presque péjoratif, en remarquant qu'en 1790, c'est
presque un million de fonctions publiques électives
qui furent pourvues de titulaires. Mais indépendamment des épurations et des proscriptions en tout
genre, cette classe politique traversa sans trop de dom-
mages les années difficiles, pour finalement, toutes
nuances confondues, accaparer les places sous le
Directoire et le Consulat.

Les élections de la décennie révolutionnaire ne s'intègrent cependant pas au schéma propre aux régimes
censitaires les plus étroits, caractérisés notamment par
le pouvoir des notables : d'un côté, le régime censitaire, dont l'accès fut toujours soumis à des conditions
fiscales modérées, a alterné avec des périodes de suffrage universel ; de l'autre, la permanence des équipes,
résultant du vide politique légal, a coexisté avec le
développement marginal du débat politique.

En effet, si les actes de candidature n'ont pas d'existence légale, ils n'en sont pas moins bien réels. Les
élus ont généralement bénéficié de l'appui de groupes
plus ou moins formels : on constate que les assemblées électives ont toujours mené une chasse impitoyable contre les « intrigants », les « cabales » et les
« brigues » de ceux qui, privés des soutiens nécessaires,
ne pouvant compter que sur leurs seules forces, se

voyaient inévitablement acculés à l'emploi de moyens grossiers, comme l'intimidation ou la violence, la fraude ou l'achat de suffrages.

Si la comparution devant l'assemblée des votants constituait l'étape ultime, le test décisif avait lieu avant, en dehors du mécanisme électoral, notamment dans le réseau des clubs jacobins : la compétition électorale était d'abord une compétition pour l'investiture, pour obtenir à la fois l'accréditation politique, sous la forme d'un label de civisme, et l'ensemble des moyens pratiques nécessaires à la victoire. On le voit bien lors du travail préparatoire des clubs, qui généralement réservent des séances consacrées aux élections, dans lesquelles les candidatures sont discutées, les investitures accordées, et parfois refusées, ou retirées. En effet, ce qui a été donné peut également être ôté, comme le montre l'exemple du club de Bagnères-de-Bigorre qui, s'opposant en août 1792 à la réélection d'un député qu'il avait pourtant contribué à faire nommer l'année précédente, dénonce « l'âme et la conduite également lâche et inique du personnage Loustalot qui [...] justifie ce que l'opinion avait toujours pensé de lui, et doit accabler de regrets ceux qui concoururent à la brigue de sa députation ; le mépris de cet homme, sa séparation totale de la famille française, sont les seuls sentiments qu'il mérite et que la société lui voue ». On voit bien ici ce que la plasticité des formules et de l'imputation permet, à savoir de pouvoir ôter la confiance sans s'appesantir sur les motifs de ce rejet, mais avec un caractère d'évidence indiscutable bien propre à dissuader les indécis.

Si les candidatures isolées échouent presque toujours, à l'exception de personnalités locales bénéficiant d'un prestige incontesté, les candidats appuyés par des groupes de soutien organisés et « légitimes » s'imposent, dans des assemblées divisées et pour ainsi dire sans boussole. Les choix effectués par les assemblées du second degré reflètent moins l' « esprit public » ou l'opinion majoritaire que le degré d'efficacité des groupes de pression : c'est manifestement le cas en Vendée et en Bretagne, où la mobilisation massive en faveur du clergé réfractaire n'a nullement empêché l'élection de députés « patriotes », défenseurs des intérêts de l'Etat contre les passions locales.

Les modalités techniques de l'élection se prêtaient fort bien à la manipulation. On procédait aux nominations par appel nominal, dans le cadre d'un vote d'assemblée. La première conséquence était l'extrême longueur des opérations, puisque tous les inscrits, présents ou absents, étaient appelés à leur tour pour venir remplir leur bulletin et prêter serment ; cet appel était renouvelé à chaque tour de scrutin, et l'on conçoit aisément les suggestions, les pressions dont les votants pouvaient faire l'objet, les conciliabules qui pouvaient décider les plus indécis de cette masse d'électeurs flottante et inorganisée.

En dépit du vote par bulletin imposé par la loi, peut-on, en l'absence d'isoloirs, parler de vote secret et de liberté de choix ? En 1792, près de la moitié des députés nommés au scrutin « secret » le furent dès le premier tour, et pour un quart d'entre eux avec plus de 90 % des suffrages exprimés ! Lors de la même consultation, l'extension du vote à haute voix réduisit encore une marge de liberté précaire et accéléra incontestablement les opérations des assemblées concernées : plus de 60 % de leurs députés furent élus au premier tour, et la moitié d'entre eux obtinrent un score proche de l'unanimité. Là où le résultat n'était pas déterminé à l'avance, l'ouverture totale des choix provoquait des aberrations favorables aux minorités, notamment l'émiettement invraisemblable des suffrages, si bien que le concurrent en tête à l'issue du premier tour, malgré un nombre de voix très réduit, n'en était pas moins en position favorable pour la suite des opérations.

*
* *

Le mécanisme électoral frayait lui-même la voie, par ses insuffisances et des présupposés intenables, à l'irruption des manipulations et des stratégies minoritaires. On peut trouver des exemples à deux époques fort différentes de la Révolution : d'une part à l'aube de la phase jacobine, où les élections sont progressivement employées à la déstabilisation des institutions ; d'autre part sous le Directoire, où dans une perspective inverse, les élections sont bafouées pour permettre aux vainqueurs de Thermidor de conserver le pouvoir, malgré le discrédit dans lequel il s'enfonce rapidement. Dans les deux cas, le processus électoral est détourné de ses fins légales pour servir aux luttes politiques. Cette politisation n'est pas le signe d'une normalisation ou d'une pacification des affrontements politiques, mais au contraire la preuve de l'incapacité de la Révolution à enraciner les institutions nouvelles.

Au début de 1790, en application des récentes lois sur la réorganisation administrative, les élections avaient massivement porté les notables locaux dans tous les rouages municipaux et administratifs. L'action des sociétés jacobines, dont le réseau était encore dans sa phase initiale de développement, n'avait pu que s'exercer localement, pour soutenir telle ou telle personnalité. A Paris, une minorité d'électeurs s'était réunie à l'instigation de Brissot dans une Société des électeurs patriotes qui n'avait pas réellement influencé les choix.

Un an plus tard, le mouvement jacobin s'était considérablement étoffé, essentiellement en milieu urbain, et les assemblées convoquées le 16 juin 1791 pour nommer les électeurs du second degré démontrèrent la capacité des Jacobins dans la maîtrise des mécanismes électoraux. Pourtant, les opérations du second degré, pour nommer les députés à la Législative, ne devaient pas confirmer ce succès initial. Deux explications peuvent être avancées : la fuite de Louis XVI le 21 juin et la scission jacobine du 16 juillet 1791. Après Varennes, la réunion des assemblées intermédiaires avait été ajournée ; mais les assemblées primaires, le 16 juin, s'étaient le plus souvent contentées de reconduire les électeurs nommés

l'année précédente. Or, Varennes devait conduire le
16 juillet à l'explosion du club des Jacobins entre une
minorité radicale et la majorité feuillante. On sait que
la minorité, regroupée autour de Robespierre et de
Brissot, parvint rapidement à rallier la plupart des
sociétés affiliées. Mais électoralement parlant, le mal
était fait : le résultat des élections primaires de juin
reflétait assez exactement le rapport des forces antérieur au 21-Juin, c'est-à-dire une majorité modérée et
constitutionnelle. Pour la minorité, les élections du
second degré, commencées à la fin du mois d'août,
furent délicates. A Paris, deux sociétés d'électeurs,
dites de l'Evêché et de la Sainte-Chapelle, reprodui-
sant dans l'assemblée électorale la scission des Jacobins et des Feuillants, bataillèrent ferme pour imposer
leurs candidats respectifs. Les « chapelains » l'empor-
tèrent largement, ceux de l'Evêché ne parvenant qu'à
force d'acharnement à faire élire Brissot et Condorcet.
En province, les choses se passèrent un peu mieux
pour les Jacobins, les électeurs des villes parvenant
généralement à imposer leurs candidats à une majorité
d'électeurs ruraux isolés et désunis : 136 des
745 députés de la Législative s'inscrivirent aux Jacobins, 264 aux Feuillants.

Les élections municipales de la fin 1791 montrèrent
que le relatif insuccès de septembre résultait à la fois
de la scission de juillet et du mode de scrutin indirect.
Les élections municipales se déroulant au scrutin
direct, les Jacobins prirent une revanche éclatante, qui
devait ensuite peser très lourd dans l'aggravation de
la crise du régime en juin-juillet 1792, les municipalités formant alors les points d'appui d'une offensive généralisée contre la Constitution et le roi. Ce
scrutin préfigure les élections si particulières d'août-
septembre 1792, où la machine jacobine s'appropria
effectivement le mécanisme électoral.

Dès la suspension du roi et la convocation d'une
Convention nationale, le 10 août 1792, la préparation
des élections commença. A Paris, sous la férule des
Jacobins, des Cordeliers, de la Commune et de quel-

ques sections, des mesures d'épuration ou d'inéligibi-
lité furent prises pour écarter des assemblées électives
les Feuillants et les modérés, et de cette façon empêcher le renouvellement de la situation délicate de
l'année précédente. L'essentiel de cette opération de
tri fut accomplie avant le 26 août, date de réunion des
assemblées primaires. Un contrôle étroit de leurs opérations écarta tout danger : elles durent voter à haute
voix, et l'assemblée du second degré se réserva, par le
biais de la vérification des pouvoirs de ses membres,
de pouvoir « réviser » leurs choix. Quelques électeurs
furent ainsi écartés. Au second degré, les scrutins
eurent également lieu à haute voix et, pour plus d'efficacité, les électeurs quittèrent la salle de l'Evêché
pour celle des Jacobins, où les séances eurent lieu en
présence du public.

Presque caricaturale, la session parisienne fut sans
surprises : les principaux leaders du club, de la
Commune, des Cordeliers furent élus à la Convention. Les Jacobins avaient écarté de la députation les
Feuillants, politiquement battus depuis le 10-Août,
mais également Pétion, Brissot et les principaux chefs
girondins.

En province au contraire, les Girondins les plus en
vue furent pour la plupart réélus. Les mesures d'épuration et d'encadrement adoptées dans de nombreuses
assemblées d'après le modèle parisien n'empêchèrent
pas l'élection d'adversaires résolus des nouveaux maîtres de la capitale. Comment expliquer ce contraste
entre Paris et les départements ? D'un côté, Paris
connaissait alors une situation exceptionnelle, dans
laquelle les opposants ne pouvaient se manifester.
Mais le facteur explicatif le plus sérieux est la stratégie
à deux vitesses menée par les Jacobins : dans la capitale, ils maîtrisèrent les élections pour évincer les
« brissotins » que l'insurrection du 10-Août, en for-
geant le mythe d'une « union sacrée » contre la trahison et le complot de l'intérieur, avait sauvés du désastre ; en même temps, les Jacobins pouvaient ainsi
constituer une députation parisienne qui serait le pro-

longement du club dans la Convention. En province, moins sûr des sociétés affiliées, dont les convictions étaient parfois très modérées, souvent en décalage par rapport aux clivages parisiens, le club avait préféré adopter un point de vue minimal, qui écarterait les Feuillants de la Convention et offrirait aux électeurs, non l'alternative Jacobins-Commune/Girondins-pouvoir légal, mais le choix entre les vaincus et l'ensemble des bénéficiaires du 10-Août : c'est le sens du fameux *Tableau comparatif* diffusé par le club et la Législative, qui faisait un seul bloc de tous les députés « patriotes », jacobins et girondins confondus, qui le 8 août avaient voté contre La Fayette. Le succès de cette stratégie est incontestable puisque des 406 députés qui avaient voté en faveur du général, 5 seulement furent réélus, contre 167 des 235 qui s'étaient prononcés contre lui.

Les élections pour la Convention furent bien des élections jacobines : par les députés parisiens et leurs alliés, le club put gouverner la Convention et bientôt, dès l'exécution du roi, entamer le procès de liquidation des Girondins. L'inégalité de traitement entre Paris et la province illustre une caractéristique fondamentale des élections révolutionnaires : si les choix ont lieu *avant* les opérations électorales proprement dites, c'est *après* que commencent les luttes décisives pour la légitimité.

*
* *

Second exemple : la période du Directoire, durant laquelle les élections forment un élément majeur de la vie politique. Dans ses travaux, J.-R. Suratteau a pu en déceler les enjeux, opérer un classement des députés, circonscrire des « partis » largement constitués autour de l'héritage des années précédentes. *A priori*, la Constitution de 1795 ne bouleverse pas la physionomie des élections. Ce sont bien plutôt les conditions créées par le 9-Thermidor, par le démantèlement des clubs, par celui de toutes les instances qui depuis six ans se dressaient en face du pouvoir légal, qui font alors des élections une clé essentielle pour l'intelligence de la période directoriale. Entre les mains d'un pouvoir soucieux de se perpétuer, rendu peu crédible par ses compromissions dans le régicide et la Terreur, les élections, qui ont jusque-là incarné une fragile légalité, deviennent l'instrument ou l'enjeu de coups d'Etat répétés. Sous le règne d'une Constitution qui permettait enfin une vie démocratique réglée, la farce électorale, en révélant le pourrissement du régime civil, devait frayer la voie aux généraux.

Par les décrets des 5 et 13 fructidor an III, imposant aux électeurs de choisir les deux tiers du nouveau Corps législatif parmi les Conventionnels sortants, les Thermidoriens entendaient conserver le bénéfice de leur victoire de l'été 1794 ; ils voulaient également éviter le renouvellement de la désastreuse expérience de 1791, lorsque la Constituante avait cédé la place à une assemblée entièrement composée d'hommes neufs et sans expérience nationale. Après la fin de la Terreur, on trouvait à la base de ces décrets la logique du salut public, d'après laquelle la Révolution devait être défendue, y compris au prix de la transgression de ses principes.

Toutefois, le décret des deux tiers, en permettant à la Convention de se succéder à elle-même, favorisa surtout les membres les plus modérés de l'Assemblée, comme le montra l'échec cuisant des acteurs du 9-Thermidor, pour la plupart anciens « ultras » du terrorisme à la recherche d'une nouvelle virginité. Le corps électoral confirma ces premiers résultats dans le sens de la modération, puisque le nouveau tiers fut composé pour moitié de monarchistes déclarés.

Les deux Chambres du Corps législatif devant être chaque année renouvelées par tiers, de nouvelles élections eurent lieu en germinal an V (avril 1797). Elles confirmèrent la tendance modérantiste déjà observée à l'automne 1795. Le Directoire était pourtant intervenu pour que les résultats fussent conformes à la stabilité politique comme à ses propres intérêts : le nombre des députés sortants avait été réduit au maximum, en y comptant ceux qui étaient décédés depuis 1795, de telle sorte que le résultat, même défavorable, ne puisse bouleverser l'équilibre interne du Corps législatif ; la répression qui avait suivi l'échec du complot babouviste avait permis d'éliminer les nostalgiques du jacobinisme, tandis qu'à l'autre extrême les émigrés rentrés en France étaient également écartés des urnes. Ces dispositions furent inutiles : 170 des 248 sièges à pourvoir furent enlevés par les monarchistes, qui contrôlaient désormais 330 des 730 sièges des deux Chambres.

La stabilisation au centre, que les élections n'avaient pas assurée, la force l'obtint : après une guérilla de six mois entre les conseils et le Directoire, ce dernier se décida à l'action. Le 18-Fructidor (4 septembre 1797), avec l'appui de l'armée, il fit annuler les élections de 49 départements et déporter ou proscrire 53 députés. Au total, près d'un tiers du Corps législatif fut épuré, environ 200 députés modérés et monarchistes faisant les frais de l'opération.

Destiné à empêcher une nouvelle aventure politique, issu d'une volonté forcenée de réconcilier la société française autour de l'héritage révolutionnaire, le coup d'Etat antiélectoral du 18-Fructidor inaugurait en fait un nouveau dérèglement des institutions : celui d'un pouvoir s'efforçant d'obtenir à tout prix un satisfecit du corps électoral, que ce dernier lui refusait obstinément. Barras fut le maître d'œuvre de ce coup de force inaugural, et l'année suivante, confronté au même problème de survie politique, Merlin de Douai fut l'organisateur du coup d'Etat antiélectoral du 22 floréal an VI (11 mai 1798), dirigé cette fois contre les néo-jacobins auxquels le 18-Fructidor avait permis un retour spectaculaire sur la scène politique.

Lors de ces élections de 1798, le deuxième et dernier tiers des Conventionnels réélus en 1795 devait être remplacé. Dans cette perspective, le Directoire prit les choses en main : des fonctionnaires locaux, des commissaires du pouvoir central furent destitués et remplacés, des circulaires exprimant le vœu de l'exécutif furent diffusées ; surtout, le Directoire, pour éviter un nouveau 18-Fructidor postélectoral, préféra manipuler les opérations à l'avance : Merlin de Douai et le ministre de l'Intérieur Letourneux envoyèrent dans les départements des agents chargés officiellement d'établir un rapport sur l'état des routes, et officieusement d'organiser à l'avance des scissions dans les assemblées, entre partisans du Directoire et opposants jacobins ou royalistes, entre lesquelles le gouvernement pourrait choisir selon son intérêt. L'opération fut efficace, mais insuffisante : si 370 des 510 élus avaient l'approbation du Directoire, ce dernier ne pouvait s'appuyer que sur 467 des 807 députés du Corps législatif pris dans son ensemble. La pratique généralisée des scissions avait en outre multiplié les élus : dans la plupart des départements, il y avait un nombre de députés largement supérieur à celui des sièges à pourvoir, par la tenue simultanée de deux, voire trois assemblées concurrentes. C'était au Corps législatif de trancher. Afin que la manœuvre ne pût se retourner contre lui, le Directoire, alors qu'il préparait les élections de germinal, avait fait attribuer au Corps législatif sortant — donc épuré de tous les opposants « fructidorisés » — la vérification des pouvoirs des nouveaux élus, accordant ainsi aux sortants le pouvoir de valider l'élection de leurs successeurs ! Le Corps législatif se prêta docilement à ce nouveau coup de force, en invalidant le 22-Floréal la nomination de 106 élus, presque tous néo-jacobins.

Le mécanisme des épurations était à bout de souffle. Les élections de germinal an VII (avril 1799) furent marquées par un cuisant échec des candidats officiellement soutenus par le Directoire. Ce dernier tenta alors une répétition de l'opération de mai 1798, mais les conseils, forts de l'échec gouvernemental, se dérobèrent. Au mois de juin 1799, divisé, déconsidéré, miné de l'intérieur, le Directoire se disloqua :

les hommes de 1798, Merlin de Douai et La Révellière-Lépeaux, furent évincés, tandis que la montée
en première ligne de Barras, ultime rescapé d'un
régime à la dérive, et le retour aux affaires de Sieyès
annonçaient le 18-Brumaire, la fin des errances et,
sur les ruines de la légalité, la naissance des institutions modernes.

Patrice Gueniffey

ORIENTATION BIBLIOGRAPHIQUE

BATICLE, René. « Le plébiscite sur la Constitution de 1793 »,
La Révolution française, t. 57 (1909), p. 496-524 ; t. 58
(1910), p. 5-30, 117-155, 193-237, 327-341, 385-410.

COCHIN, Augustin. *L'Esprit du jacobinisme* (rééd. quasi intégrale de *Les Sociétés de pensée et la démocratie. Etudes d'histoire
révolutionnaire,* Paris, Plon, 1921, avec un texte complémentaire), prés. par Jean Baechler, Paris, Presses universitaires
de France, 1979, notamment p. 49-93.

GUENIFFEY, Patrice. *L'Invention de l'électeur. La Révolution
française et les élections,* Paris, Editions de l'Ecole des hautes
études en sciences sociales, à paraître en 1993.

MARX, Roland. *Recherches sur la vie politique de l'Alsace pré-
révolutionnaire et révolutionnaire,* Strasbourg, Istra, 1966.

RÉMOND, René. « L'apport des historiens aux études électo-
rales », in Daniel GAXIE (sous la dir. de), *Explication du vote.
Un bilan des études électorales en France,* Paris, Presses de la
Fondation nationale des sciences politiques, 1985, p. 35-48.

SURATTEAU, Jean-René. « Les élections de l'an IV », *Annales
historiques de la Révolution française,* 1951, p. 374-393 ; 1952,
p. 32-63.

SURATTEAU, Jean-René. « Les opérations de l'Assemblée
électorale de France », *Annales historiques de la Révolution
française,* 1955, p. 228-250.

SURATTEAU, Jean-René. « Les élections de l'an V aux
Conseils du Directoire », *Annales historiques de la Révolution
française,* 1958, p. 21-63.

SURATTEAU, Jean-René. *Les Elections de l'an VI et le coup
d'Etat du 22-Floréal (11 mai 1798),* Paris, Les Belles Lettres,
1971.

RENVOIS

ÉTATS GÉNÉRAUX

Sous l'Ancien Régime, les états généraux représentent un expédient d'exception, sans autonomie, sans lendemain, et qui ne laisse aucune trace de ses activités. Ils ne doivent leur réunion qu'à l'initiative du gouvernement qui les maintient et les congédie à sa guise. Ils sont dépourvus de toute autorité en matière de gouvernement et même de législation. Et s'il leur arrive de prendre part à l'élaboration de certaines ordonnances, en termes de droit, le roi n'en demeure pas moins seul législateur pour le royaume, à la fois comme auteur des lois et comme dispensateur et garant des privilèges. Jusqu'en 1789, cet attribut essentiel restera un principe intangible de l'autorité monarchique : face à une conjoncture d'exception, le monarque en appelle à la « représentation » du royaume, afin d'obtenir un consensus autour de sa politique ou, plus simplement, des subsides extraordinaires. A la mort de Louis XI, en 1483, les états généraux sont invités à donner leur avis sur l'organisation de la régence. Après un long intervalle, François II les convoque, en 1560, pour remédier à la crise financière et apaiser les esprits après les troubles provoqués par les innovations religieuses. Des états généraux sont encore réunis à Blois : en 1576-1577 pour régler la situation religieuse au lendemain de la formation de la Ligue ; en 1588-1589 pour les mêmes raisons, compliquées par la question dynastique que posait l'existence d'un héritier protestant. Après l'assassinat d'Henri IV, la régente Marie de Médicis, aux prises avec la rébellion condéenne, est contrainte d'appeler les états en 1614. Il faudra attendre plus d'un siècle et demi avant de les voir convoqués à nouveau.

De la fin du Moyen Age à la Révolution, l'acte de *représenter* conservera toujours le sens très restrictif que lui reconnaissent à la fois gouvernants et gouvernés : le peuple, par délégation, mais sans intermédiaire, tend au monarque le miroir de son royaume, en lui adressant ses vœux, plaintes et remontrances. Un acte qui renvoie à la nature même de la société d'Ancien Régime, où l'individu n'a d'existence politique qu'à travers ses appartenances organiques : l'ordre, le corps, la communauté, le privilège. « Représenter » avant 1789 n'implique donc pas forcément représentativité ni même élection. C'est d'abord communier, transmettre, opération à laquelle la désignation des députés reste étroitement subordonnée, étant simplement la *reconnaissance* des attributs qui qualifient tel individu pour porter aux états les doléances de sa communauté. En effet, la forme ancienne du mandat impératif fait du mandataire non pas l'auteur d'un vouloir politique, mais un simple messager, le porte-parole scrupuleux d'un cahier au contenu bien précis, qui proscrit toute initiative et toute autonomie personnelles. Si bien qu'avant la Révolution l'élection des députés aux états est forcément une affaire secondaire, tout comme le recours au suffrage une forme de procédure dépourvue de la signification politique que lui donnera, bien plus tard, la démocratie moderne.

*
* *

En 1788, comme par le passé, c'est une crise politique qui décide Louis XVI à consulter ses « états ». Les hasards de la conjoncture, la crise de l'absolutisme et la pédagogie du siècle conjuguent leurs effets

pour l'y contraindre : disette et troubles populaires,
déficit financier d'un Etat à bout de ressources et
d'expédients fiscaux, pression impérieuse de l'opinion
publique, résistance surtout des notables et des parlements, opposés à toute réforme des finances royales
qui ne serait pas sanctionnée par les Etats généraux.
Mais il suffit que le gouvernement y consente pour
qu'apparaissent brusquement d'autres enjeux et un
acteur inédit : le Tiers Etat, que la colère populaire,
l'appel aux droits naturels et la revendication égalitaire
unissent momentanément dans la dénonciation des
seigneurs, des privilèges, du despotisme et une aspira-
tion commune : obtenir une représentation égale à
celle des deux premiers ordres réunis, donner effet à
sa prépondérance en votant par tête et non par ordre.
A la fin de l'hiver 1789, au terme d'une campagne
électorale agitée, la France se met à rédiger ses remontrances et à désigner ses représentants, ceux-là mêmes
qui vont, quelques mois plus tard, s'approprier la souveraineté nationale.

Pourtant, les élections aux Etats généraux, comme
d'ailleurs les autres scrutins révolutionnaires, sont
quasi ignorées de l'historiographie révolutionnaire,
de droite comme de gauche, du xixᵉ comme du
xxᵉ siècle. Cet épisode est souvent expédié en quelques lignes paresseuses et comme réduit à une sorte
de relais mécanique entre les revendications des
patriotes — délibération en commun et vote par tête
notamment — et l'effondrement de l'Ancien Régime.
Comme s'il n'avait de signification et d'intérêt que
dans ses conséquences lointaines : postulat d'autant
mieux partagé, que les résultats des élections peuvent
s'accommoder des interprétations les moins concilia-
bles de l'avènement révolutionnaire. Célébrées ou
honnies, les victoires successives du Tiers Etat
(Assemblée nationale, nuit du 4-Août, Déclaration
des droits) enlèveraient ainsi tout caractère problémati-
que à cette consultation. Elles en épuiseraient le
sens, en expliqueraient l'issue et dispenseraient donc
de s'y attarder.

Unanimité du silence, donc, et de l'indifférence, qui recouvre en fait des raisons plus profondes. Elle traduit la difficulté de prendre en compte à la fois suffrages et doléances, enjeu électoral et enjeux politiques. La difficulté, surtout, de concilier avec la rupture fondatrice de 1789 un épisode qui la met inévitablement en cause.

En effet les élections de 1789 marquent aussi bien une fin qu'un avènement. Elles sont les dernières de l'Ancien Régime et les premières de la Révolution. Elles tiennent juste assez de l'un et de l'autre pour rester inclassables : procédure traditionnelle des institutions monarchiques, mais aussi enjeu de pouvoir. Alors que les cahiers demandent la réforme du régime, elles ouvrent la voie à sa dissolution, en déléguant à Versailles les auteurs d'une nouvelle légitimité politique, instituée par la souveraineté nationale et les droits de l'homme.

Dans cette dévolution, l'ancienne monarchie a une part involontaire, mais incontestable. Au moment de renouer, après un siècle et demi, avec une tradition perdue, elle met en place un dispositif juridique et politique qui fraie la voie au triomphe du Tiers Etat. Elle en fixe les termes, pour ainsi dire, et prescrit les modalités, avant de lui offrir sa première victime. C'est dire que la Révolution doit autant à ses auteurs qu'au règlement électoral du 24 janvier.

L'extrême nouveauté de ce document tient d'abord à son existence même. Pour la première fois, en 1789, les lettres de convocation — jusque-là simple assignation formelle, plus protocolaire que juridique — sont assorties d'un véritable code électoral dont la minutie, la complexité, le souci sans précédent d'unité et d'équité impliquent à l'évidence une mutation du droit public.

C'est pourtant un texte ambigu, contradictoire, à mi-chemin de la tradition et de l'innovation, juxtaposition empirique des usages anciens et de l'esprit nouveau. D'un côté, il reprend le cadre et la forme des convocations antérieures, prescrit la réunion des habitants des grandes villes par corps et compagnies de métiers, maintient l'ancien type de représentation par mandat impératif et la procédure traditionnelle des doléances. Il multiplie exceptions et dérogations au nom des privilèges acquis. Il conserve surtout la séparation des ordres et reste muet sur la revendication principale du Tiers : délibération et vote en commun.

Mais d'un autre côté, il accorde au Tiers au moins une représentation double et consacre les principes qui fondent la représentation politique moderne. Les phrases qui ouvrent le règlement du 24 janvier sont à cet égard éloquentes. « Le roi, en adressant aux diverses provinces soumises à son obéissance des lettres de convocation pour les Etats généraux, a voulu que ses sujets fussent tous appelés à concourir aux élections des députés qui doivent former cette grande et solennelle assemblée. Sa Majesté a désiré que des extrémités de son royaume et des habitations les moins connues, chacun fût assuré de faire parvenir jusqu'à elle ses vœux et ses réclamations. » La structure de la doléance est donc maintenue : le roi consulte la nation à travers la supplique des corps. Mais en même temps est reconnu le droit de suffrage à tout membre du troisième ordre âgé d'au moins vingt-cinq ans et inscrit sur le rôle des impositions. Aucune distinction n'est établie entre droit d'élection et droit d'éligibilité : tout individu accédant aux assemblées électorales acquiert par là même la faculté de se présenter aux suffrages de ses concitoyens. L'égalité politique, autrefois contingente, tributaire de la volonté des individus, de certains groupes de pression ou de l'arbitrage royal, trouve ici sa sanction juridique : le peuple, pour la première fois, fait *de droit* une entrée massive dans la vie publique.

Inséparable de l'égalité politique, la citoyenneté, qui transforme les sujets du royaume en membres du corps politique, au nom de l'idée de progrès. On ne saurait exclure de la vie publique, dira Necker aux notables, toute une classe d'hommes si étroitement unie à la prospérité de l'Etat par le commerce, l'industrie, les sciences, les arts... : « Nous sommes entourés de précieux citoyens, dont les travaux enrichissent l'Etat et à qui l'Etat, par un juste retour, doit de l'estime et de la confiance » (6 novembre 1788). Le développement de l'économie, l'accroissement des Lumières, la généralisation de la citoyenneté, tout contribue à effacer l'imprescriptibilité des usages passés et à affaiblir la référence aux convocations antérieures. Le reconnaître devant les notables, c'est pour le gouvernement se rendre au verdict de la raison historique, incarnée désormais non plus par la monarchie, mais par une nouvelle figure, souveraine et ingouvernable : l'opinion publique.

L'idée d'une juste proportionnalité entre l'importance de la représentation et celle des circonscriptions est, elle aussi, fille du siècle. L'égalité des droits prescrit en effet un type de représentation moderne qui instaure un rapport stable entre représentants et représentés dans la formation du pouvoir politique. Aussi, pour prévenir les déclarations qui pouvaient se fonder — à juste titre — sur les « anciens usages », il est également décidé d'augmenter considérablement le nombre des députés aux Etats : le texte en prévoit un millier, presque le double des sièges pourvus en 1614. Reste que le principe de la proportionnalité est incompatible avec l'idée de mandat impératif, où la parole des mandants importe infiniment plus que le nombre de leurs mandataires. Que tant de contemporains, à commencer par les aristocrates les moins accommodants, aient soutenu avec une égale vigueur, *et* le mandat impératif, *et* la proportionnalité, n'est pas le moindre des paradoxes.

Comme un siècle et demi plus tôt, c'est le bailliage (ou la sénéchaussée), ressort judiciaire tombé en complète désuétude à la fin de l'Ancien Régime, que l'on retient pour cadre de l'élection. La noblesse désigne directement ses délégués au chef-lieu du ressort en assemblée plénière. Le droit d'élire et d'être élu est dévolu à tous les membres du second ordre, propriétaires ou non. Les premiers sont convoqués individuellement et peuvent voter partout où ils possèdent des fiefs, directement ou par procuration (c'est le cas notamment des femmes et des mineurs). Les seconds, convoqués par voie d'affiches, ne participent aux assemblées électorales que là où ils sont domiciliés.

Pour le clergé coexistent deux registres distincts. Les cardinaux, les archevêques, les évêques et tous les titulaires de bénéfices et d'une charge paroissiale, élisent directement. Les chanoines et les religieux nomment à deux degrés. Chaque communauté désigne généralement un représentant qui se porte au bailliage, ce qui assure au bas clergé une prépondérance sensible aux assemblées électorales et, plus tard, aux Etats généraux (au moins 204 curés pour une cinquantaine d'évêques ou coadjuteurs, et 18 vicaires généraux).

L'élection des députés du Tiers Etat se fait à plusieurs degrés, deux au moins, souvent trois, parfois quatre. Dans les campagnes, les assemblées primaires, réunies dans le cadre des paroisses, désignent deux députés à raison de 200 feux ou au-dessous, 3 pour 300, 4 pour 400, etc. Les bourgs et les petites villes délèguent uniformément 4 représentants. Les villes importantes, elles, ont une procédure à deux degrés : chaque corporation de métier nomme 1 député pour 100 membres ; les corporations d'arts libéraux et les habitants libres, ou non compris dans une corporation, en obtiennent 2 pour 100. Tous ces élus forment l'Assemblée du Tiers Etat de la ville qui désigne à son tour les députés de l'assemblée du bailliage.

Là, la procédure se complique de la distinction entre deux types de juridictions. Les bailliages dits « principaux » délèguent directement aux Etats généraux : les élus des diverses localités du ressort se réunissent au chef-lieu, rédigent le cahier du Tiers Etat et élisent leurs députés. Mais il est d'autres circonscriptions qui comprennent plusieurs bailliages, dont un principal et un ou plusieurs secondaires. Alors, chacune des assemblées de bailliage procède d'abord d'une manière autonome : après la fusion des doléances en un seul cahier, elle désigne le quart de ses membres, qui se portent au chef-lieu du bailliage principal, dernière étape de la consultation, pour nommer les députés aux Etats généraux. La réduction au quart (degré supplémentaire d'élection) est destinée non seulement à « prévenir des assemblées trop nombreuses » et à « diminuer les peines et les frais de voyage » (art. 34), mais encore à enlever aux rescapés illettrés des assemblées primaires toute chance d'accéder à la députation.

Paris, où l'on ne votera qu'à la fin avril, est doté d'un régime particulier : 60 arrondissements, 60 assemblées primaires de quartier, chargées de déléguer à la réunion de la ville qui élit, en dernière instance, les 20 députés aux Etats. Ici le critère électoral qui mêle statut et argent est sensiblement plus sélectif que pour la province. Il est fixé à au moins six livres de capitation pour tous ceux qui ne sont pas convoqués d'office — les gradués des facultés, les titulaires d'offices et des commissions, les détenteurs de lettres de maîtrise.

Enfin, le scrutin adopté par le gouvernement est plurinominal à plusieurs tours et à la majorité absolue : les électeurs votent pour un homme, non pour une liste. Ils doivent, par conséquent, désigner leurs représentants l'un après l'autre et, pour chacun des candidats, dégager une majorité absolue. Aux niveaux inférieurs de la hiérarchie électorale le vote est public, il est secret à son stade ultime.

Accession d'office à l'assemblée électorale pour les privilégiés, suffrage quasi universel pour le Tiers Etat : ces deux traits résument à eux seuls les contradictions d'une procédure qui mêle jusqu'au paradoxe l' « organique » et le « démocratique ». Elle fait pourtant apparaître une profonde unité d'ensemble qui n'est pas sans rappeler le scrutin d'arrondissement moderne.

Il y aura, en effet, de réels efforts pour parvenir rapidement à une juste répartition des circonscriptions électorales. Ils ne viennent pourtant pas à bout des incertitudes que les recherches entreprises hâtivement

sur les convocations antérieures laissent subsister :
nombre, population, contributions et surtout juridictions des ressorts. Les baillis et officiers locaux, priés
de préciser les contours exacts de leur siège, avouent
souvent leur embarras. Il existe à cette époque une
multitude de juridictions dont les limites ne recou-
vrent pas forcément celles — supposées — des bailliages. Sur plus de 400, il en est peu qui n'aient avec
des ressorts voisins soit des paroisses mi-parties, soit
des paroisses contestées, lesquelles se voient assignées
à comparaître — souvent le même jour — à deux si ce
n'est à plusieurs assemblées. Et il y en a qui, « pour
conserver l'influence », n'hésitent pas à multiplier les
comparutions. Comme cette communauté du Loudu-
nois qui va jusqu'à déléguer simultanément à Chinon,
à Saumur et surtout à Loudun, dont la juridiction ne
recouvre pourtant qu'une seule de ses maisons.

Ces confusions et ces incertitudes montrent assez
l'incapacité du gouvernement à adapter ses vieilles circonscriptions aux nouvelles dispositions réglemen-
taires. Ce qui l'oblige à remanier constamment son
texte, au gré des réclamations qui lui parviennent d'un
peu partout. A cet égard, au moins, on peut dire que
l'existence d'un règlement électoral ne change pas
grand-chose aux vieilles pratiques de marchandage et
de compromis des convocations passées.

D'autant que nombre de privilégiés — villes,
groupes, individus — tiennent les modalités de la
consultation pour de simples instructions, dénuées de
tout caractère obligatoire. A commencer par le duc
d'Orléans, dans ses célèbres *Instructions,* et jusqu'à
certains ministres, soucieux de ménager la noblesse et
surtout le haut clergé qui appréhende sourdement la
prépondérance des curés dans les assemblées électorales.

Ailleurs, les vices du découpage électoral rendent le
texte de Necker inopérant, absurde et surtout inéqui-
table. Chaque rôle séparé ayant droit à deux représentants, il arrive que deux ou trois hameaux isolés en
délèguent autant sinon plus qu'un chef-lieu de bail-

liage. Il arrive également que l'on déclare défaillants un clocher, une terre non habitée ou une communauté composée d'un seul feu, seul électeur qui est censé délibérer, si l'on peut dire, rédiger un cahier et... élire deux députés.

Surreprésentation d'un côté, communautés « chimériques » de l'autre : le déséquilibre paraît d'autant plus paradoxal, qu'il est à la fois conforme au règlement et incompatible avec un de ses fondements essentiels, le principe de la proportionnalité.

Dans la France rurale, d'une paroisse à l'autre, la réunion des électeurs présente souvent le même décor. Si la scène est toujours occupée par les paysans, elle est animée par d'autres : les présidents des assemblées, qui transforment une compétence juridique en instrument d'une ambition politique. Cet encadrement essentiellement robin de la procédure — qu'on retrouve d'ailleurs à chaque niveau de la hiérarchie électorale — est à la fois légal et imprévu. En exigeant que toute assemblée primaire soit présidée par le juge du lieu ou, à défaut, par un officier public, le règlement autorise un cumul effréné des présidences. Ce qui permet à l'homme de justice local d'accroître son emprise non seulement sur la délibération de l'assemblée et l'élaboration des doléances, mais encore sur les élections proprement dites. Cet ascendant a pourtant ses limites. Si le cahier puise souvent son inspiration dans un modèle préétabli, il ne le reproduit jamais textuellement. Derrière l'écriture juridique et notariale perce toujours un fonds de revendications dont la teneur et l'esprit ne trompent pas. Le petit peuple des campagnes ne voue aux affaires publiques qu'une attention distraite et borne ses audaces à des vœux d'ordre social et administratif. Il est moins « révolutionnaire » que ne l'imagine Tocqueville, mais beaucoup moins timoré que ne le croit Taine ou que ne le suggère son effacement au moment du vote, malgré une écrasante prépondérance numérique.

En effet, au bailliage partent surtout les plus aisés et les plus instruits : les laboureurs indépendants qui constituent la couche « politique » de la société rurale et les hommes de loi et d'administration qui en sont les porte-voix. Disparus, en revanche, ou peu s'en faut, les manœuvriers, les vignerons, les journaliers..., ce qui peut paraître prévisible à qui connaît la mainmise des notables ruraux sur la procédure. Mais ce constat prosaïque ne dit pas tout : car à ce stade élémentaire de la consultation, le filtrage des hommes tient probablement plus d'un accommodement convenu que d'une compétition imprévisible, moins d'une « manipulation » venue d'en haut que d'un consentement émané d'en bas. Ainsi peut s'établir une paisible répartition des tâches entre représentants et représentés : aux uns les prérogatives de la remontrance, aux autres les honneurs du mandat, d'un côté la voix d'une communauté, de l'autre l'ambition d'un individu, deux logiques de la représentation, conjuguées sans principe en vertu des lettres royales.

L'inventaire des comparutions aux assemblées de bailliage (principaux et secondaires) est désormais disponible, même s'il reste encore sommaire : le nombre des électeurs directs aux Etats généraux, tous ordres confondus, se situe entre 105 000 et 110 000. De cet ensemble, le Tiers Etat représente à lui seul quelque 40 %, le clergé et la noblesse respectivement le tiers et le quart à peu près. Pour ne s'en tenir qu'au nombre, les ordres privilégiés se taillent environ 60 % de la « masse électorale », prépondérance qu'explique surtout le laminage de la réduction au quart, imposé au Tiers Etat notamment dans les bailliages principaux et secondaires réunis. En revanche, dans les ressorts principaux sans secondaires, le Tiers maintient assez nettement sa prééminence numérique. Bien évidemment, le pourcentage globalement majoritaire des privilégiés ne peut avoir d'incidence sur les opérations électorales proprement dites, puisqu'en principe les ordres délibèrent et votent séparément. Mais cet avantage n'en donne pas moins une résonance particulière à la revendication de voter et d'élire en commun. Dans cette hypothèse, et à supposer que le gouverne-

ment ait maintenu pour le Tiers Etat l'élection par
degrés, celui-ci aurait pu se trouver en minorité dans
bon nombre d'assemblées...

*
* *

C'est dans l'espace du bailliage que le scrutin de
1789 rompt définitivement avec les convocations
passées. Ici, pas d'élections réglées à l'avance, pas
de votes sans débats, sans contestations, sans surprise. Pamphlets, mots d'ordre, agissements discrets,
coalitions inédites, candidats « invisibles », élus
imprévus : la mobilisation électorale à son étape
ultime illustre par mille exemples l'analyse qu'en a
faite Augustin Cochin. Ce qu'il a mis en évidence,
c'est le paradoxe fondamental d'une procédure qui
juxtapose un vote « démocratique » à une consultation « traditionnelle », la division des voix et l'unanimité des vœux. Confusion de principes aux conséquences inévitables : le vote séparé des ordres, qui
coupe la noblesse de sa sphère d'influence naturelle,
et la succession d'éliminatoires imposée au Tiers Etat
neutralisent, pour ainsi dire, l'influence des notables
traditionnels, en laissant le champ libre à un personnel nouveau et spécialisé, anonyme et puissant.
Rompu aux mécanismes d'épuration et d'exclusion, il
a la tâche d'autant plus aisée, que les élections se
font, comme à l'accoutumée, sans candidats, sans
plates-formes, sans la confrontation nécessaire des
idées et des programmes. Et c'est dans ce vide que
s'installent justement les nouveaux réseaux de pouvoir, promoteurs de la « sociabilité démocratique »
formée dans les « sociétés de pensée » en marge de
la société organique : cercles, clubs, musées, sociétés
patriotiques, cabinets de lecture et loges franc-
maçonnes. Dans le théâtre d'affrontement qu'inaugure la convocation, seuls ces organes peuvent offrir
« des cadres, des formules, des hommes tout prêts » ;
seuls ces praticiens de la « démocratie directe » savent

mobiliser des voix, « neutraliser » des adversaires encombrants, « tamiser » une foule inorganique de votants.

Cette analyse révèle le caractère flou, incertain, ambigu des rapports entre mobilisation électorale et campagne d'opinion, entre le poids de l'écrit et celui des appareils. *Observations, Instructions, Mémoires,* brochures : cette immense littérature (dont on connaît très mal, d'ailleurs, la fortune auprès du public) ne suffit pas à donner les clés du scrutin : au contraire, elle en masque souvent les enjeux réels, bien plus prosaïques, mais moins aisément repérables.

Autant dire que la rhétorique égalitaire est loin d'assurer toujours et partout l'accession à la députation. Combien d'adversaires bruyants de l'absolutisme, de promoteurs des réformes et de la contestation politique se voient-ils évincés au profit de candidats inconnus, parfois absents, à l'heure fatidique du vote ? Combien de députés obscurs, qui ne prendront aucune part active aux travaux de l'Assemblée constituante — ils représentent quelque 70 % des élus du Tiers Etat —, devaient-ils leur élection à des solidarités forgées longtemps avant 1789, à l'écart du débat politique ? Si la thèse de Cochin était confirmée, on pourrait alors avancer que l'Ancien Régime, avant de disparaître, a organisé la première épuration en date de la Révolution française.

Ran Halévi

ORIENTATION BIBLIOGRAPHIQUE

BRETTE, Armand. *Recueil des documents relatifs à la convocation des Etats généraux de 1789,* 4 vol., Paris, 1895-1915.

CADART, Jacques. *Le Régime électoral des Etats généraux de 1789 et ses origines (1320-1614),* Paris, Sirey, 1952.

CHARTIER, Roger et Denis RICHET (sous la dir. de). *Représentation et vouloir politique. Autour des Etats généraux de 1614,* Paris, Editions de l'Ecole des hautes études en sciences sociales, 1982.

Cochin, Augustin. « La campagne électorale de 1789 en Bourgogne » et « Comment furent élus les députés aux Etats généraux », L'Esprit du jacobinisme (rééd. quasi intégrale de Les Sociétés de pensée et la démocratie. Etudes d'histoire révolutionnaire, Paris, Plon, 1921, avec un texte complémentaire), prés. par Jean Baechler, Paris, Presses universitaires de France, 1979, p. 49-93.

Furet, François. « Les élections de 1789 à Paris, le Tiers Etat et la naissance d'une classe dirigeante », in Albert Cremer (sous la dir. de), De l'Ancien Régime à la Révolution française, Göttingen, Vandenhoeck & Ruprecht, 1978, p. 188-206.

Halévi, Ran. « Modalités, participation et luttes électorales en France sous l'Ancien Régime », in Daniel Gaxie (sous la dir. de), Explication du vote. Un bilan des études électorales en France, Paris, Presses de la Fondation nationale des sciences politiques, 1985, p. 85-105.

RENVOIS

FÉDÉRALISME

Brissot, interrogé à son procès d'octobre 1793 sur la Constitution « feuillantine » de Condorcet, proteste : c'est bien la Constitution la plus démocratique qui ait jamais existé et, ajoute-t-il, « je pourrais citer celle des Etats-Unis qui l'est bien moins ». Mot malheureux, le président du Tribunal révolutionnaire l'épingle comme un aveu : « La plus grande preuve que l'on puisse donner du projet qu'avaient les accusés de fédéraliser la République, c'est la citation que Brissot vient de faire de la Constitution des Etats-Unis, citation que les accusés faisaient sans cesse. »

Y avait-il vraiment parmi les révolutionnaires des hommes chez qui l'idée fédérative avait fait son chemin ? Les termes de République fédérative, de Constitution fédérative n'étaient pas inconnus à des lecteurs de Locke, de Mably, de Montesquieu, de Rousseau. Tous entendaient surtout par là soit des alliances diplomatiques, soit des fédérations d'Etats, des « sociétés de sociétés », comme l'avait écrit Montesquieu. Ils n'en montraient pas moins de sympathie à cette « matière toute neuve » dans laquelle, selon Rousseau, les principes étaient encore à établir. Par ailleurs, les Constituants connaissaient bien, et citent souvent, les écrits de propagande du *Federalist*. Il y en eut encore deux éditions en 1792, et la Législative fit figurer Hamilton et Madison, le 26 août 1792, sur la liste des hommes célèbres serviteurs de l'Humanité.

Il est douteux pourtant que les hommes de la Révolution aient pu, à quelques exceptions près, dont Buzot, entrer dans les distinctions subtiles établies par les auteurs américains entre la « Confédération » — système que peut bloquer le vote d'un seul Etat — et la « Fédération », fondée sur la répartition des compétences entre les Etats et l'Etat fédéral : leur usage sans principes du mot de « Fédération » comme du mot de « Confédération » le montre à l'évidence. Leur sympathie pour le modèle américain a du reste été très vite emportée par l'éblouissement du modèle français : que pouvait peser l'exemple d'un compromis à côté d'une fondation à neuf du corps politique et du corps social ? Il est frappant de voir la méfiance pour tout système fédéral surgir très tôt, dès la discussion sur la division départementale, et disqualifier presque immédiatement les aspirations provinciales ou locales. L'enthousiasme provoqué par le plan de Sieyès tenait, selon Rabaut Saint-Etienne, à ce qu'il garantissait l'unité du royaume et éloignait le spectre des « Républiques fédératives ». Virieu évoque le lundi 7 septembre les malheurs qui leur seraient nécessairement attachés : « Certaines provinces seraient alors opprimées par les puissances voisines, les autres par les provinces frontières. » Sécession des provinces, fédéralisme, c'est visiblement tout un pour Virieu. Il n'est pas jusqu'au mouvement des Fédérations, à sa naissance pourtant dépourvu de consignes officielles, autonome et montant des profondeurs françaises (Proudhon y a vu une « resurgie de l'idée fédérative, indigène à la vieille Gaule »), qui ne présente un aspect centripète bien plus convaincant que l'aspect centrifuge. Michelet sans doute l'a exagéré par ferveur pour « notre belle centralisation ». Il n'en a pas moins raison de dire que les Fédérations travaillent à l'égalisation du territoire français. Leur destin selon lui est de se nier elles-mêmes : « Plus de fédérations, elles sont inutiles, il n'en faut qu'une, la France. »

Ce n'est donc pas, n'en déplaise à l'accusation montagnarde, l'entraînement au fédéralisme qu'il faut comprendre, mais au contraire les obstacles intellectuels qui faisaient barrage à la réception d'un modèle à première vue séduisant et appuyé sur de telles autorités. Pour compromettre le système fédératif aux yeux des révolutionnaires, il y avait deux associations d'idées, apparemment contradictoires mais tenaces : l'une liait le fédéralisme à la démocratie, et l'autre à l'aristocratie. La démocratie, car à la question classique de savoir si elle est un régime viable, le XVIIIe siècle a fourni une réponse classique : la démocratie, qui se définit par le concours immédiat de tous à la formation de la loi, ne convient qu'aux Etats reclus dans un étroit espace ; inséparable de l'esprit des républiques antiques, elle incarne un âge politique révolu ; enfin elle fait presque immanquablement naître les factions. Si, comme le dit Sieyès dans le débat de septembre 1789, les bailliages et les sénéchaussées avaient la capacité de concourir immédiatement à la loi, d'« exprimer leur vœu à part », bientôt « il y aurait autant d'Etats que de bailliages », et la France tomberait « dans le chaos et l'anarchie ». Méfiance pour la démocratie pure, méfiance pour l'expression des intérêts locaux et particuliers (là réside l'incompréhension à l'égard du système américain qui consistait précisément à confier ces intérêts à des législatures particulières), méfiance à l'égard du fédéralisme, c'est tout un pour Sieyès. Après avoir rappelé que la France « n'est point, ne peut pas être une démocratie », il ajoute immédiatement : « Elle ne doit pas être un Etat fédéral, composé d'une multitude de républiques unies par un lien politique quelconque. » Pays étendu, civilisé et commerçant, la France appelle la forme monarchique (nul, en septembre 1789, ne nourrit là-dessus le moindre doute) : Sieyès, au nom de l'indivisibilité de la souveraineté, plaide donc l'incompatibilité de la monarchie française et du fédéralisme. Cette incompatibilité est si vivement ressentie qu'elle nourrit encore l'indignation de Buzot dans ses *Mémoires* : par quelle aberration a-t-on pu accuser les Girondins, à la fois, de royalisme *et* de fédéralisme ? « Assurément ces deux mots sont bien étonnés de se trouver ensemble. » Il s'agit d'un monstre polémique bricolé par le jacobinisme.

Une autre liaison spontanée associait le fédéralisme à l'aristocratie, voire même à la féodalité, les deux mots étant devenus quasi synonymes. Barante rapporte cette boutade de Royer-Collard que « si le gouvernement féodal avait eu des philosophes, ils lui auraient prédit qu'il portait dans ses flancs la Constitution des Etats-Unis ». Cette idée d'un ordre féodal comme brouillon inconscient de l'ordre fédératif avait déjà été soufflée à Barnave par la méfiance que lui inspiraient les deux systèmes : « La fédération est la féodalité républicaine ; la féodalité est la fédération monarchique. » Pour Barnave, l'esprit conservateur et territorial marque le système fédératif ; il ligote l'individu dans le filet des dépendances locales et l'asservit à l'influence des grandes familles, qui se veulent gardiennes et garantes des diversités. Aussi marque-t-il une hostilité décidée à ce qu'il appelle la « division en cantons », doutant du reste qu'il y ait en France un besoin assez volontaire et réfléchi d'unité pour empêcher « la partie du Midi et celle du Nord de faire deux nations ». Seule « l'immense énergie de la monarchie » lui paraît capable de garantir une unité qu'un Congrès lui-même serait impuissant à assurer et de maintenir la force du tout sur les parties.

Qu'il s'agisse des factions de la société démocratique ou des fractions de la société aristocratique, c'est toujours un germe de dissolution et d'inégalité que le fédéralisme paraît porter dans ses flancs. La monarchie en revanche — à laquelle la Révolution vient de surcroît de faire, comme Mirabeau le fait valoir à Louis XVI, le fastueux cadeau d'être désormais « sans parlements, sans pays d'états, sans corps de privilégiés, sans clergé, sans noblesse » — travaille à la fois à l'unité du territoire, à l'égalité des citoyens, à la rationalité. Et la Révolution, qui a gardé la monarchie, mais vient de rompre avec l'anarchie aristocratique et redoute l'anarchie démocratique, est doublement imperméable aux séductions de l'idée fédérative.

Il n'y a donc dans la Révolution française qu'un très bref moment « fédéraliste », et ce n'est ni le temps des Fédérations, ni celui de la lutte girondine contre Paris. Le moment est, après Varennes, celui où vient de sauter un des obstacles intellectuels à la réception de l'idée fédérative. Une fois la monarchie condamnée, dans les esprits au moins, l'idée et le mot de fédéralisme peuvent surgir au Cercle social, toujours il est vrai sous la forme d'une fédération des Nations. Pour voir apparaître le fédéralisme sous la forme d'un pouvoir intermédiaire entre le pouvoir central et les individus, il faut attendre, fin 1791, un texte inattendu, dû à la plume de Billaud-Varenne. Billaud — la Gironde accusée de fédéralisme ne manquera pas de lui rafraîchir plus tard la mémoire — confie aux 83 administrations départementales un « pouvoir sanctionnateur » tel qu'aucun décret n'aurait force de loi s'il n'était voté par les trois quarts d'entre elles, système qu'il présente comme la solution au problème de la viabilité de la République dans les grands Etats. C'est exactement le point de vue de Buzot, qui le donne pour un sentiment strictement personnel, pas du tout un lieu commun girondin : adapté aux vastes territoires, le fédéralisme conjugue « les avantages d'une liberté bien ordonnée dans l'intérieur avec ceux d'une réunion puissante de toutes les forces de l'Etat à l'extérieur ».

Pourtant, probablement parce que la guerre ranime la menace et la peur de l'éclatement, cet intérêt pour la solution fédéraliste a une vie très éphémère. Dès septembre 1792, le club des Jacobins, à la veille même de la proclamation de la République, met la question fédérative à l'ordre du jour, et Chabot déjà la traite comme un « projet brissotin » pour rétablir la royauté. Ce projet, Brissot en dévoilera deux mois plus tard la vraie teneur. Tel est, dit-il, mon système : « Unité des départements de la France, extension jusqu'aux bornes que lui prescrit la nature, au-delà ceinture de

républiques fédératives. » Une France une, remplis-
sant ses frontières naturelles et protégée par un glacis
de républiques alliées : à cela se borne le fédéralisme
brissotin, nulle trace de monarchie ici ni d'Etat
fédéral. Le malentendu est donc complet et toute
l'histoire de la Révolution ne fera que l'approfondir.

★
★ ★

Les Girondins, il est vrai, se sont chargés de l'ag-
graver et d'alimenter les soupçons de Chabot. Dès le
23 septembre 1792, d'autant plus ébranlé par les massacres de Septembre qu'il lui a fallu en amortir le
choc, Roland lance un appel pour que l'Assemblée
soit défendue contre l'éventuelle surgie d'événements
analogues. Par qui ? Par les départements eux-mêmes,
qui recruteront une force publique, disent d'une
même voix Vergniaud, Lanjuinais, Buzot. C'est tout
de suite le conflit entre Lasource et Danton. Le premier dit redouter le despotisme et l' « intrigue » de
Paris. Le second, comme à l'accoutumée, répond par
l'excès de la parole — réclamant la peine de mort
pour ceux qui voudraient morceler la France — et la
modération de la pensée : cette menace doit suffire à
« faire fuir les idées absurdes », le fédéralisme est visiblement pour lui un fantôme. Buzot, qui intervient
alors, plaide de façon purement défensive : l'appel à
l'armée départementale n'a précisément d'autre but
que de conjurer les « divisions fédératives ». C'est
laisser à Robespierre l'avantage de conclure le débat.
Il confond dans la même réprobation, amalgame qui
aura la vie dure, ceux qui accusent la Commune, agitent le chiffon rouge de la loi agraire comme si elle
était déjà votée, et ceux qui nourrissent le « dessein
formé de faire une république fédérative ». Il marque
un point décisif en jouant sur la passion de l'unanimité qui existe dans la Convention et en la réunissant
autour du vote de l'unité et de l'indivisibilité de la
République. Tel est bien en effet le vœu de tous, mais

voici qui marque définitivement d'infamie la revendication d'une force départementale, puisque c'est
contre elle que le vote a été obtenu.

Tout est donc en place dès septembre 1792 : la
suspicion pour le mot de fédéralisme, partagée par la
Gironde elle-même et assez forte pour rendre inop-
portun jusqu'au mot glorieux de Fédération, que seuls
les Fédérés arrivés à Paris pendant l'été utilisent
encore avec quelque élan ; le renvoi de l'accusation de
fédéralisme de l'un à l'autre camp ; l'utilisation par les
uns et par les autres des souvenirs historiques, les
Girondins comparant Paris à la Rome de l'Empire, les
Montagnards évoquant Cromwell : « On vous a proposé de vous mettre au niveau des tyrans en vous
environnant d'une garde » ; l'idée, qui surgit très vite
du côté girondin, de trouver une ville de substitution à
Paris, une capitale de *la* Révolution paisible à opposer
à une capitale *des* Révolutions anarchiques (idée qui
illustre du reste un centralisme aussi vif chez les
Girondins que chez les Montagnards) ; enfin, grandissante au cours de l'année, la peur panique des frontières dégarnies, alors même que des volontaires
départementaux monteraient vers Paris. L'argument,
que la Montagne exploite à fond, est assez fort — il
deviendra irrésistible quand on connaîtra les difficultés
de la levée de 300 000 hommes — pour que Boyer-
Fonfrède lui-même demande que les volontaires qui
ont déjà répondu à l'appel reprennent le chemin de
leurs départements.

Rien n'est plus frappant, pendant toute cette année,
que le contraste entre le flot menaçant d'adresses provinciales qui montent vers Paris, annonçant le recrutement et le départ de la force armée, et la maigreur
des résultats. Les conseils généraux des départements
ont pourtant commencé ici et là à lever des troupes,
arrêter un ordre de marche, fixer une solde de campagne ; et, de fait, de petits détachements gagnent
Paris au début de l'hiver. Mais dès janvier les Montagnards font ajourner le débat qui autoriserait les administrations de département à voter des dépenses publi-

ques. En février, Cambon demande et obtient que les bataillons levés par les départements soient mis à la disposition du Conseil exécutif. En mars, dans l'atmosphère de panique que créent les défaites militaires et le soulèvement vendéen, les Girondins reculent. La force des départements reste pourtant, jusqu'au 31-Mai, au cœur du problème politique et manifeste déjà, bien avant les avatars de l'insurrection fédéraliste, la paralysie des administrations départementales. Elles parviennent bien à créer un peu d'agitation dans les clubs qui ont rompu avec la société mère, à émouvoir la garde nationale et à obtenir, grâce au jeu de la hiérarchie, le soutien des administrations subordonnées. Mais elles réussissent fort mal, difficulté prémonitoire, à se donner des troupes.

Dans ce qu'elles réussissent le mieux, à mobiliser le personnel modéré et à lui inspirer des déclarations menaçantes, peut-on trouver trace des aspirations particularistes qu'on leur a tant reprochées ? Les textes que cette agitation a inspirés portent en fait très peu de traces du sentiment régional. On dira que c'est stratégie, de la part d'hommes qui pressentent que l'accusation de fédéralisme leur sera mortelle et qui doivent s'avancer masqués. Mais ces précautions n'auraient pas suffi si avait vécu un fort sentiment d'appartenance provinciale. Or, en dehors des références convenues aux partages du sol et du climat (montagne et plaine, Nord et Midi), les seules allusions à la particularité régionale touchent au passé récent et à la Révolution elle-même (la vocation républicaine des Marseillais, la bravoure des Bretons contre le despotisme), comme si l'orgueil local se réduisait à avoir concouru au sentiment national. Les administrateurs du Finistère vont même jusqu'à opposer aux Parisiens, oublieux de leurs qualités de Français, la conscience nationale de ceux qui « *furent* » bretons. C'est donc l'adversaire montagnard, et lui seul, qui répertorie dans les manifestations des administrations modérées les signes d'une volonté de sécession. Dubois-Crancé, en mission dans l'Isère, rapporte avoir vu des administrateurs départementaux assez audacieux « pour porter sur le bureau la carte de la France et prouver géographiquement que le Midi pouvait se passer du Nord ». Ce qui ressemble le plus à cette observation partisane est la confidence échappée à Mme Roland dans ses *Mémoires* : « Raisonnant sur le mauvais état des choses et la crainte d'un despotisme pour le Nord, nous formions le projet conditionnel d'une République dans le Midi. Servan étudiait les postes militaires, on traçait sur la carte les lignes de démarcation indiquées par les rivières, les montagnes et les villes, on raisonnait des productions et des ressources territoriales. » Mais ce qui passe ici n'est nullement un sentiment régional, moins encore séparatiste, mais la griserie enfantine du recommencement, sur une scène enfin nette, de l'existence politique.

Ce qui est encore plus évident, c'est la haine de Paris. Au gré des adresses départementales, Paris est tantôt la ville rebelle, dominatrice, arrogante, de la Commune, tantôt la ville de la Convention humiliée et soumise, en tout cas la ville qui se sépare, la vraie ville fédéraliste. Roger Dupuy, qui, dans la correspondance de la députation d'Ille-et-Vilaine, a dépouillé tous les textes relatifs à Paris, fait remarquer que leur hostilité est moins dirigée vers la Montagne que vers la Commune, moins contre Robespierre que contre Marat, moins contre la masse parisienne manipulée mais non mauvaise en elle-même que contre une poignée d'ambitieux ou de forcenés. Reste que la présence de cette énorme masse armée est interprétée par les robins rennais à travers les catégories de leur culture : Paris, pour eux, c'est la Rome de la fin de la République, en proie aux exigences de la plèbe et à la surenchère égalitaire. Ils prêtent aux représentants en mission le projet de régir les départements comme des provinces romaines. Ce qu'ils expriment, c'est beaucoup moins le thème du mépris que leur porterait Paris qu'une protestation contre la centralisation jacobine.

C'est elle encore qui inspire, au cours du printemps 1793, le mouvement sectionnaire modéré. Car à la pression des sections parisiennes qui réclament à partir d'avril 1793 la purge des députés girondins répond en province le mouvement pour la permanence des sections modérées, toute une agitation destinée à réagir contre les ingérences des représentants en mission : leur arrivée au printemps pour assurer la levée en masse a partout été ressentie comme un défi et ils ont concentré sur leurs personnes toute la haine provinciale. Il y a des villes où les sections modérées se contentent d'adresses platoniques ; mais aussi des villes, comme Marseille ou Lyon, où elles prennent la direction des affaires municipales, arrêtant des Jacobins, mettant leurs clubs à sac, s'installant déjà dans l'illégalité. Même à Paris, le « printemps du modérantisme » permet de soustraire quelques sections à l'hégémonie montagnarde. De l'existence de ce mouvement on peut inférer que la révolte fédéraliste est loin d'être une simple réplique au coup d'Etat du 2 juin 1793. Le 23 mai, les citoyens de Dijon avaient annoncé à la Convention qu'à force de crier au loup du fédéralisme, elle finirait par le faire surgir : l'association des départements pour répliquer à un éventuel coup de force de la Commune a été mille fois décrite avant d'être vécue.

*
* *

Lorsqu'elle parvient dans les provinces, la nouvelle du coup d'Etat du 2 juin 1793 semble d'abord devoir remplir la prédiction des citoyens de Dijon : car elle fournit à toutes ces protestations parcellaires leur justification, les précipite et leur donne corps. Elle fixe d'abord la géographie de la révolte. Dans un cercle autour de Paris, les départements restent calmes. Si à ces départements sous influence parisienne on ajoute les départements frontaliers du Nord et du Pas-de-Calais, les départements lorrains et alsaciens, un peu plus réticents, mais où des dissensions internes empêchent la protestation d'aboutir, il y a donc une France du Nord-Est fidèle à la Convention. La France du Centre ne bouge pas non plus, elle pourtant qui devait accueillir à Bourges la capitale d'une nouvelle Convention. L'historiographie traditionnelle du mouvement fédéraliste compte donc seulement une trentaine de départements fidèles ; elle décrit les deux tiers qui restent comme en état de rébellion contre la mutilation de la Convention. C'est là, presque réalisé, le « fédéralisme du désespoir » dont a parlé Jaurès.

Mais ce compte a été gonflé à la fois par la Gironde, qui voulait créer autour du mouvement une rumeur de succès, et par la Montagne, qui avait à justifier ses mesures répressives. L'insurrection, comme l'agitation des mois précédents, a pour foyer l'administration départementale, tenue comme ci-devant par une bourgeoisie très modérée — les électeurs de 1792, malgré le suffrage devenu universel, ont désigné généralement les mêmes hommes que leurs prédécesseurs — qui aspire à la paix et à la sécurité financière. A la nouvelle du coup d'Etat, elle appelle au chef-lieu tout ou partie des corps constitués en une assemblée extraordinaire. Tous les cas de figure sont alors possibles. Ici, l'insurrection échoue en raison de dissensions dans l'Assemblée : dans l'Orne par exemple, l'administration départementale, dominée par Valazé et liée aux Girondins de Caen, trouve devant elle une municipalité fidèle à la Convention, celle d'Argentan, qui oppose aux décisions belliqueuses un attentisme volontaire et finit par paralyser l'Assemblée tout entière. Là, la résistance va plus loin : l'Assemblée institue un Comité ou une Commission de salut public, arrête les Conventionnels en mission, entreprend de lever une force armée, mais garde assez de respect de la procédure légale pour adresser à la Convention des comptes rendus de ces mesures ; c'est le cas à Caen dans un premier temps. Là enfin, elle rompt avec la Convention et envoie des agents se concerter avec les départements voisins pour arrêter des mesures communes : cette dernière démarche donne sa réalité au fédéralisme.

Des cinq foyers d'insurrection déclarée — Caen, Bordeaux, Marseille, Lyon, Toulon —, deux sont assez facilement réduits. L'assemblée du Calvados, réunie à Caen devenu le refuge des chefs girondins en fuite après le 2-Juin, décide une semaine plus tard de ne pas déposer les armes avant que la Convention ait recouvré sa liberté. Ses premiers actes sont d'arrêter les représentants Romme et Prieur de la Marne, de mettre l'embargo sur l'acheminement des subsistances vers Paris. Puis elle forme un Comité insurrectionnel des départements du Nord-Ouest. Elle a beaucoup plus de mal à enrôler des volontaires. Après des préparatifs qui traînent en longueur, le bataillon quitte Evreux le 12 juillet sans attendre l'arrivée du bataillon du Finistère. Amorcée sans élan, l'expédition, surprise par les troupes républicaines, se débande sans gloire à Brécourt le 13 juillet 1793. Là s'achève la marche vers Paris. Lorsque Jullien, dans le *Rapport sur les administrations rebelles* qui sera la bible de l'accusation montagnarde, dira que le but de l'opération caennaise était d'établir un système de républiques fédérales sur le modèle suisse, les accusés n'auront pas de mal à se défendre. Il leur sera plus difficile de laver leurs chefs de l'accusation de royalisme : Wimpffen n'avait été qu'un Jacobin éphémère, et Puisaye passera à la Vendée.

Le scénario n'est pas très différent à Bordeaux où de l'Assemblée extraordinaire du 7 juin sort une Commission populaire qui commence par supprimer le maximum, se consacre à la propagande dans les départements voisins en y dépêchant des commissaires. Là comme à Caen, la levée de la force départementale sera le grand échec : difficulté à trouver des volontaires, à enrayer une énorme désertion. Malgré la formation d'un Comité militaire, Bordeaux n'aura pas les 1 200 hommes prévus : c'est une maigre troupe de 400 hommes qui, au terme d'une marche de cinquante kilomètres, finit par se débander dans les vignes le 31 juillet. Fin comparable à celle du mouvement caennais. Encore que le royalisme n'ait que fort peu pénétré à Bordeaux, les deux exemples ont beaucoup de traits communs. Tous deux sont des répliques au coup d'Etat. Tous deux sont liés à l'éviction des Girondins (Bordeaux est leur ville natale, Caen leur ville-refuge). Tous deux éclatent dans des villes où le mouvement sectionnaire du printemps avait manqué de vigueur et où l'activisme jacobin, même parmi les classes pauvres, était resté mesuré. Enfin l'appui populaire au « fédéralisme » manquait complètement ici et là.

Il en va bien différemment des trois autres foyers de la révolte, beaucoup plus longs et difficiles à réduire. A Marseille, à Lyon, à Toulon, le mouvement insurrectionnel n'a pas été une réponse à l'exclusion des Girondins. L'affrontement y était ancien. Marseille, avant même septembre 1792, avait été le théâtre du massacre de négociants et de prêtres, pendus par les Jacobins. Les sections jacobines avaient pris l'initiative d'un tribunal populaire, qui rendait une justice d'exception. L'arrivée au printemps 1793 des représentants en mission fit redémarrer le mouvement de taxation des riches, la destitution des administrateurs. A quoi les sections modérées répondirent en chassant les représentants et en se mettant en état d'insurrection. A Lyon, depuis les élections de novembre 1792, la division régnait entre les autorités départementales, qui craignaient les mesures révolutionnaires, et le conseil de la commune, lui fort avancé. Le conflit avait duré tout l'hiver, avec des épisodes confus, qui virent tantôt la victoire des Jacobins, tantôt celle des modérés. Toute cette agitation explose dans l'insurrection du 29 mai, qui éclate *avant* les événements parisiens et qui est destinée à se débarrasser de la municipalité jacobine et à secouer la dictature de Chalier : insurrection sanglante, conflit devenu inexpiable à partir de l'exécution de Chalier. Toulon enfin est depuis longtemps le théâtre de troubles graves, purges, arrestations, exactions : une municipalité jacobine a, dès juillet 1792, mis la main au massacre des administrateurs départementaux.

Trois villes, donc, de luttes politiques anciennes et acharnées. Trois villes où les Jacobins ont déjà contrôlé la vie municipale pendant de longues périodes, provoquant, même dans les milieux populaires, des réactions de rejet. Trois villes où la réussite de la résistance armée a été remarquable. L'originalité de la situation marseillaise est d'avoir effectivement mobilisé une force départementale de 3 500 hommes, d'avoir tenté et réussi des sorties victorieuses dans l'espoir de joindre les forces lyonnaises. Dans leur marche sur Paris, les Marseillais ont le 7 juillet occupé Avignon que le général Carteaux reprendra dix jours plus tard. Mais il faudra encore deux combats pour venir à bout de la rébellion marseillaise. Quant à Lyon et à Toulon, elles ne se sont rendues qu'après des sièges acharnés et sanglants.

Trois villes aussi où, contrairement aux deux premiers exemples, le royalisme a nettement trempé dans les mouvements insurrectionnels. Sans doute pas à leurs tout débuts. Selon Joseph de Maistre, « le royalisme n'est entré pour rien dans l'affaire de Lyon, c'est une faction républicaine qui en a choqué une autre ». Mais la situation géographique de Lyon, ville-carrefour, près d'une Suisse pleine d'émigrés, permettait aux forces royalistes d'infiltrer aisément la rébellion. Et les nécessités du siège forcèrent la ville à trouver une armée pour sa défense, à la tête de laquelle elle mit un général royaliste. L'influence royaliste grandit pendant ces terribles semaines, ce qui explique que, contrairement à ce qui s'était passé à Bordeaux, les sections de Lyon s'opposèrent à fournir du matériel pour l'armée des Alpes, comptant ouvertement sur une offensive piémontaise. Quant à Toulon, elle fournit l'exemple même de la trahison, puisque le Comité général des sections, après une période de relative indépendance, finit par se rendre en août aux Anglais dont il ne fera plus à l'automne qu'exécuter les ordres, jusqu'au 18 décembre où la ville tombe.

A partir de ces trois villes enfin, on peut conclure que ce qui a alimenté la révolte est beaucoup moins l'outrage fait à la représentation nationale que la peur d'une autre Révolution : rumeurs de loi agraire et taxation des riches. Que si les royalistes ont infiltré la rébellion, ils ne l'ont nullement machinée : le mouvement antijacobin est né dans les assemblées des sections républicaines et dans les milieux patriotes, comme le montre l'exemple de Marseille, où les « fédéralistes » étaient d'anciens Jacobins. Que si l'élite urbaine, négociants et rentiers, a joué un rôle important dans la révolte de ces villes commerçantes et industrielles, les boutiquiers et les artisans — ceux-là mêmes qui auraient été sans-culottes à Paris —, et des éléments plus populaires encore, comme à Marseille, y ont aussi mis la main. Bref, que la révolte fédéraliste a été un peu moins bourgeoise qu'on ne l'a dit, beaucoup moins royaliste et infiniment moins « girondine ». Là où elle a pris sa teinte inexpiable, c'est là où l'affrontement était ancien, où l'antijacobinisme était alimenté par les exactions des clubs, où les notables locaux n'étaient pas parvenus à prendre la ferme direction de leurs villes. C'est la violence de la politique locale qui explique les succès de la révolte fédéraliste.

Tout est fini à la fin 1793, avec la reddition de Toulon. Place à l'impitoyable répression, aux fusillades d'insurgés, aux démolitions de maisons, à la débaptisation des villes coupables. Dans l'échec du mouvement, il faut compter avec le vote rapide de la Constitution par la Convention montagnarde, qui a décisivement entraîné les administrations hésitantes. Même dans les régions les plus évidemment acquises à la cause antijacobine, il y a eu des cantons, des districts, des municipalités, pour envoyer des adresses de soutien à la Convention, et certains départements fédéralistes eux-mêmes (comme la Gironde) ont accepté d'organiser le référendum sur la Constitution. La lenteur des communications a permis à la Convention de jouer sur l'attentisme provincial et de dépêcher à temps des représentants assez énergiques pour prévenir la rupture. La crise des subsistances a joué aussi, à une époque de l'année marquée par l'angoisse de la soudure, son rôle de frein. Et le sentiment d'avoir dans le dos les armées étrangères et le soulèvement vendéen a alimenté la réticence de beaucoup de départements à rompre avec la Montagne. Partout enfin, la masse rurale est restée indifférente au mouvement des villes. Si bien qu'on pourrait lire dans les revers « fédéralistes » l'échec durable de la France portuaire, maritime, commerçante et libérale que E. Fox a opposée dans un livre brillant à la France terrienne, paysanne, autoritaire et centralisatrice.

★
★ ★

« Je sais, écrit Baudot dans ses *Mémoires,* qu'il fut plusieurs fois question au Comité de salut public de faire un rapport sur le fédéralisme et que ce rapport fut toujours ajourné faute de preuves. Cependant on n'était pas difficile à cette époque en matière de pièces justificatives. » Suivons Baudot et renonçons à penser avec Albert Soboul que « la réalité persistante des spécificités provinciales ou régionales suscita en 1793 la crise fédéraliste ». Nulle part à l'origine de la crise on ne trouve de « spécificités », et partout le rejet des mesures jacobines et des hommes en qui elles s'incarnaient, les représentants en mission.

Mais ce malentendu a eu la vie dure. Les mouvements régionalistes en France ont été durablement marqués par la mémoire de ces régions insurgées, ouvrant en plein péril de la patrie un second front, et parfois ne dédaignant pas le secours étranger. La révolte des villes contre la politique jacobine est devenue synonyme des menaces qui pèsent sur l'unité

nationale. Le souvenir du fédéralisme a été l'épouvan-
tail constamment agité devant les aspirations régionales les plus modestes. De même que l'esprit jacobin,
ou l'activisme jacobin, sont toujours réputés avoir
sauvé la patrie, de même la revendication régionaliste
est toujours suspecte d'en contester sournoisement
l'unité et l'indivisibilité. Par là s'explique la timidité
avec laquelle elle s'est exprimée au cours de deux siècles de notre histoire. La Révellière-Lépeaux raconte
que sous le Directoire hommes de gauche et hommes
de droite s'entendaient comme larrons en foire pour
« anathémiser le système fédératif ». Ce rejet commun
a même été capable de faire surgir un « jacobinisme de
droite », configuration politique tout à fait incongrue à
l'époque de la Révolution française. Quant aux partis
qui auraient eu, ou par leurs enracinements régionaux
(le parti radical) ou par leurs principes (la démocratie
chrétienne), quelque sympathie pour la cause régionale, ils n'ont pas réussi à l'exprimer contre le jacobinisme de leurs dirigeants et les réflexes nationalistes
relancés par les guerres. La politique française n'a
cessé que depuis peu de s'inventer des ennemis « fédéralistes » : c'est la seconde victoire des Jacobins.

Mona Ozouf

ORIENTATION BIBLIOGRAPHIQUE

Baudot, Marc-Antoine. *Notes historiques sur la Convention nationale, le Directoire, l'Empire et l'exil des votants,* Paris, 1893.

Buzot, François-Nicolas-Louis. *Mémoires sur la Révolution française,* Paris, 1823.

Dupuy, Roger. « Aux origines du fédéralisme breton. Le cas de Rennes, 1789-mai 1793 », *Annales de Bretagne et des pays de l'Ouest,* nᵒ 3, 1975.

Edmonds, Bill. « Federalism and Urban Revolt in France in 1793 », *Journal of Modern History,* nᵒ 55, mars 1983.

Forrest, Alan. *Society and Politics in Revolutionary Bordeaux,* Oxford, Oxford University Press, 1975.

Fox, Edward Whiting. *L'Autre France. L'histoire en perspective géographique*, Paris, Flammarion, 1971 ; éd. originale : *History in Geographic Perspective : The Other France*, New York, W. W. Norton, 1971.

Goodwin, Albert. « The Federalist Movement in Caen in the Summer of 1793 », *Bulletin of the John Rylands Library* (Manchester), n° 42, mars 1960.

Herriot, Edouard. *Lyon n'est plus*, 4 vol., Paris, Hachette, 1937-1940.

La Révellière-Lépeaux, Louis-Marie de. *Mémoires*, 3 vol., Paris, 1873.

Nicolle, Paul. « Le mouvement fédéraliste dans l'Orne en 1793 », *Annales historiques de la Révolution française*, 1936.

Voyenne, Bernard. *Histoire de l'idée fédéraliste*, 3 vol., Paris et Nice, Presses d'Europe, 1973-1981.

Wallon, Henri-Alexandre. *La Révolution du 31-Mai et le fédéralisme en 1793 ou la France vaincue par la Commune de Paris*, 2 vol., Paris, 1886.

RENVOIS

Aristocratie
Barnave
Brissot
Centralisation
Commune de Paris
Condorcet
Constitution
Démocratie
Département
Fédération
Féodalité
Girondins
Montesquieu
Robespierre
Rousseau
Sieyès

FÉDÉRATION

Le prestige de la Fédération, et de tout ce qu'on entend par elle — car le mot sert, souvent un peu négligemment, à désigner tantôt les efforts d'union des gardes nationales dans l'été et l'automne 1789, tantôt les mouvements fédératifs du printemps 1790, tantôt la Fédération nationale de juillet 1790 —, est d'être l'épisode le moins contesté de la Révolution française. Il le doit à plusieurs mérites : au fait de s'être étendu à tout le territoire national, gage d'une volonté spontanée, simultanée et unanime : « Un même instinct, écrit Jaurès, avertit à la même heure tous les groupements de citoyens, toutes les cités, que la liberté serait précaire et débile tant qu'elle ne reposerait qu'en l'Assemblée nationale et qu'il fallait lui donner autant de foyers qu'il y avait de communes » ; au fait d'avoir réalisé une mise en scène de la fraternité, retour, pour Michelet, à « ce fond de la nature humaine » qu'est la sociabilité, et donc véritable invention de cette « Eglise universelle qui ne connaît d'autre temple que la voûte du ciel, des Vosges aux Cévennes et des Pyrénées aux Alpes » ; au fait enfin et surtout d'apparaître comme l'acte de naissance du patriotisme français : les Fédérations, noces de la France avec elle-même, selon Michelet, semblent avoir aboli les différences locales et régionales (elles sont, dit encore Michelet, la « géographie tuée ») ;

avoir donné aux hommes, pour la première fois de
leur histoire, la force de s'arracher à l'horizon villageois, à l'esprit de clocher (ils quittent, dit Louis
Blanc, « la cloche qui sonne la naissance de leurs
enfants, la croix de bois qui protège la cendre de leurs
aïeux ») ; avoir établi le prestige central de Paris. Le
mouvement fédératif met en images à la fois la passion
française pour l'unité et le sentiment de la conver-
gence vers le centre : car il affirme explicitement le
renoncement aux particularismes et illustre concrète-
ment la marche des provinces sur Paris. Même Taine,
à qui l'on doit le récit le plus contraint de la Fédération, concède que les participants du 14 juillet 1790
ont été « transportés, ravis au-dessus d'eux-mêmes ».

C'est il est vrai pour ajouter que ce fut l'espace d'un
matin, le temps d'une embrassade et d'un serment : le
lendemain « ils sont redevenus ce qu'ils ont toujours
été ». Depuis Taine, le réexamen critique de la Fédération a toujours consisté à mettre en doute les récits
euphoriques que lui a consacrés l'historiographie. On
en a contesté l'unanimité, en faisant observer que son
principal acteur, la garde nationale, était fort loin de
représenter la nation ; discuté la spontanéité et l'enthousiasme, en mettant en évidence ses arrangements
laborieux et en soulignant son lien avec le retour à
l'ordre, après l'émeute et la Grande Peur ; ridiculisé
les arrangements cérémoniels, en montrant qu'elle fut
un pénible effort de compromis plus qu'une véritable
dramatique de l'Unité ; réexaminé enfin les résultats,
en faisant l'inventaire des conflits futurs dont elle était
lourde. Cette discussion menée autour des dissensions
de la Fédération a fait progresser dans la connaissance
de la garde nationale et des mouvements fédératifs,
encore que la bibliographie reste ici lacunaire. Mais
elle n'a pas tranché la question majeure que pose la
Fédération, qui est celle de la force du symbole et de
la vérité de la légende.

★
★ ★

L'acteur central des Fédérations, c'est cette garde nationale qui a été baptisée le 16 juillet 1789 par La Fayette. La date de l'acte de baptême dit assez le lien avec l'émeute et avec la nécessité de la contrôler : la députation de l'Assemblée nationale — 88 hommes dont La Fayette et Bailly —, qui est arrivée à Paris le mercredi 15 juillet, trouve un Comité permanent, une milice bourgeoise déjà formée et une ville pleine d'hommes en armes. Désarmer ces hommes menaçants pour l'ordre social, mais conserver contre les troupes royales les forces d'une armée civique, tel est le plan de La Fayette, devenu colonel général de la milice bourgeoise. Ce plan est, avec l'aide d'un Comité militaire, mené rondement puisque dès le 31 juillet la garde est organisée (400 hommes pour chacun des 60 districts), sous les ordres d'un commandant général élu, et restreinte de fait aux citoyens aisés par l'obligation faite aux gardes de payer leur armement et leur bel uniforme aux trois couleurs. La finalité de cette création à Paris est donc sans ambiguïté : il s'agit de régulariser une situation insurrectionnelle.

Tout est plus compliqué en province. L'agitation y existe bien avant le 14 juillet 1789, des milices bourgeoises improvisées s'y sont déjà créées ici et là, sous des noms variés, « gardes civiques », « volontaires du Tiers Etat ». Sur ce terrain bien préparé la nouvelle de la prise de la Bastille détermine un mouvement d'armement très disparate, qui se réalise tantôt contre les municipalités et tantôt avec elles (les anciennes municipalités ayant parfois été éliminées, parfois conservées, parfois encore deux municipalités rivales coexistant péniblement), tantôt contre les autorités militaires, mais le plus souvent avec leur aveu et en obtenant d'elles des armes, la remise des citadelles et des châteaux forts. L'extrême bigarrure des situations locales ne cache pourtant pas l'essentiel, le foisonnement simultané des milices sur le territoire français. Ce n'est donc pas la Grande Peur qui est à l'origine du mouvement, mais elle le relance évidemment, en

multipliant entre le 25 juillet et les premiers jours
d'août les levées précipitées dans les villes et dans les
bourgs : partout des hommes s'arment, s'organisent
pour faire sonner le tocsin, établir des patrouilles et
des tours de garde. Lorsque des militaires de profession décrivent ces troupes improvisées, ils en souli-
gnent l'aspect incongru : « Cette espèce de troupe est
absolument sans discipline, sans obéissance et sans
nulle instruction », dit de la milice de sa ville un
colonel d'Epernay.

Cette anarchie des milices bourgeoises, et leur propension à déborder le cadre strictement municipal,
explique que dès le 10 août 1789 les députés proposent à la sanction royale un décret qui officialise
les milices nationales, en assignant pour tâche aux
municipalités de les requérir contre les perturbateurs
du repos public et de les faire assister par des troupes
pour dissiper les attroupements séditieux. Le décret
ne règle guère les conflits d'attribution entre milices
et municipalités, puisque la milice ne prête serment
(ce serment que Barnave juge indispensable dans un
moment où « les liens de la subordination paraissent
rompus ») qu'entre les mains de son commandant et
non de la municipalité. Mais il met exactement en
lumière ses fonctions de police, en lui confiant la
mission de veiller particulièrement sur la conduite
« des hommes sans aveu, sans métier, sans profession ».

La contagion de ce mouvement d'armement sur le
territoire français pose de nombreux problèmes, inégalement résolus. Etait-il aussi nouveau que l'a affirmé
l'historiographie révolutionnaire ? Urbain ou rural ?
Recruté de quelle façon ? Et entretenant quels liens
avec les municipalités ?

Les milices, les guets, les régiments bourgeois ne
sont pas une invention révolutionnaire. Les milices
représentent encore sous l'Ancien Régime une force
organisée, parfois confinée à des fonctions d'apparat
— les processions et les feux de joie —, parfois
occupée à des besognes de police. Mais le choc révo-

lutionnaire est loin de ne faire que les réactiver, il les transforme profondément. Sur l'exemple de Rennes, Roger Dupuy en montre la nouveauté par rapport aux vieilles milices bourgeoises : la garde nationale de Rennes naît bien avant le 14 juillet 1789 de l'activisme de la jeunesse, qui anime à Rennes les journées émeutières du 26 et du 27 janvier 1789. Les déclarations de ces jeunes gens constituent des documents étonnants, où apparaissent déjà le mot et l'idée de la confédération, les devises et les emblèmes de la future garde nationale. Lorsque après le 14-Juillet cette jeunesse turbulente entre de nouveau en scène, c'est pour continuer une éphémère « armée nationale », vite mise au pas sans doute par la municipalité (dont la réplique à cette création est le règlement de la garde nationale), mais dont le nom de baptême proteste à lui seul contre les souvenirs attachés au mot de milice. Ce que veulent marquer les jeunes gens, c'est l'appropriation nouvelle de l'armée par le Tiers.

La simultanéité du mouvement fait penser à l'influence souterraine et concertée des députés du Tiers. Mais les débats qui s'ouvrent à l'Assemblée le 18 juillet 1789, et qui voient sans surprise l'opposition des monarchistes à une France couverte de ces milices révolutionnaires affranchies de l'autorité royale, ne montrent pas chez les députés du Tiers un front très uni : ce qui explique que la discussion se soit vite enlisée. Mirabeau, par exemple, aurait souhaité organiser d'abord les municipalités, pour mieux assurer l'indépendance des milices à l'égard des anciennes oligarchies. Barnave, peu explicite à l'Assemblée, écrivait pourtant à ses correspondants de Grenoble qu'il lui fallait « des milices prêtes à marcher ». Ces hésitations montrent que le Tiers, s'il souhaitait en effet contrôler un mouvement qui risquait de le déborder lui-même, n'avait pas à ce sujet de doctrine bien arrêtée.

Le mouvement était-il un mouvement essentiellement urbain, comme l'historiographie de la Révolution l'a presque unanimement reconnu ? Paul Bois a

vu dans ce caractère urbain une des origines de l'opposition paysanne à la Révolution. Comme petits
bourgeois et artisans forment dans les campagnes le
gros des bataillons de la garde nationale, les occupa-
tions agricoles retenant les paysans d'y participer,
l'opinion campagnarde assimile pour longtemps les
Bleus et les bourgeois. Cette affirmation statistique-
ment exacte doit pourtant être nuancée : car il y a
eu des cantons campagnards pour s'associer aux événements de la capitale voisine ; il y a eu des gardes
nationales rurales pour se donner des capitaines paysans. Il n'est pas arrivé non plus partout que la milice
participe, et donc soit assimilée, aux opérations de
répression menées dans les campagnes pour la protection des seigneurs : il y a beaucoup d'exemples de
milices nationales parties prenantes dans les des-
centes contre les châteaux, ou passant tout d'un coup
du côté des « attroupés ». Cette diversité de situation
montre assez que les milices n'étaient pas sûres, que
leurs fonctions étaient incertaines. Du reste en leur
sein même existaient des divisions, une même ville
pouvait avoir des compagnies patriotes et des compagnies aristocrates, ce qui explique qu'en certains lieux
les gardes nationaux aient pu être détournés par la
Contre-Révolution.

Voilà aussi pourquoi l'Assemblée nationale a vite
cherché à régulariser la garde nationale. Elle a
d'abord tenté d'en contrôler le recrutement. La
composition sociale des milices levées avant la
Grande Peur était assez étroite. Le feu du danger fait
parfois ouvrir les portes des milices jusqu'à y
admettre, comme à Toulouse, « tout le monde sans
distinction, depuis le premier président jusqu'au dernier artisan ». L'alerte passée, on cherche à en limiter
à nouveau l'accès, par des dispositions censitaires
variées, qui annoncent souvent la distinction entre
citoyens actifs et citoyens passifs. Ici on n'admet que
les propriétaires, là on exige une certaine imposition
fiscale, ici encore il suffit d'être inscrit au rôle des
contributions. Les domestiques sont évidemment

toujours exclus, parfois aussi « les citoyens ayant besoin du travail de tous les jours pour leur subsistance ». C'est à cette diversité de recrutement que met fin le décret du 12 juin 1790 qui réserve la garde nationale aux seuls citoyens actifs et à leurs fils, mais fait à ceux-ci obligation d'avoir à s'y inscrire : même si la Constituante n'ose pas désarmer les « passifs » qui s'étaient enrôlés à l'heure du danger, c'est la fin du volontariat, la fin de l'ouverture aux citoyens les moins aisés. Quant au commandement des milices, il continue d'aller soit à la noblesse (souvent désignée en fonction de son expérience militaire), soit à la haute bourgeoisie des professions libérales, de l'administration et des finances.

L'Assemblée, en outre, par toute une série de décrets, s'était préoccupée de réduire l'autonomie des milices et de confirmer leur dépendance à l'égard des municipalités : dès le 2 février 1790, celles-ci ont la haute main sur « les citoyens organisés en compagnies armées ». A cette perte d'autorité au plan municipal, le mouvement fédératif va, en un sens, répondre. Par lui la garde nationale va pouvoir prétendre à un rôle régional, puis même national.

*
* *

D'où est venue cette idée de Fédération qui, à en croire Michelet et Jaurès, naquit spontanément ? Il y a là un premier problème d'attribution très discuté : certains la font partir du pacte conclu le 2 novembre 1789 entre les 14 villes bailliagères de la province de Franche-Comté ; d'autres du serment fédératif des gardes nationaux du Dauphiné et du Vivarais, le 19 novembre 1789 ; d'autres encore de l'assemblée qui voit se réunir à Pontivy, le 15 janvier 1790, les milices de 69 villes et bourgs de Bretagne. Mais ce problème reçoit une réponse différente, selon que l'on considère l'idée de Fédération *nationale* (c'est alors le texte de Pontivy qui paraît en être l'inventeur : « Le nouvel ordre de choses n'exigerait-il pas que vous étendiez votre pacte d'Union et le rendiez commun à la capitale ? ») ou seulement l'idée de Fédération. Or, celle-ci apparaît très tôt : dès le 8 août 1789, la municipalité de Millau — dont le maire est Bonald — prend de concert avec tous les habitants l'initiative d'une « Confédération avec les villes de Rodez et de Villefranche et toutes les autres villes qui voudraient y adhérer ». Le 9 août, c'est une petite commune ariégeoise qui propose à son conseil municipal un « pacte fédératif » avec les villes et les villages voisins. Il s'agit donc d'une multitude d'initiatives locales, nées de la Grande Peur. Mais il est même probable que des peurs moins généralisées ont suffi dès l'hiver 1789 à faire naître le besoin et même le mot de Confédération : les jeunes citoyens du Tiers Etat de Rennes l'utilisent en février 1789 pour signer avec les jeunes gens venus de Brest et d'Anjou un pacte d'union.

A travers tous ces mouvements que lie l'inquiétude s'impose en effet petit à petit le mot de « Fédération ». Pour désigner tous les pactes qui se nouent de ville à ville, les rédacteurs de procès-verbaux disposent d'une terminologie longtemps incertaine : « union », « réconciliation », « coalition des villes », « cérémonies de la fraternité et du patriotisme », « fédération ». Ce dernier mot, depuis longtemps tombé en désuétude, ignoré par les dictionnaires du XVIIIe siècle, a retrouvé un emploi dans la langue politique (chez Montesquieu, Mably, Rousseau, Dupont de Nemours) et puisé une nouvelle jeunesse dans l'exemple américain : celui-ci a beaucoup compté pour populariser les substantifs de fédération et de confédération, et diffuser l'admiration pour les peuples qui se « confédèrent ». Ces vocables neufs, pourtant, ne s'imposent pas sans difficultés. D'une part, il leur arrive d'être péjorativement connotés, puisque les brigands, eux aussi, s'assemblent en « infernales confédérations » (si bien que les milices croient bon de se désigner elles-mêmes comme de « saintes confédérations », « fédérations de fraternité, d'honneur, d'union et de secours »). D'autre part, il arrive que devant le mot de « Fédération », on marque un recul : quand la députation extraordinaire de Bretagne et d'Anjou arrive le 20 mars 1790 à l'Assemblée nationale, quelques députés veulent s'opposer à la lecture de son texte, sous le prétexte, ou avec la raison, qu'on y parle de « pacte fédératif » : ils croient y apercevoir une menace de fédéralisme. Ils finissent pourtant par se rendre aux raisons du président de l'Assemblée : la déclaration, qui contient une renonciation formelle au titre de Bretons et d'Angevins, paraît au contraire « anéantir à jamais le système fédératif ». Signe de l'ambiguïté du mot de « Fédération » et annonce de l'avenir compliqué de ses rapports avec le mot de « Fédéralisme ».

Fédération n'en finit pas moins par s'imposer (et triompher, par sa simplicité, de confédération). Donc, il y a désormais des Fédérés et des Fédérations régionales, dont le nombre grossit dans le printemps 1790 et que soutient à l'Assemblée le parti patriote. Les Fédérations, qui lui paraissent perméables aux mots d'ordre qui viennent des clubs, sont aussi le moyen pour les milices d'échapper aux municipalités aristocrates : à la fois donc objets de contrôle et instruments de contrôle. Dualité qui peut encore se lire dans les deux finalités que se donnent les Fédérations, dirigées à la fois contre l'émeute populaire et contre la menace aristocratique. Certaines des Fédérations mettent avec prédilection en évidence l'un ou l'autre de ces objectifs : celle de Pontivy, par exemple, ne vise que « les ennemis de la régénération présente » et ne souffle mot de la répression du mouvement paysan. Mais la plupart signalent les deux finalités à la fois, dans un balancement précautionneux entre « les brigands », d'une part, et, d'autre part, « ceux qui séparent le titre de citoyen de celui de noble ».

Toutes ces ambiguïtés — de vocabulaire, de finalité — et aussi les affrontements bien réels qui opposent ici et là, à Montauban comme à Nîmes, soit la muni-

cipalité et la garde nationale, soit deux gardes nationales
entre elles, nourrissent évidemment l'idée que la garde
nationale est loin d'avoir été partout un facteur d'union.
C'est ce soupçon que veulent lever les cérémonies imaginées pour sceller les pactes fédératifs. Non que leurs
dispositions soient très neuves : ce sont des fêtes militaires, où les officiers des troupes régulières et les officiers des gardes nationales se réunissent pour défiler,
prêter serment l'épée à la main, entendre la messe en
plein air, faire bénir les drapeaux ; des fêtes masculines ;
des fêtes de notables, entre l'autel de la patrie et la maison
commune où l'on rédige et signe le pacte fédératif. Mais
sur ce cérémonial assez raide viennent broder des discours où s'expriment dans l'enthousiasme le vœu et la
volonté de l'identité. L'interprétation du mouvement
comme « provincialiste » (l'Assemblée en avait, comme
on l'a vu, eu la tentation, et Mirabeau fera de La Fayette,
homme central de la Fédération, l' « homme des provinces ») ne tient pas une minute à leur lecture. Aux
miliciens de Bourg-l'Etoile qui déclarent : « Nous ne
sommes plus des Dauphinois, vous n'êtes plus des Lan-
guedociens, nous sommes des Français », répondent les
Bretons et les Angevins de Pontivy abjurant « leurs privilèges particuliers ». Ce qu'imaginent les acteurs des
Fédérations, en tout cas les orateurs et les rédacteurs
des procès-verbaux, c'est une association entre individus en tous points identiques, anneaux interchangea-
bles d'une chaîne indestructible, métaphore constante
dans leurs textes. Les Fédérations, comme le dit très
bien La Tour du Pin le 4 janvier 1790, ne sont pas un
« système d'associations particulières ». Ce n'est pas pour
en museler le « provincialisme » que Paris cherche à en
prendre le contrôle.

*
* *

L'idée de ce contrôle naît en revanche de la peur
qu'inspire la contagion qu'exercent les gardes nationales sur les troupes de ligne. C'est sur cette « Fédé-

ration des troupes de ligne et des gardes nationales »,
propre à contrôler ces dernières, qu'insiste Bailly
lorsque au nom de la Commune de Paris il suggère
une « Grande Fédération » pour laquelle il propose la
date du 14 juillet. La proposition sert par ailleurs les
visées de La Fayette, en train de s'éloigner du parti
patriote et pas mécontent d'affermir une popularité en
voie de déclin. La participation des civils à cette fête
anniversaire, un moment envisagée par la Commune,
sera finalement écartée : c'est, dit le rapport de Talleyrand, « la France armée qui va se réunir, ce n'est
pas la France délibérante ». On ne pourra donc participer à la fête que comme soldat. Ces dispositions
d'exclusion sont encore accentuées au cours des préparatifs : on désignera les gardes nationaux au terme
d'une élection à deux degrés, pour les troupes de ligne
on retiendra les plus anciens, on rédigera un serment
officiel, on veillera, selon les recommandations de Le
Chapelier, à l'économie — on est très loin de l'aube
juvénile et tumultueuse des premiers pactes entre les
milices.

La tenue de la fête elle-même ne dément pas vraiment ces dispositions conservatrices et peureuses. Le
14 juillet 1790, 50 000 hommes armés défilent devant
300 000 personnes, dans un Champ-de-Mars noyé de
pluie. La fête, dont l'unique innovation est l'adjonc-
tion d'un bataillon d'enfants et d'un bataillon de vieillards, témoigne d'une scénographie paresseuse : une
interminable procession militaire, une messe sur
l'autel de la patrie qui, bien que célébrée par les
300 prêtres qui assistent Talleyrand, est perdue dans
l'immense lieu théâtral du Champ-de-Mars, un serment très négligent du roi (nul, même Mirabeau,
n'avait pu convaincre Louis XVI d'aller prêter serment à l'autel). L'enthousiasme ne se lit que dans ces
rondes de Fédérés qui débordent la consigne cérémo-
nielle et bravent la bourrasque, et le triomphe paraît
être pour La Fayette et lui seul.

Comment, en dépit de cette maussaderie réelle, la
fête de la Fédération a-t-elle pu avoir cette extraordi-

naire charge symbolique ? Remarquons d'abord que
les historiens qui, comme Michelet, en ont fait un
récit effusif ont mis l'accent sur les fêtes fédératives du
14-Juillet *en province*. Or celles-ci ont pu se soustraire
à la contrainte, Paris ayant négligé de dépêcher ses
instructions. Si donc les anniversaires provinciaux ont
tous comporté, comme à Paris, un défilé militaire, la
« célébration des saints mystères » et un serment, les
organisateurs ont pu broder sur ce canevas : ajouter ici
des acteurs inattendus, dames et jeunes filles, puiser
dans le vieil ordre corporatif en faisant comme à Strasbourg défiler jardinières, pêcheurs, cultivateurs ; faire
célébrer sur l'autel de la patrie les premiers baptêmes
ou mariages civiques ; imaginer des décors qui
empruntaient sans principes aux formes antiques, aux
motifs exotiques et allégoriques ; allumer des feux de
joie ; faire s'envoler des aérostats. Moins une invention sans doute que le brassage joyeux d'éléments
disparates, dont le syncrétisme verbal et visuel a
enchanté les historiens.

Ce qu'ils se sont plu à souligner, c'est d'abord la
simultanéité : telle a été la seule exigence à laquelle a
dû se plier la commémoration provinciale, puisqu'il a
fallu prêter le serment fédératif « à l'heure de midi, de
concert et au même instant dans toutes les parties de
l'Empire », simultanéité qui exerce alors une extraordinaire emprise sur les esprits. C'est ensuite la dynamique du rassemblement, qu'illustre le voyage des
Fédérés vers Paris : à ceux qui cheminent — c'est
parfois le premier voyage de leur vie — comme à ceux
qui les voient passer sur des routes soudain encom-
brées et où, selon mille témoignages, la parole elle-
même est en mouvement, s'impose l'image d'une
France vivante et suroccupée. Acteurs et spectateurs
font l'apprentissage de l'homogénéité de l'espace
national, dans une expérience vécue de la transgression des anciennes limites, ce que voit très bien Louis
Blanc : « 1 200 lignes de barrières intérieures disparurent, les montagnes semblèrent abaisser leurs cimes,
les fleuves ne furent plus que comme autant de cein-

tures mouvantes liant ensemble des populations trop longtemps séparées. » Cette homogénéité vécue n'est même pas démentie par la sacralité de ce terme et de ce centre du voyage qu'est Paris. Car si les Fédérés, comme dit Quinet, entrent dans Paris comme « dans une ville sainte » — il faut dire aussi que cette ville contient le roi et que les voyageurs avouent souvent la religieuse émotion avec laquelle ils sont venus le « contempler », témoignant de la popularité qu'il conserve encore et dont, au grand dam de Mirabeau, il ne sait pas profiter —, ils gardent en tête l'autre pôle du voyage, la ville qu'ils doivent regagner, lourds de leurs reliques, insignes et bannières, dans un voyage de retour qui ne compte pas moins que le premier : la Fédération en ce sens met bien en scène, dans l'aller et retour des fidèles, l'égale dignité de tous les points du territoire français.

Simultanéité, égalité topographique, image dynamique du rassemblement, et peut-être aussi, comme le dit Jaurès, ferment révolutionnaire déposé dans les rangs d'une armée régulière peu favorable à la Révolution : voilà donc ce par quoi la Fédération marque durablement l'imaginaire national. Peut-on y ajouter l'unanimité ? Il s'agit évidemment d'une unanimité patriote, qui laisse en dehors d'elle l'aristocratie contre laquelle elle se définit. Il s'agit aussi d'une unanimité bourgeoise qui laisse en dehors d'elle les citoyens passifs. Notons pourtant que cette double exclusion ne peut être tenue pour délibérément menteuse : la première est une exclusion fonctionnelle, sans laquelle la fête n'existerait même pas ; la seconde ne nous paraît choquante qu'au prix de l'anachronisme et peut à peine être sentie comme telle en cette année 1790 : les participants de la fête sont ceux qu'a désignés, pendant cette année 1790, la cascade des scrutins ; c'est le pays actif, le pays révolutionnaire légal qui se concentre au Champ-de-Mars. « La Constituante pouvait, a écrit Jaurès, au moment où elle appelait au vote 4 millions d'hommes, se figurer qu'elle y appelait toute la nation. » On peut en dire autant de la Fédération.

L'unanimité n'est donc pas ici un mensonge délibéré, mais une illusion bien partagée et mieux même une promesse : le fait que dans les villes et villages, le menu peuple exige, et parfois obtienne, en forçant le barrage des notabilités, de « se fédérer », lui aussi, montre que c'est bien ainsi qu'elle a été interprétée. Elle a donc pu être un rassemblement décevant et une dynamique du rassemblement, une illustration imparfaite du lien social et « la plus haute vision de l'avenir qu'ait eue un peuple ». Là est la vérité de sa légende.

Et c'est aussi cette charge symbolique qui permet de ne pas la faire tenir tout entière dans l'étroite parenthèse qu'elle ouvre dans l'Histoire de la Révolution. Car il est vrai que comme ses préparatifs avaient été obscurcis par les précautions, ses lendemains seront lourds de conflits. Les Fédérés, qui, en 1790, manifestent à la fois l'attachement à la personne royale et la ferveur révolutionnaire, exprimeront demain la radicalisation de la Révolution. Ce sont les gardes nationales qui le 18 avril 1791, malgré les objurgations de La Fayette, s'opposeront au départ du roi pour Saint-Cloud. C'est la montée à Paris des Fédérés, à partir du 8 juillet 1792, qui sera à l'origine du 10-Août. Ce sont eux qui demanderont la suspension du roi et l'élection d'une Convention nationale. Si la portée de la Fédération ne tient pas dans l'épisode fédératif, elle ne doit pas cacher non plus ce qu'il a eu de précaire. « Il est bon, écrit Jaurès, que des esprits pénétrants et âpres démêlent sous le prestige des fêtes et l'éblouissement de l'universelle joie les causes subsistantes de désordre, de défiance et de violence qui le lendemain développeront encore leurs conséquences. »

Mona Ozouf

ORIENTATION BIBLIOGRAPHIQUE

ARCHES, Pierre. « Aspects sociaux de quelques gardes nationales au début de la Révolution, 1789-1790 », *Actes du*

81ᵉ Congrès national des sociétés savantes, Rouen-Caen, 1956, Paris, Presses universitaires de France, 1957-1960.

CARROT, Gérard. « Une institution de la nation : la Garde nationale, 1789-1871 », thèse de la Faculté de droit et de sciences économiques, Université de Nice, novembre 1979.

DUPUY, Roger. *La Garde nationale et les débuts de la Révolution en Ille-et-Vilaine,* Paris, Klincksieck, 1972.

LAMBERT, Maurice. *Les Fédérations en Franche-Comté et la fête de la Fédération du 14 juillet 1790,* Paris, 1890.

LECLERCQ, dom Henri. *La Fédération (janvier-juillet 1790),* Paris, Letouzey et Ané, 1929.

THORÉ, P.-H. « Fédérations et projets de fédérations dans la région toulousaine », *Annales historiques de la Révolution française,* oct.-déc. 1949.

RENVOIS

Barnave
Fédéralisme
Grande Peur
La Fayette
Louis XVI
Mirabeau
Montesquieu
Rousseau

GRANDE PEUR

Dans les premiers mois de la Révolution, la Grande Peur constitue un épisode à part qui, d'une certaine manière, n'a pas cessé d'embarrasser les historiens. Elle est l'un des moments inattendus de 1789. Elle a surpris les contemporains avant d'interroger les spécialistes. Dans le récit des origines révolutionnaires, elle s'intègre mal parce qu'elle fait souvent figure de retour archaïque et paraît contraster avec la prise de conscience politique de la nation. D'où vient sans doute qu'elle soit presque absente des grandes histoires de la Révolution au XIXᵉ siècle et qu'elle n'ait, pendant longtemps, intéressé que les érudits locaux, qui l'ont abordée dans un cadre étroitement régional. La Peur n'a trouvé son historien — et, du même coup, sa place et son interprétation — qu'avec la synthèse magistrale publiée par Georges Lefebvre en 1932. Son livre n'a pas été remplacé, ses résultats n'ont pas fait, après plus d'un demi-siècle, l'objet de révisions majeures. C'est donc de cette analyse classique qu'il convient, aujourd'hui encore, de partir.

Le premier souci de Lefebvre a été de distinguer minutieusement les différents aspects du mouvement paysan au printemps et au début de l'été 1789. La Grande Peur, au sens strict, est l'un d'eux, le dernier en date, et ses traits particuliers doivent être identifiés.

Mais elle n'est pas compréhensible en dehors d'un contexte élargi qu'il faut d'abord restituer.

Au départ, donc, la situation des campagnes dont aucun des acteurs politiques majeurs, à Versailles, à Paris ou dans les capitales provinciales, ne semble avoir pris l'exacte mesure. Elle est devenue dramatique pendant la dernière année de l'Ancien Régime, pour des raisons qui s'inscrivent dans des durées différentes mais dont les résultats sont cumulatifs. A court terme, la désastreuse récolte de 1788, qui a fait reparaître le spectre de la cherté, voire de la disette dans la plupart des provinces ; mais aussi les effets malencontreux d'une politique hésitante, contradictoire, en matière de commerce des grains, et qui dans tous les cas a encouragé la spéculation. A moyen terme, les conséquences d'une récession qui, depuis le début des années 1770, est venue interrompre la croissance du XVIIIe siècle ; elles frappent plus particulièrement certains secteurs de la production agricole (la viticulture), certains acteurs économiques, laboureurs ou salariés, et pénalisent au-delà la consommation. A l'échelle du siècle enfin, ce sont les effets de la croissance qui ont pu s'avérer pervers, en particulier le poids mal supporté d'une démographie conquérante. Bref, « la conjonction de la prospérité de l'avant-veille, du marasme de la veille, de la crise du jour » (M. Denis et P. Goubert). La tension qui en résulte atteint son paroxysme au moment de la soudure, en juillet 1789. Elle s'accompagne de phénomènes accoutumés : l'envolée des prix alimentaires, plus cruelle encore dans une période de baisse cyclique des revenus ; la montée de l'inquiétude et du soupçon contre les affameurs qui s'enrichissent de la misère du peuple. La multiplication des errants poussés sur les routes par la recherche d'improbables ressources, mendiants occasionnels désarmés mêlés aux professionnels de la marginalité, ajoute encore à l'inquiétude des sédentaires. Leurs craintes ont probablement dramatisé encore une situation déjà très difficile. Il en est résulté une première série d'émeutes frumentaires, traditionnelles dans leurs formes, et qui, d'ailleurs, ne sont pas exclusivement rurales.

Or ces tensions sont contemporaines du long processus de consultation politique qui prélude à la réunion des Etats généraux. Sans doute, le plus grand nombre des paysans n'a-t-il été que très lointainement associé à la rédaction des cahiers de doléances, puis à la procédure proprement électorale. Sans doute aussi les contemporains n'ont-ils guère, sur le moment, prêté attention à la détresse des campagnes, moins encore aux conséquences politiques dont elle pouvait être porteuse. Il n'en reste pas moins que les préparatifs électoraux de l'hiver 1788-1789 paraissent avoir souvent suscité une immense espérance ; que du souverain, enfin penché sur le malheur de ses sujets, on s'est alors pris à attendre un secours compatissant, une remise en ordre du royaume, mais aussi une réparation des torts subis. Au roi de bonté et de charité, les paysans opposent tous ceux dont ils supportent la domination et les prédations, et d'abord les seigneurs « sans cesse occupés de sucer leur sang ». Pour s'exprimer avec une force neuve, la protestation n'est pas nouvelle. Elle prend le relais d'un demi-siècle de révoltes dont, à la suite de P. de Saint-Jacob entre autres, E. Le Roy Ladurie a montré qu'elles n'avaient cessé de se durcir dans les dernières décennies de l'Ancien Régime.

A nouveau, le court terme s'inscrit dans une perspective de plus longue durée. On comprend mieux, du coup, pourquoi l'occasion politique de 1789, même si elle n'a été que confusément comprise, a aussitôt suscité des espoirs et des revendications. Des actes aussi : bien avant le 4-Août, certains se sont convaincus que les droits et les redevances injustes avaient été abolis d'autant plus facilement que, par la violence ouverte ou par la grève, ils avaient déjà lutté contre eux. A la diffusion de ces mots d'ordre et à l'organisation de la résistance, la réunion des assemblées électorales n'a pu que contribuer. Les privilégiés (et parfois les agents du fisc) deviennent alors les cibles de l'agitation pay-

sanne. De mars à mai, la Provence, le Dauphiné, le
Hainaut, le Cambrésis, la Picardie, la région parisienne sont le théâtre d'opérations violentes contre
l'ordre seigneurial, que l'on retrouve de façon plus
sporadique ailleurs, en Franche-Comté, dans le Lyon-
nais, en Champagne, en Languedoc. Souvent, elles se
sont surimposées aux émeutes de la faim.

Au début de l'été, le mouvement se durcit encore et
la contestation des droits se fait plus radicale. Dans la
seconde moitié de juillet, ce sont de véritables révoltes
qui ébranlent, presque en même temps, le Bocage
normand, la Franche-Comté, l'Alsace, le Hainaut et le
Mâconnais. La violence en est inégale (comme d'ailleurs la répression qui s'ensuit). Mais toutes semblent
avoir spontanément mobilisé des acteurs d'origine
assez diversifiée, des salariés, mais aussi des laboureurs, des artisans, voire de petits notables de campagne. Le témoignage des autorités ne veut y voir que
l'œuvre de pillards attirés par le gain. Pourtant ce sont
les preuves et les symboles de l'oppression qui sont le
plus souvent visés par les insurgés. On brûle les terriers et les archives des justices seigneuriales, on s'en
prend aux bureaux du fisc. On attaque parfois le château ou l'abbaye où l'on prétend obtenir du maître
qu'il renonce à ses droits, on abat la girouette ou le
pigeonnier. Violence résolue, spectaculaire mais fort
peu sanguinaire, contrairement à ce qu'a prétendu
Taine, et souvent prête à se transformer en fête.

La peur est le troisième aspect de l'émotion qui
saisit les campagnes françaises. Elle aussi est née de la
conjonction de plusieurs motifs. La crainte de la
disette a exaspéré les esprits. La multiplication des
errants, qui rappelle le souvenir de brigands fameux,
mais aussi la mémoire de lointains envahisseurs, crée
une insupportable menace : « Nous ne nous couchons
pas sans crainte ; les pauvres de nuit nous ont bien
tourmentés, sans ceux de jour dont le nombre est
considérable », écrit un propriétaire des environs
d'Aumale. Plus on s'approche du temps de la
moisson, plus on redoute de les voir s'en prendre à la

récolte tant attendue. Les émeutes du printemps ne font que renforcer encore ce sentiment général d'insécurité. Le mouvement, d'une certaine manière, s'entretient lui-même. Il répercute aussi la peur des villes qui commencent très tôt à s'armer contre le « quatrième état » ; elles relaient, elles amplifient l'annonce des brigands qui, partout, infesteraient le royaume. Intervient enfin, venue de Versailles et de Paris, une inquiétude plus proprement politique. La crise ouverte le 23 juin à l'Assemblée laisse attendre une réaction déterminée des privilégiés, dont on imagine déjà la forme ; après la journée du 14-Juillet et les débuts spectaculaires de l'émigration, on s'en convainc plus volontiers encore. On évoque l'appel à l'armée et surtout à des régiments étrangers, à des brigands. C'est du centre politique qu'est partie la rumeur d'un complot aristocratique contre le Tiers Etat, auquel l'événement semble devoir donner si bien raison. Elle est relayée en province par les municipalités des villes et des bourgs. Elle atteint les campagnes et s'y transforme au contact du mouvement antiseigneurial. Car ces aristocrates qui veulent enrayer le nouveau cours et désobéir aux volontés d'un roi réconcilié avec son peuple, ce sont les hommes contre lesquels, depuis trois mois, les campagnes se sont insurgées. La révolte est donc légitime. Mais la menace est plus plausible encore.

C'est ici qu'intervient la Grande Peur, au sens précis du mot. Elle n'est pas compréhensible en dehors de l'ensemble des mouvements qui viennent d'être rappelés, elle en remploie les thèmes, des épisodes et la sensibilité. Mais elle ne s'identifie pas à eux et constitue une séquence autonome. A partir du 20 juillet 1789, la panique se diffuse à partir d'une série d'épicentres indépendants : de la Franche-Comté, à la fois vers le nord-est et vers le sud-est jusqu'à la Méditerranée ; des Mauges et du Poitou ; du Maine ; du Clermontois et du Soissonnais, au nord de Paris ; de la Champagne ; du Poitou méridional enfin vers l'Aquitaine et jusqu'aux Pyrénées atteintes dans les premiers jours d'août. Chaque situation régionale est particulière : dans le Nord-Est, la peur est associée, de façon multiforme, à la révolte des campagnes ; dans l'Ouest, la disette et l'inquiétude politique paraissent avoir joué un rôle plus déterminant. Mais quelles que soient les circonstances de ces « paniques originelles », elles s'émancipent bientôt pour obéir à leur propre loi. G. Lefebvre a suivi en épidémiologue la circulation de cette « gigantesque fausse nouvelle » à travers le royaume (dont de larges secteurs, en particulier la plupart des régions où la révolte antiseigneuriale est la plus ouverte, sont d'ailleurs restés épargnés). Ses conclusions sont claires : si la peur fait, au départ, écho à des situations réelles, elle en construit une interprétation autonome et qui devient, pour ceux qu'elle touche, une manière de percevoir la réalité. Dans les jours qui suivent la nouvelle de la prise de la Bastille, on colporte à travers la France le récit de la vengeance des privilégiés. On croit avoir vu, bientôt on a vu les troupes de mercenaires anglais, piémontais ou allemands auxquels ils ont livré le pays ; on a surpris les troupes de brigands qui s'apprêtent à couper sur pied les blés à venir, à rançonner et à massacrer les communautés. Au hasard de son cheminement, de proche en proche, la rumeur s'enfle de nouveaux détails qui la rendent plus crédible ; du coup, tout signe est spontanément interprété de façon à prendre place et sens dans la fable qui court les campagnes.

Souvent, aussi, on n'en reste pas là. Contre la menace, les communautés réagissent. Elles s'organisent pour affronter, avec leurs moyens de fortune, ces ennemis imaginaires (ce qui peut avoir pour conséquence d'accroître encore la confusion). Dans l'épreuve pressentie, le sentiment de solidarité, préparé par les luttes et les espoirs des mois précédents, se renforce. Il désigne un adversaire : le seigneur, responsable de ces maux-ci en plus de tous les autres. La peur achève de souder la coalition antiseigneuriale et, dans les réponses que les ruraux inventent face au danger, elle démultiplie dans des régions jusque-là indemnes les effets de la révolte agraire.

C'est ainsi que les paysans font leur entrée dans la Révolution. Elle est massive. Elle est inattendue aussi. Elle inquiète les bourgeoisies provinciales, qui aiment l'ordre et sont souvent associées, par ailleurs, à l'exploitation seigneuriale, à la spéculation sur les grains, à la machine fiscale. A l'Assemblée et à Paris, le problème n'est pas moins urgent. Peut-on laisser l'insurrection des campagnes gagner de proche en proche ? Faut-il réagir classiquement par la répression et rendre au roi l'initiative ? ou au contraire prendre appui sur le mouvement pour la conserver à l'Assemblée ? La nuit du 4-Août est aussi la réponse, habile et ambiguë, à cette alternative.

La Grande Peur paraît avoir longtemps embarrassé les historiens de la Révolution. Dès la publication de l'étude de Lefebvre, Marc Bloch le notait : « Est-ce en raison de [son] caractère presque anodin ? ou parce qu'il est convenu que les événements décisifs de la Révolution ont eu pour théâtre les rues des grandes villes ? » Dans la majestueuse entrée de la France en politique, l'épisode fait figure d'archaïsme ; il semble plus tourné vers un passé immémorial que vers les temps nouveaux de la raison : en 1964, D. Richet n'insistait-il pas encore sur le poids de cette « France où les mentalités populaires sont encore ancrées dans l'irrationnel » ? Le pli n'est pas nouveau. Depuis le XIXe siècle, on ne sait pas comment traiter le drame qui a ému les campagnes à l'été 1789. Ni Michelet, pourtant si sensible à l'âme collective des foules, ni Louis Blanc ne lui consacrent beaucoup d'attention. Moins lyrique, plus sceptique, Thiers s'est plus volontiers rallié à la thèse du complot dont certains contemporains avaient déjà fait la clé de cet événement en forme d'énigme : « Ce stratagème, qui rendit universelle la Révolution du 14-Juillet en provoquant l'armement de la nation, fut alors attribué à tous les partis et depuis il a surtout été imputé au parti populaire qui en a recueilli les résultats [...]. Il est curieux que l'on se

soit ainsi rejeté la responsabilité d'un stratagème plus
ingénieux que coupable. » Dans l'*Histoire socialiste*,
Jaurès, lui, ne met point en doute la spontanéité du
mouvement, il en souligne l'importance ; mais il peine
à en concilier les aspects contradictoires et il ne s'en
tire, à vrai dire, qu'en prophétisant l'avènement d'une
conscience de classe encore à venir. Du côté des
grands universitaires, ni Aulard ni Mathiez ne s'attar-
dent sur la révolte des campagnes. Avant Lefebvre,
seul Taine lui a consacré de longues pages lyriques
dans les *Origines de la France contemporaine* (1878) :
mais c'est parce qu'il y voit l'illustration détestable de
l' « anarchie spontanée » qui, selon lui, s'installe sur les
ruines de l'ordre monarchique dès les commence-
ments de la Révolution. A travers elle, il dénonce dans
des pages puissantes, obsessionnelles, la dissolution
du lien social, la remontée des instincts animaux, l'abdication des consciences au sein de communautés de
hasard, réunies puis défaites au gré de l'événement.
En ce sens, bien particulier, Taine est le premier historien à prendre la Grande Peur au sérieux et à ne pas
réduire l'émotion des campagnes à un simple prélude
au grand règlement du 4-Août. Et c'est à lui que
répond explicitement Lefebvre dans son livre, un
demi-siècle plus tard, puis dans l'essai pionnier qu'il
consacre en 1934 aux « foules révolutionnaires ».
L'épisode est alors traité pour lui-même. Il modifie ce
que nous savons des origines et des débuts de la Révolution dans une mesure qui n'est pas négligeable.

Il suggère, en premier lieu, de réévaluer le rôle du
monde paysan que les contemporains ont si souvent
considéré comme une masse passive — et les historiens après eux. Réduire la peur à un phénomène de
panique, probablement manipulée du dehors, ne pouvait que confirmer cette interprétation. De ce que les
ruraux sont restés comme à l'écart de la préparation
des Etats généraux (les cahiers les plus vigoureuse-
ment hostiles aux droits féodaux et seigneuriaux ne
sont-ils pas souvent d'origine urbaine ?), de ce que
leurs doléances ont été fréquemment relayées par des

notables locaux, on a longtemps conclu à une sorte
d'inertie collective. Dans sa complexité et jusque dans
ses aspects contradictoires, le mouvement du printemps et de l'été 1789 corrige cette vision des choses.
Il invite en particulier à rechercher jusqu'au cœur du
xviii⁰ siècle les débuts de la résistance antiseigneuriale,
en particulier dans le quart nord-est du royaume. Des
objectifs communs ont été peu à peu définis, des
formes de lutte ont été élaborées ainsi qu'une sociabilité revendicatrice. Sans doute la tendance est-elle loin
de se retrouver partout ; sans doute aussi la thèse de
la « réaction seigneuriale » a-t-elle été sérieusement
battue en brèche ces dernières années. Il reste que
dans des régions entières, comme la Bourgogne, la
prise de conscience d'intérêts partagés a rassemblé
dans un même front non seulement les paysans les
plus pauvres, mais aussi ces élites rurales sur qui finis-
sait par retomber, du fait de l'appauvrissement des
campagnes, le poids de l'impôt. A la suite de P. de
Saint-Jacob, H. Root a montré que la violence et la
grève n'avaient pas été les seuls moyens d'une contestation qui s'est parfois placée très précocement sur
le terrain du droit. On le sait bien, le poids des domi-
nations anciennes variait fortement d'une région à
l'autre et la carte des soulèvements ruraux — qui est
loin, d'ailleurs, d'être complète — n'est pas homogène
au xviii⁰ siècle. Le réveil de 1789, la circulation de
doléances modèles, la nouvelle des révoltes paysannes,
la diffusion quasi épidémique de la peur enfin ont
vraisemblablement contribué à unifier davantage les
attentes et les comportements à travers le royaume.
Peu importe, à cet égard, qu'un ensemble de fausses
nouvelles ait constitué le vecteur essentiel de cette
unification : elles n'ont été aussi bien reçues que parce
qu'elles étaient plausibles, c'est-à-dire parce qu'elles
permettaient de comprendre en des termes semblables
une communauté de situation dont on n'avait pas toujours eu conscience jusque-là ; elles ont du même
coup, pour un temps au moins, rallié le monde si
divers des campagnes à la cause du Tiers.

Les modalités de la révolte et de la peur posent une seconde série de problèmes. Rien de plus difficile à comprendre, à penser qu'une action collective à l'échelle d'un pays immense et où l'information, déjà difficile, est encore ralentie par la désorganisation du moment. D'où l'hypothèse, quasi spontanée, du complot : complot aristocratique, ourdi pour punir dans le sang le soulèvement de la nation ; complot de l'Assemblée, pour rallier les profondeurs du pays à une cause encore mal assurée, et derrière lequel on pressent l'intrigue de grands personnages, le duc d'Orléans, Sieyès, Mirabeau ; complot des agioteurs et des affameurs du peuple ; complot des villes contre les campagnes ; complot des brigands et des reîtres. C'est peut-être le premier mérite de Georges Lefebvre que d'avoir fait justice de ces interprétations que les historiens ont trop souvent acceptées des contemporains. Le travail minutieux de reconstitution auquel il s'est livré en suivant les itinéraires de la Peur permet de comprendre comment et surtout pourquoi l'information circule, comment elle est appropriée par ceux qui la reçoivent, comment en retour elle agit sur le terrain de sa réception. Peu d'événements révolutionnaires ont fait l'objet d'une semblable démonstration. Mais si la thèse du complot est un leurre, le thème mérite de retenir l'attention : à cheval sur l'imaginaire des sociétés d'Ancien Régime et sur celui, en voie de constitution, des sociétés démocratiques, il traduit, comme l'a suggéré M. Gauchet, la difficulté d'une collectivité qui prétend prendre en charge ses propres fonctionnements à produire sa propre intelligibilité.

Enfin le lexique des gestes et des cris a longtemps paru rattacher l'épisode aux formes les plus traditionnelles de la contestation paysanne avec ses paniques irrationnelles, l'obsession de la faim, le folklore des brigands. On serait bien encore dans le monde du « politique avant l'âge de la politique ». On tend aujourd'hui à réviser cette conclusion un peu hâtive. D'abord parce que l'enquête menée par Lefebvre a fait apparaître en clair la constance des objectifs et des enjeux. Les paysans de l'été 1789 ont su contre qui ils se défendaient et contre qui, le cas échéant, ils étaient prêts à lutter, même s'ils ont revêtu leurs adversaires d'oripeaux et s'ils leur ont attribué des comparses imaginaires. En outre si la Grande Peur s'inscrit, dans une large mesure, dans la longue durée des révoltes paysannes, celle-ci s'accompagne de formes et de symboles dont la dimension politique, pour être exprimée en d'autres termes, ne peut plus être niée. Le constat est vrai vers l'amont, comme l'ont fait voir les travaux de Y. M. Bercé. Il l'est aussi vers l'aval proche, comme le montre l'exemple des révoltes de l'hiver 1789-1790 en Aquitaine récemment étudié par J. Boutier, ou encore les retours récurrents de la peur déjà signalés par Lefebvre lui-même ; et, plus lointainement, dans les violences paysannes du premier XIXᵉ siècle. Dès lors, entre tradition et modernité, la question apparaît mal posée. De la permanence d'une symbolique il n'est plus possible de déduire celle des comportements, moins encore celle des situations. A l'été 1789, les communautés sont souvent encore unanimes contre le seigneur comme elles l'avaient si souvent été par le passé, et c'est là le fait prédominant ; mais déjà des solidarités s'esquissent, çà et là, contre de nouveaux ennemis, bourgeois rentiers, marchands de grains, communautés urbaines. Taine ne reconnaissait que le caractère erratique de la violence collective. On tend à l'inverse, aujourd'hui, à insister sur les aspects répétitifs de conduites fortement ritualisées. Mais ces dernières ne sont pas inertes. Elles informent l'action commune, elles lui donnent des occasions, elles lui proposent des objectifs immédiatement intelligibles, elles lui permettent de retranscrire la nouveauté dans un langage recevable. L'expérience n'est assurément pas particulière au monde paysan — que l'on pense à ce que la sans-culotterie conserve du vieil idiome corporatif. Mais c'est l'intérêt de la Grande Peur, au sens large du terme cette fois, de faire comprendre combien ont été diverses, complexes, contradictoires, les voies de l'apprentissage de la politique aux premiers temps de la Révolution.

Jacques Revel

ORIENTATION BIBLIOGRAPHIQUE

CONARD, Pierre. *La Peur en Dauphiné (juillet-août 1789),* Bibliothèque de l'histoire moderne, t. 1, fasc. 1, Paris, 1904.
LEFEBVRE, Georges. *La Grande Peur,* Paris, Armand Colin, 1932.
LEFEBVRE, Georges. « Foules révolutionnaires », in CENTRE INTERNATIONAL DE SYNTHÈSE, *La Foule* (Quatrième semaine internationale de synthèse), Paris, F. Alcan, 1934 ; repris in LEFEBVRE, *Etudes sur la Révolution française,* Paris, Presses universitaires de France, 1954, et rééd. 1963.

RENVOIS

Féodalité
Nuit du 4-Août

JOURNÉES
RÉVOLUTIONNAIRES

L'ancienne France avait connu des journées, surtout des barricades : innovation du 12 mai 1588, répétition des 26-28 août 1648, tradition vivante en plein XVIII siècle. Le marquis d'Argenson écrivait en 1731 : « Le roi ne songe pas assez à la sûreté de Paris, qui est souvent de grande conséquence pour son autorité. On a vu des barricades, c'est une invention qui a fait fortune depuis le duc de Guise, dont on s'est servi depuis, et que les Parisiens se rappellent à présent. Ils s'en serviront à la première occasion [...]. Tout peut causer des séditions chez ces bourgeois : une denrée un peu trop chère, un édit bursal, un favori du peuple maltraité. » C'était pourtant la *nuit,* entre vêpres et matines, qui était le moment propice à toutes les émotions collectives : songeons à la Saint-Barthélemy.

La Révolution a innové doublement. Elle mobilisa des masses, constituées en colonnes. Elle ignora les barricades, sauf un bref moment, le 13 juillet 1789, et sauf en germinal an III au faubourg Saint-Antoine. Faut-il s'en étonner ? Le peuple fut maître de la rue et cette saisie de la rue était signe d'une saisie de souveraineté. A quoi bon les barricades (une stratégie défensive), alors que l'initiative et la volonté offensive venaient d'en bas ? Pendant quatre ans Paris fut une ville ouverte. Le mot « journée » n'apparaît ni chez

Richelet, ni chez Furetière, ni dans les cinq premières éditions du *Dictionnaire de l'Académie française.*
Ou, plutôt, il était synonyme de bataille : la journée
de Rocroi, oui. Les journées de mai 1588 ou
d'août 1648, non. On peut se demander si les journées révolutionnaires ne furent pas aussi l'occasion
d'une certaine théâtralisation de la vie politique, du
passage de la scène à la rue. Annexer le « Père
Duchesne » à la Révolution, c'était une chose. Faire
jouer les masses dans Paris, c'était élargir à la capitale le spectacle des boulevards.

Suivre l'une après l'autre les grandes journées de 1789-
1793 impose, au préalable, une typologie respectant un
rythme ternaire. Du 14 juillet 1789 au 10 août 1792, la
mobilisation se fit contre le roi. Le 31-Mai, le 2-Juin et
les journées de septembre 1793, ce fut la représentation
nationale qui fut atteinte : grave entorse par rapport aux
objectifs des Constituants de 1789. Après ce fut le reflux,
sensible dès le 9 thermidor an II, définitif après les journées de germinal et de prairial an III. Le pouvoir n'était
plus dans la rue et les forces prétoriennes se substituè-
rent aux forces sectionnaires.

*
*   *

Dans l'atmosphère surchauffée de Paris, en
juillet 1789, l'idée d'un « complot aristocratique »
menaçant les premières mesures révolutionnaires existait à l'état latent. Non pas que les Parisiens entendis-
sent voler au secours de l'Assemblée nationale. C'était
à eux-mêmes qu'ils pensaient, au danger que faisaient
courir à la capitale les troupes royales. Or, le
dimanche 12 juillet, vers midi, Paris apprend que le
roi avait renvoyé la veille — et banni de France — le
ministre Necker, dont la popularité — quelque peu
usurpée — était associée à celle du duc d'Orléans.
Celui-ci avait ouvert au public son jardin du Palais-
Royal. Le temps était clair, ce dimanche, et la foule du
Palais-Royal s'attroupa autour d'orateurs hier encore

inconnus — dont Camille Desmoulins —, avant de former des cortèges et de promener en triomphe les bustes de Necker et du duc d'Orléans. Ils se heurtèrent, place Louis-XV, aux cavaliers du Royal-Allemand, ce qui fit sortir de leurs casernes les gardes françaises pour se joindre aux manifestants. Dans la nuit du 12 au 13, le baron de Besenval, qui commandait les troupes royales à Paris, fait replier ses soldats au Champ-de-Mars. Mais les Parisiens, en proie à la panique (on racontait que la ville serait bombardée puis pillée), n'abdiquèrent pas. Après avoir brisé les octrois et chassé les employés de la Ferme générale, ils cherchèrent des armes. Toute la journée du 13 ils se groupèrent autour de l'Hôtel de Ville pour en réclamer. En même temps s'opéra spontanément la révolution municipale ; les électeurs des districts de Paris — élus pour préparer la réunion des Etats généraux — nommèrent un Comité permanent et formèrent une milice bourgeoise chargée d'assurer la sécurité publique : il s'agissait, comme deux siècles avant lors des barricades, à la fois de se prémunir contre les troupes royales et d'empêcher les couches flottantes de la population de sortir de l'obéissance et de menacer l'ordre des propriétaires. C'était une révolution, la naissance de la garde nationale. Le 14 au matin, on s'empara de fusils aux Invalides. Puis on se porta vers la Bastille, sans doute pour y chercher aussi des armes. Plus profondément, sans doute, parce que le triste château qui commandait l'entrée du faubourg Saint-Antoine était le symbole d'un régime dont on ne voulait plus. Le gouverneur, Launay, ne pouvait compter que sur une garnison squelettique : 80 invalides et 30 Suisses. Il tenta de parlementer, s'engageant à ne pas faire ouvrir le feu si on ne l'attaquait pas. Mais, vers une heure, comme la foule avait pénétré dans les cours du château, il s'affola et donna l'ordre de tirer. Ils laissèrent sur le terrain une centaine d'hommes. Vers cinq heures, une masse qui s'était emparée de quatre canons aux Invalides, encadrée par des gardes françaises, revint au château.

Launay voulut capituler, mais la foule n'accepta pas et envahit la prison. Trois officiers et trois soldats furent tués. Launay, conduit jusqu'à l'Hôtel de Ville, fut tué place de Grève. Le soir même, le prévôt des marchands, Flesselles, sera tué à son tour. Leurs têtes coupées furent promenées au bout de piques jusqu'au Palais-Royal. On connaît aujourd'hui la composition sociale des assaillants. Microcosme de la société parisienne — on y trouve des maîtres, des compagnons, des commerçants — mais avec une nette prépondérance du monde artisanal du faubourg Saint-Antoine. Besenval se retira, avec ses troupes, à Saint-Cloud.

Paris était-elle une ville libre ? La peur ne cessa pas par miracle et les troubles continuèrent pendant plus d'une semaine. L'intendant de Paris, Bertier de Sauvigny, et son beau-père, Foullon de Doué, furent saisis et pendus. Mais Louis XVI, en dépit des réactions du comte d'Artois et du prince de Condé (qui émigrèrent), avait déjà capitulé. Le 15 il avait annoncé à l'Assemblée le renvoi des troupes. Le 16 il rappela Necker. Le 17 il se rendit à Paris et accepta, à l'Hôtel de Ville, la cocarde bleu et rouge, aux couleurs de la ville. La Fayette nommé commandant de la garde nationale, Bailly maire de Paris, c'était une autre équipe qui prenait le pouvoir dans la capitale. La révolution des avocats avait été sauvée, sans l'avoir voulu, par la prise de la Bastille. Mais le roi et l'Assemblée restaient à Versailles.

*
* *

Les journées du 5 et du 6 octobre 1789 mirent fin à cette dualité anachronique. Aux origines de ces journées, trois éléments. Les difficultés économiques se sont accumulées depuis juillet. Si la récolte de l'été a été bonne, la « soudure » n'est pas faite et le prix du pain — prix de rareté — se fait cruellement sentir dans les foyers, aiguisant le mécontentement des ménagères. Les débuts de l'émigration ont affecté le marché du travail : l'artisanat de luxe qui faisait vivre bien des Parisiens était frappé. Mais la motivation essentielle était politique. Louis XVI n'avait sanctionné ni les décrets du 4-Août ni la Déclaration des droits de l'homme et du citoyen. L'Assemblée avait refusé au roi le « veto absolu » que la minorité modérée — les Monarchiens — voulait lui attribuer, mais lui avait accordé un « veto suspensif », étant entendu que celui-ci ne serait pas utilisé pour les décrets du 4-Août ni pour la Déclaration. Or le roi ne cédait pas. L'idée du « complot aristocratique », largement répandue par la presse « patriote » — en septembre Marat fondait *L'Ami du peuple* —, s'incarnait dans le moindre incident. Déjà, fin août, le projet d'une marche sur Versailles avait été lancé par des orateurs du Palais-Royal. Le nouvel ordre était fragile à Paris, en dépit de la volonté de La Fayette (avec les 30 000 hommes recrutés dans la garde nationale depuis juillet). Il suffisait d'une rumeur pour faire sauter la poudre accumulée. Or le 1er octobre, à Versailles, au cours d'un banquet offert par les officiers des gardes du corps du roi à ceux du régiment de Flandre — récemment arrivé à Versailles —, on foula aux pieds la cocarde tricolore et on arbora les couleurs de la reine qui, avec toute la famille royale, était présente dans sa loge. La nouvelle fut connue à Paris le 3 et les districts exigèrent le renvoi du régiment de Flandre et la sanction royale aux décrets de l'Assemblée.

On ignore les préparatifs — il y en eut certainement — de l'insurrection. Ce furent les femmes, du faubourg Saint-Antoine et des Halles, qui formèrent un premier cortège prenant la route de Versailles. A Paris, tandis que sonnait le tocsin, La Fayette, arrivé tard dans la matinée, tenta en vain de calmer les gardes nationaux qui voulaient suivre les femmes. Il dut céder à ses troupes et, vers quatre heures, un second cortège (15 000 gardes nationaux auxquels se mêlaient bourgeois et artisans) se mit en route pour Versailles. Pendant ce temps le premier cortège avait atteint le château (vers quatre heures trente) et une délégation de femmes fut reçue par Louis XVI, rentré en hâte de la

chasse. Celui-ci promit de faire approvisionner Paris et
les renvoya avec de bonnes paroles. Une partie d'entre
elles reprirent le chemin de Paris, le gros de la troupe
continua à attendre. Onze députés de l'Assemblée,
conduits par Mounier, étaient demeurés au palais pour
obtenir du roi la sanction des décrets. Louis XVI finit
par accepter pour éviter une nouvelle crise. Mais l'arrivée du cortège de La Fayette — flanqué de deux
commissaires désignés par la Commune de Paris —
modifia brutalement les conditions : les commissaires
demandaient le retour à Paris de la famille royale.
Louis XVI remit sa décision au lendemain et tous les
responsables — La Fayette, Mounier, le roi — allèrent
se coucher, tandis que la foule restait debout. Le 6 au
matin, la foule envahit la cour du château. Réveillé
précipitamment, La Fayette se montra avec le roi, la
reine et le petit dauphin au balcon de la cour de marbre.
« A Paris, à Paris », criait la foule. Louis XVI capitula :
« Mes amis, j'irai à Paris avec ma femme et mes enfants : c'est à l'amour de mes bons et fidèles sujets que
je confie ce que j'ai de plus précieux. » L'Assemblée
décida de suivre le roi à Paris. Vers une heure de
l'après-midi, une cohorte nombreuse et composite prenait le chemin de la capitale ; 30 000 hommes et
femmes, avec, en tête de convoi, les gardes nationaux,
des chariots de blé et des canons escortés par des
femmes armées de piques, le carrosse de la famille
royale accompagné de La Fayette, les carrosses des
députés, la foule enfin. « Nous ramenons le boulanger,
la boulangère et le petit mitron » : ce cri du peuple s'est
gravé dans notre mémoire collective, comme s'il enfermait les journées d'Octobre dans le symbolisme ali-
mentaire. C'était tout autre chose. Le soleil avait cessé
de se coucher à Versailles dans le splendide isolement
voulu par Louis XIV. La pluie d'octobre ramenait le roi
aux Tuileries, dont il ne devait sortir que pour la prison,
puis l'échafaud.

*

*　　*

Il tenta pourtant de fuir. Déjà en avril 1791, lorsqu'il voulut quitter les Tuileries pour aller, comme
chaque année, à Saint-Cloud, la foule l'obligea à
rebrousser chemin. La suspicion révolutionnaire, ren-
forcée par l'émigration des tantes du roi, Mesdames
de France, était attisée par les clubs populaires (dont
le plus important était la Société des droits de
l'homme et du citoyen fondée dans le couvent des
Cordeliers) et les sociétés fraternelles, formées un peu
partout spontanément, qui se fédérèrent autour d'un
Comité central en mai 1791. La presse démocratique
— le journal de Marat surtout — ne cessait d'agiter le
danger de la fuite du roi. On sait ce qu'il advint à
Varennes le 20 juin. Dans le peuple ce fut la colère —
on détruisait les bustes du roi et les emblèmes des
fleurs de lys. Ce fut surtout la peur : peur d'un
complot aristocratique mené par les émigrés et les
puissances étrangères qui n'auraient attendu le signal
d'alarme de Varennes que pour mieux se déclarer.
Lorsque le roi revint, le 25, une foule immense et
silencieuse l'attendait. Pétion, l'un des commissaires
envoyés par l'Assemblée au-devant de lui, décrit cette
scène extraordinaire : « Le concours du peuple était
immense. Il semblait que tout Paris et ses environs
étaient réunis. Les toits des maisons étaient couverts
d'hommes, de femmes, d'enfants, les barrières en
étaient hérissées, les arbres en étaient remplis. Tout le
monde avait le chapeau sur la tête, le silence le plus
majestueux régnait. » Un roi avait, en fuyant, abandonné sa souveraineté. Un autre roi, le peuple, assis-
tait gravement au spectacle.

Devant le vide créé par Varennes, la majorité de
l'Assemblée et les autorités parisiennes accréditèrent
le thème de l' « enlèvement » du roi. Seule une minorité prenait parti soit pour la république, soit pour la
régence du duc d'Orléans, soit — c'était l'idée de
Marat — pour une dictature à la romaine. Robespierre
voulait éviter de poser la question du régime. La
commission d'enquête nommée par l'Assemblée
soumit son rapport le 15 juillet : le roi était innocent,

seuls étaient coupables les organisateurs et les exé-
cutants de l'enlèvement. Le club des Cordeliers et les
sociétés fraternelles ne l'entendaient pas ainsi. Ils
demandaient une consultation populaire et le châtiment de Louis XVI. Ils appelèrent à manifester au
Champ-de-Mars le 17 et à y déposer une pétition sur
l'autel de la patrie : les Jacobins et Robespierre le
premier, respectueux de la légalité, refusèrent de s'associer à la manifestation contre laquelle La Fayette
lança la garde nationale. Ce ne fut pas une véritable
« journée » : il y manquait l'unanimité. Ce ne fut pas
non plus un « massacre » : une quinzaine de victimes à
la suite d'un coup de feu tiré on ne sait d'où. Mais
pour la première fois la milice bourgeoise tirait sur
le peuple. Et pour la première fois le drapeau rouge
— drapeau de la loi martiale — fit son entrée dans
l'Histoire.

Varennes eut deux conséquences opposées. A court
terme l'événement renforça le courant modéré et royaliste, et lorsque Louis XVI fut rétabli après avoir prêté
serment à la Constitution (14 septembre), quand la
Législative se réunit le 1er octobre, on pouvait croire
que la Révolution était stoppée. Il n'en était rien. La
guerre et la crise économique (provoquée par l'assignat et la hausse brutale des denrées coloniales) mobilisèrent à nouveau, dès le printemps 1792, ceux qu'on
commençait à appeler les sans-culottes autour de
revendications mêlant l'économique, le politique et
l'idéologique : la taxation, la lutte contre les « accapareurs », le contrôle d'une Assemblée bourgeoise soup-
çonnée de connivence avec l'ennemi intérieur et extérieur. Les premières défaites et le veto opposé par le
roi à deux décrets (l'un sur les prêtres réfractaires,
l'autre prévoyant la constitution sous Paris d'un camp
de 20 000 Fédérés) provoquèrent une reprise de l'agitation. Dès le 20 mai, le faubourg Saint-Marceau se
mobilisa au son du *Ça ira*. Mais le 20-Juin une grande
journée fut organisée à l'occasion de l'anniversaire du
serment du Jeu de paume. Ni les Girondins — exclus
du gouvernement royal mais partisans d'un pacifique

banquet — ni Robespierre, dont la tactique était toujours celle d'une défense de la Constitution, ne furent à l'origine de ce mouvement dirigé par des meneurs jusqu'alors obscurs, comme Santerre, brasseur du faubourg Saint-Antoine. Le maire de Paris, Pétion, s'inspira du précédent des journées d'Octobre : imiter La Fayette, canaliser les masses par la garde nationale, avec l'espoir d'intimider la cour sans la menacer réellement. Espoir déçu. Le 20-Juin fut un échec. Partis dès l'aube des faubourgs, les sans-culottes — cette fois armés — parvinrent à la salle du Manège où siégeait l'Assemblée et y firent entrer leurs délégués, tandis qu'un cortège de piques et de bonnets rouges entourait les rues voisines. Puis la foule enfonça une porte qui séparait le Manège du jardin des Tuileries, occupa la place du Carrousel, pénétra dans le château. Pendant plus de deux heures, coincé dans l'embrasure d'une fenêtre, Louis XVI écouta sans frémir les pétitionnaires qui criaient : « A bas le veto. » Il accepta le bonnet rouge, leva son verre à la santé de la patrie, mais, pour la première fois, il ne céda pas devant l'intervention populaire. Dans la soirée les Tuileries étaient évacuées. Il y eut des séquelles pendant une semaine au faubourg Saint-Antoine, mais le ressort de l'insurrection était brisé. Très momentanément enrayé. Les royalistes et les modérés, Dupont de Nemours et La Fayette — qui vint à l'Assemblée pour exiger la dissolution des clubs et des sociétés fraternelles — pensaient bénéficier d'un certain revirement de l'opinion bourgeoise après l'acte de fermeté de Louis XVI. C'était « le mieux de la mort ».

Pour passer outre au veto royal, les sections parisiennes, épaulées par les municipalités provinciales, décidèrent d'appeler à Paris les milices provinciales, les Fédérés. Le prétexte était la célébration du 14-Juillet ; l'Assemblée légalisa cette initiative qui lui échappait et, le 11 juillet, proclama la patrie en danger. Une mobilisation civique, dressée contre l'ennemi intérieur autant que contre les armées prussiennes. A partir du 8 juillet affluent les Fédérés, qui apportaient de leurs villes une mentalité plus radicale encore qu'à Paris contre le pouvoir exécutif. Le conseil municipal de Marseille n'avait-il pas, dès le 27 juin, réclamé la destitution de ce pouvoir et la nomination d'un autre par le peuple ? Les bataillons marseillais entrèrent à Paris le 30 juillet, chantant les couplets de Rouget de Lisle : *La Marseillaise* était née, par suite d'une erreur d'attribution. *La Marseillaise,* ce fut le 10-Août.

Le manifeste signé par le duc de Brunswick, commandant en chef des troupes ennemies, connu à Paris le 1er août et qui menaçait de livrer Paris « à une exécution militaire et à une subversion totale » si la famille royale subissait le moindre outrage, fut accueilli par une capitale déjà surchauffée et forte de l'appui des Fédérés. Ceux-ci avaient, dès le 17 juillet, déposé une pétition exigeant la suspension du roi et l'élection d'une Convention nationale élue au suffrage universel. Les sections parisiennes connurent une nouvelle révolution : partout les citoyens passifs — exclus du droit de suffrage par la Constitution — se ruent dans les assemblées de sections, en prennent souvent la direction. Ils constituent à l'Hôtel de Ville un Bureau central agissant en liaison avec le Comité central des Fédérés. Ce fut une insurrection bien préparée. Comment réagit, à l'Assemblée, le parti patriote ? Ce fut la scission définitive entre les futurs Girondins et les futurs Montagnards. Tandis que les amis de Brissot se rapprochaient de la cour en nourrissant l'illusion que leur retour au pouvoir désamorcerait la mine, Robespierre change de tactique. Le « défenseur de la Constitution » comprend que le mouvement est irréversible, l'issue inéluctable. Dans un grand discours du 29 juillet, il reprend les mots d'ordre des Fédérés et des sections : déchéance du roi, élection au suffrage universel d'une Convention nationale. Mais ni lui ni les autres leaders de la gauche jacobine ne participent en personne à la journée populaire. A d'autres de se salir les mains.

Dans la nuit du 9 au 10, tandis que le tocsin sonnait, les commissaires députés par les sections arri-

vent, les uns après les autres, à l'Hôtel de Ville où,
à l'aube, ils forment une commune insurrectionnelle
et balayent l'ancienne municipalité. Le commandant
en chef de la garde nationale, Mandat, est destitué
et tué. Il est remplacé par Santerre. Les Tuileries
devaient être prises en tenailles par deux colonnes,
l'une venue du faubourg Saint-Antoine, l'autre de
la rive gauche, avec des contingents marseillais et
brestois. Ce fut celle-là qui arrivera la première.
Roederer, procureur général syndic, acquis aux
Girondins, avait persuadé Louis XVI de quitter le
château et d'entraîner sa famille au Manège, pour s'y
trouver sous la protection de l'Assemblée. Mais,
après son départ, les Suisses et les gentilshommes
restés au château ne purent empêcher les manifestants de l'envahir. Ces derniers n'acceptèrent pas la
capitulation, ordonnée par le roi, et massacrèrent
plus de 50 Suisses. Du côté des manifestants, il y eut
376 morts ou blessés. Près d'un quart étaient des
Fédérés, tous bourgeois des grandes villes de province. A Paris le petit commerce, l'artisanat, le sala-
riat étaient également représentés, avec une nette
prépondérance des habitants des faubourgs. L'Assemblée ne protégea pas le roi. Sous la pression du
peuple et de ses piques, elle décida de suspendre
Louis XVI — que la nouvelle commune emprisonna
au Temple —, de le remplacer par un Conseil exécutif provisoire, de réserver son sort définitif à une
Convention élue au suffrage universel. Juridiquement
ce n'était pas une déchéance. Politiquement c'en
était une, et définitive.

Mais le 10-Août fut aussi une première atteinte au
pouvoir représentatif. Une partie des députés — amis
de Barnave et de La Fayette — le comprirent et quittèrent une assemblée condamnée à la disparition. Les
autres — les « démocrates » — demeurèrent à leur
poste : ils n'avaient pas fini de voir se coucher le jour.

*
* *

La Révolution suivit son cours dans la déviation qu'elle avait empruntée. Après la première Terreur — les massacres de septembre 1792 —, une certaine pause, due à la fois à l'accalmie provisoire que connurent les premiers mois de la Convention et aux victoires de la République pendant l'automne 1792 et l'hiver 1792-1793, put faire croire aux Girondins, comme hier aux Feuillants, que les mauvais temps étaient passés. Le printemps de 1793 fut un printemps tragique : défaites extérieures, insurrection vendéenne, reprise à Paris de l'agitation populaire dont les éléments moteurs étaient la hausse des prix et l'inflation. Les premières mesures terroristes votées par la Convention entre le 10 mars et le 20 mai ne règlent pas la question du pouvoir. Les sans-culottes parisiens veulent en finir avec les Girondins, dont le programme s'infléchissait de plus en plus ouvertement dans le sens voulu par les forces modérées et conservatrices du pays. « On excite la guerre entre ceux qui ont et ceux qui n'ont pas », écrivait Pétion dans une *Lettre aux Parisiens* publiée fin avril. L'aile gauche de l'Assemblée, la Montagne, tout en demeurant réticente à l'égard des revendications des sans-culottes, voyait le danger de l'isolement. Dans une lettre à Barère, Jean Bon Saint-André reconnaissait : « Il faut très impérieusement faire vivre le pauvre si vous voulez qu'il vous aide à achever la Révolution. » Pour les sans-culottes, une seule issue : une nouvelle journée révolutionnaire. Le Girondin Isnard eut l'inconscience de renouveler le manifeste de Brunswick. A une délégation de la Commune, il répondit le 25 mai : « Si jamais la Convention était avilie, si jamais par une de ces insurrections qui se renouvellent sans cesse il arrivait qu'on portât atteinte à la représentation nationale, je vous le déclare au nom de la France entière, Paris serait anéanti ; bientôt on chercherait sur les rives de la Seine si Paris a existé. » On n'agite pas impunément un foulard rouge devant un taureau.

L'initiative de l'insurrection du 31-Mai, œuvre de meneurs obscurs, partit de la section de la Cité qui, le 28, avait invité les autres sections à envoyer à l'évêché, où siégeait depuis des semaines un Comité électoral officieux, leurs commissaires. Le 29, les commissaires de 33 sections (sur 48) y rencontrent un mystérieux Comité des six, dont faisait partie l'ingénieur Dufourny et qui sera le véritable organisateur de la journée. Les autorités parisiennes et nationales sont au courant. Danton tente de désamorcer la mine. Robespierre déclare : « C'est quand toutes les lois sont violées, c'est quand le despotisme est à son comble, c'est quand on foule aux pieds la bonne foi et la pudeur que le peuple doit s'insurger. Ce moment est arrivé. » Mais sa conclusion reste dans une perspective strictement parlementaire : « J'invite tous les députés montagnards à se rallier et à combattre l'aristocratie et je dis qu'il n'y a pour eux qu'une alternative : ou résister de toutes leurs forces aux efforts de l'intrigue ou donner leur démission. » Insurrection « morale », soit. Force des armes : non. A la Commune, dont le maire, Pache, est suspect de modérantisme, au département, dont le procureur-syndic est un ami de Robespierre, Lhuillier, on s'efforce d'enrayer ou, tout au moins, de modérer le mouvement. En vain. Le Comité insurrectionnel casse la Commune dans la nuit du 30 au 31, pour la réinvestir immédiatement : il fallait affirmer la souveraineté du peuple révolutionnaire. Hanriot, commis d'octroi qui commandait le bataillon de la section « des Sans-Culottes » (quartier du jardin des Plantes), fut nommé chef de la garde nationale. Mais l'unanimité n'existait plus. Plusieurs sections — comme celle du Marais — condamnaient le mouvement. D'autres se contentèrent de n'y pas participer. Grâce aux efforts de Jacques Roux et de Varlet, les insurgés réussirent à investir la Convention vers cinq heures du soir et à présenter plusieurs pétitions : l'arrestation de 22 députés « appelants » — ceux qui, au moment du procès du roi, avaient voté l'appel au peuple —, des 12 membres de la commission mise en place par les Girondins, la création d'une armée de sans-culottes, le monopole provisoire du droit de vote aux seuls sans-culottes. La majorité se contenta de voter la cassation de la Commission des douze. Pour l'insurrection, c'était un échec.

Elle ne désarma pas. Dans la nuit du 31 mai au 1er juin, le Comité insurrectionnel fit arrêter ceux qu'il avait désignés. La journée du 2-Juin, méthodiquement préparée, fut la plus imposante de toutes les journées révolutionnaires. C'était un dimanche et beaucoup d'employés et d'artisans étaient disponibles. Une foule de 80 000 hommes, avec plus de 150 canons, encercla la Convention au début de l'après-midi.

Une majorité de députés, derrière Barère et Hérault de Séchelles, voulurent jouer les sénateurs romains et sortir en cortège au-devant des émeutiers. Hanriot, le sabre à la main, demanda à Hérault — qui présidait l'Assemblée — si elle était prête à livrer les « coupables ». Les députés durent reprendre leur place. Les *Mémoires* de Levasseur nous évoquent l'ambiance de la salle. « Une sorte de stupeur régnait dans l'Assemblée. Nous-mêmes, membres de la Montagne, nous ne pouvions voir sans douleur les efforts de l'insurrection populaire contre le seul corps constitué qui pût sauver la patrie. Nul ne demandait la parole, aucune délibération ne s'engageait. » Couthon proposa l'arrestation des 29 députés girondins et des ministres Clavière et Lebrun. Au prix de cette amputation, les Montagnards conservèrent la base de leur pouvoir : la Convention. Le Comité insurrectionnel fut cassé le 8 et remplacé par un Comité départemental de salut public.

Le 2 juin 1793 marque un tournant important dans l'histoire de la Révolution. Jusqu'alors toute la révolution bourgeoise, même dans ses rêves démocratiques, reposait sur le dogme du système représentatif. C'était la nouveauté du XVIIIe siècle finissant. En réveillant la vieille passion populaire pour le pouvoir direct, le 2-Juin portait un coup mortel au parlementarisme. L'Assemblée s'était trouvée prisonnière et peu importe que ce fût par les sections ou, comme quelques années plus tard, par l'armée. Michelet l'a bien vu, le 2-Juin annonce « et Fructidor et Brumaire ». Ce ne fut pas la défaite des seuls Girondins. Ce fut une défaite de la Révolution. Les Thermidoriens y penseront toujours : « Oui, la Gironde était républicaine [...]. Oui, sa proscription était un malheur » (Levasseur). Et Thibaudeau évoquera « l'outrage fait le 31-Mai à l'inviolabilité de [ses] représentants ». Du jour où il avait accepté le viol du principe représentatif, le pouvoir parlementaire reniait sa propre légitimité.

*
* *

Le 2-Juin n'a pas mis fin à l'agitation des « sansculottes ». Prise en charge par ceux qu'on appelle les « Enragés » — Varlet, Jacques Roux —, sensibilisée par une crise des subsistances due à l'inflation (l'assignat a perdu 70 % de sa valeur nominale), elle se mobilise sur plusieurs thèmes : taxation générale des denrées (le « maximum » des grains, voté le 4 mai, n'a pas été en fait appliqué), la peine de mort contre les agioteurs et les accapareurs. En juillet et en août, les revendications, cette fois secondées par les Cordeliers (les « hébertistes »), sont avivées par les défaites de la République, en Vendée et sur tous les fronts extérieurs : aux exigences taxatrices se mêlent des exigences terroristes — arrestation des suspects, jugement des coupables, levée en masse. On craignait que le 10-Août, fête de la Révolution, ne soit le prétexte d'une journée populaire. Le Comité de salut public parvint à stopper le mouvement en faisant ravitailler Paris et condamner les Enragés par la veuve de Marat. Mais, au début de septembre, l'exaspération est à son comble. La sécheresse rend aigu le problème des subsistances. Le 2 septembre, on apprend que Toulon a été livré aux Anglais. Alors se préparent les journées des 4 et 5-Septembre. L'insurrection débute le 4 au matin. Des rassemblements d'ouvriers et d'employés du ministère de la Guerre (noyauté par les hébertistes) se forment sur les boulevards et envahissent la place

de Grève. On crie : « Du pain. » La gauche montagnarde se rallie au mouvement. Chaumette, au nom
de la Commune, proclame : « C'est ici la guerre
ouverte des riches contre les pauvres ; ils veulent nous
écraser : eh bien, il faut les prévenir ; il faut les écraser
nous-mêmes. » Et Hébert : « Tous demain à la
Convention. »

Un nouveau 2-Juin se préparait-il ? Le 5 septembre,
les sections armées entourent la Convention et, en
leur nom, Pache et Chaumette exigent la création
d'une armée révolutionnaire, l'arrestation des suspects, l'épuration des comités révolutionnaires. Sur
tous ces points la Convention cède et met la Terreur
« à l'ordre du jour ». Pendant tout le mois des mesures
sont prises, dans la voie de la terreur comme dans
celle de l'économie dirigée, sous la pression des sans-
culottes. Politiquement, le Comité de salut public
accepte la cooptation de Billaud-Varenne et de Collot
d'Herbois qui avaient soutenu le mouvement héber-
tiste. Mais, à la différence du 2-Juin, il garde le
contrôle du pouvoir. Il fait arrêter les leaders enragés.
Il limite à deux jours par semaine les assemblées de
section. Il organise un gouvernement d'exception
(10 octobre) qui lui donne droit de contrôle sur tous
les corps constitués. En ce sens les journées de Septembre furent, pour les dirigeants du mouvement
« sans-culotte », un demi-échec. Désormais la
Commune de Paris, les sections, les Cordeliers, les
clubs étaient réduits à une semi-impuissance et sur-
veillés avec vigilance par le Grand Comité et la
Convention. A court terme, c'était la fin de la pression
de la rue. Les Cordeliers — où Vincent et les membres des bureaux de la Guerre jouent un rôle de plus
en plus important — tentèrent encore en février-
mars 1794 de susciter une nouvelle journée, que le
mécontentement populaire provoqué par la cherté et
la disette rendait crédible. Le 4 mars (14 ventôse), les
Cordeliers voilent les Droits de l'homme et Carrier
réclame une « sainte insurrection ». Mal préparée, non
suivie par les sections, abandonnée par Chaumette et

par Pache, ce fut un fiasco. Les dirigeants cordeliers furent arrêtés dans la nuit du 23 au 24 ventôse (13-14 mars) et le procès eut lieu du 1er au 4 germinal : Hébert, Vincent, Ronsin, Momoro, plus tard Chaumette, furent condamnés à mort et décapités. Dès lors les institutions autonomes disparurent à Paris et la nouvelle Commune — robespierriste — ne fut plus qu'un organisme de transmission des ordres venus d'en haut. Michelet l'a bien vu : « Le génie de Paris a disparu avec sa Commune. »

On comprend pourquoi le 9 thermidor an II (27 juillet 1794) la Commune et Hanriot, malgré le tocsin et les ordres donnés aux sections, ne parvinrent pas à mobiliser le peuple pour sauver Robespierre, Couthon et Saint-Just. Face aux troupes armées dont Barras avait pris le commandement, grâce aux contingents levés dans les sections de l'Ouest et du Centre, la Commune et Hanriot ne purent recevoir des renforts que de 16 sections sur 48. Ces contingents se débandèrent peu à peu. Ce ne fut pas la pluie, comme on l'a trop souvent écrit, qui a permis la passivité populaire du 9-Thermidor. C'est que, comme l'avait bien vu Saint-Just, la Révolution était « glacée ».

★
★ ★

Les Thermidoriens connurent encore deux journées : celle du 12 germinal an III (1er avril 1795) et celles des 1er-4 Prairial (20-24 mai). Derniers soubresauts d'une révolte, désormais impuissante contre une Assemblée qui avait reçu une lourde éducation politique.

L'hiver et le printemps 1795 furent atroces. La monnaie-papier s'effondra et ceux qui vivaient de revenus fixes ne parvenaient plus à subsister. La suppression du maximum pourtant souhaitée par l'opinion populaire provoque hausse des prix et rareté. Après avoir imputé le mal à la contrainte, le peuple commença à l'imputer à la liberté. Jamais les

contrastes sociaux ne furent plus visibles. Georges
Duval raconte qu'il achetait chaque jour des brioches
à 100 francs pièce quand le pain à 3 sous manquait.
« Les bals continuaient, écrit-il, et la disette aussi, de
sorte qu'en sortant des salles de danse, de minuit à
une heure du matin, la première chose qu'il nous était
donné d'apercevoir, c'étaient les queues déjà toutes
formées à la porte des boulangeries. » Le mécontentement contre la Convention thermidorienne, traduit
sous forme d'affiches, de rassemblements, de pétitions, de bagarres, se précisa le 10 germinal, dans les
assemblées de sections, dans les faubourgs, dans le
centre historique (la grande croisée de Paris) : du
pain, la Constitution de 1793, la libération des
patriotes emprisonnés. Mais Paris était divisé, comme
il l'avait été le 9-Thermidor. A l'ouest et près de la
Bourse, les sections réclamèrent le châtiment des
quatre « terroristes » (Barère, Collot d'Herbois, Billaud-Varenne, Vadier), dont la Convention avait
commencé le procès dans une ambiance houleuse.
L'insurrection du 12 débuta dans l'île de la Cité. Dès
le matin les femmes provoquèrent des attroupements
et entraînèrent les hommes à se rassembler devant
Notre-Dame. Une assemblée révolutionnaire y décida
une marche sur la Convention. Renforcé par des
mécontents venus de partout, ce rassemblement
rompit les portes des Tuileries entre une heure et
deux heures. Des manifestants, entrés dans la salle où
siégeait l'Assemblée, purent y rester pendant quatre
heures, lisant des pétitions, criant : « Du pain ! Du
pain ! » Ils finirent par écouter les députés de la Montagne qui leur conseillèrent d'évacuer la salle. Autour
des Tuileries les mécontents ne cessaient d'affluer.
Vers six heures, l'arrivée des bataillons de l'Ouest fit
évacuer la foule : il n'y eut pas un seul mort. La droite
de l'Assemblée profita de cette « victoire » pour accentuer sa répression, bien que, çà et là, l'agitation se
poursuivît.
    Elle reprit le 1er-Prairial (20 mai) avec, cette fois, un
programme et un mot d'ordre. Le programme : appli-

cation de la Constitution de 1793, arrestation des contre-révolutionnaires, nouvelles élections. Le mot d'ordre : « Du pain et la Constitution de 93. » A l'appel du tocsin, les faubourgs historiques de la Révolution, Saint-Antoine et Saint-Marceau, se mirent en branle et le mouvement gagna les sections de l'Est et du Centre — les Gravilliers, l'Arsenal, les Arcis. Les femmes, une fois encore, entraînèrent les hommes. Et cette fois on prit soin de s'armer de piques et de canons. La Convention avait déjà ouvert sa séance (vers onze heures), mis hors la loi les « chefs d'attroupement » et appelé sous les armes « tous les bons citoyens ». Puis les comités donnèrent l'ordre de réunir au camp des Sablons les troupes de ligne qui entouraient Paris et de mobiliser les bataillons de la garde nationale : en fait, dans beaucoup de ces bataillons, si les chefs vinrent défendre la Convention, beaucoup de gardes arboraient l'insigne des émeutiers. De trois heures et demie à sept heures, les insurgés envahirent la salle (le Conventionnel Féraud fut abattu d'un coup de pistolet). Pendant qu'ils multipliaient leurs pétitions, les comités chargèrent Raffet de mobiliser les bataillons de l'Ouest. A onze heures et demie tout était fini : par les portes et par les fenêtres les émeutiers s'enfuirent. Les jours suivants l'insurrection s'essouffla d'elle-même, tandis que les comités, décidés à mettre un terme définitif à la « machine à insurrections », rassemblèrent 20 000 hommes, sous la direction du général Menou, avec pour mission de nettoyer le faubourg Saint-Antoine. Malgré les barricades qui s'y élèveront, le faubourg capitula le 4-Prairial. Les comités et la Convention parachevèrent la répression, épurèrent les sections de Paris, emprisonnant les uns, privant les autres de tout droit, réorganisant la garde nationale pour en exclure les citoyens les plus pauvres. Tous devaient rendre leurs piques.

Germinal et prairial an III achèvent un processus de reflux amorcé un an avant avec l'exécution des hébertistes. « La discipline de classe » — comme l'a écrit

Georges Lefebvre — consolidait temporairement et durablement l'unité bourgeoise. Durablement vis-à-vis de la rue. Temporairement car les politiciens restaient divisés entre eux. Et désormais l'armée, dont ils avaient eu besoin contre la rue, put exercer une fonction d'arbitrage. Finies les journées révolutionnaires : place aux coups d'Etat. Les royalistes crurent le 13-Vendémiaire (5 octobre 1795) jouer le jeu du soulèvement « populaire ». Mais ils échouèrent, comme les en avait prévenus Mme de Staël : « Vous êtes bien neufs à parler de souveraineté du peuple ; vous bégayez une langue qu'ils connaissent mieux que vous et qu'ils ont fabriquée pour leur usage. » A plus long terme les « journées » du XIXᵉ siècle — juillet 1830, février et juin 1848, mai 1871 — renouvellent le spectacle de la Révolution française. Mais ces journées de barricades n'ont pourtant que peu en commun avec ces cohortes d'hommes et de femmes qui prirent la Bastille, allèrent chercher le roi à Versailles, le chassèrent des Tuileries et obligèrent le pouvoir représentatif à s'amputer lui-même.

Denis Richet

ORIENTATION BIBLIOGRAPHIQUE

BRAESCH, Frédéric. *La Commune du 10 août 1792. Etude sur l'histoire de Paris du 20 juin au 2 décembre 1792*, Paris, 1911.
LEFEBVRE, Georges. *Quatre-Vingt-Neuf*, Paris, Maison du livre français, 1939.
MATHIEZ, Albert. « Etude critique sur les journées des 5 et 6 octobre », *Revue historique*, 1898.
MATHIEZ, Albert. *Le 10-Août*, Paris, Hachette, 1931.
PITRA, Louis-Guillaume. *La Journée du 14 juillet 1789. Fragment des mémoires inédits de Louis-George Pitra, électeur de Paris en 1789*, publié avec une introduction et des notes par Jules Flammermont, Paris, 1892.
RUDE, George. *The Crowd in the French Revolution*, Oxford, Clarendon Press, 1959.
SOBOUL, Albert. *Les Sans-Culottes parisiens en l'an II. Histoire politique et sociale des sections de Paris, 2 juin 1793-9 thermidor*

an II, La Roche-sur-Yon, H. Potier, 1958 (aussi Paris, Clavreuil, 1958 ; rééd. 1962, avec sous-titre *Mouvement populaire et gouvernement révolutionnaire*).

TONNESSON, Kåre D. *La Défaite des sans-culottes. Mouvement populaire et réaction bourgeoise en l'an III*, Oslo, Presses universitaires, et Paris, Clavreuil, 1959.

RENVOIS

Barnave
Clubs et sociétés populaires
Commune de Paris
Danton
Enragés
Fédération
Girondins
Hébertistes
La Fayette
Louis XVI
Marat
Montagnards
Necker
Robespierre
Sans-culottes
Souveraineté
Terreur
Varennes

NUIT DU 4-AOÛT

La nuit du mardi 4 août 1789 est la date la plus fameuse de notre histoire parlementaire : elle marque le moment où un ordre juridique et social façonné par les siècles, composé d'une hiérarchie d'ordres, de corps et de communautés séparés, et définis par des privilèges, s'est en quelque sorte *évanoui*, pour laisser la place à un univers social repensé comme un ensemble d'individus libres et égaux, soumis chacun à l'autorité universelle de la loi. Le débat du 4 août 1789 au soir est en effet lié au sentiment très vif, chez tous les députés, d'un crépuscule et d'une aurore. Encore cette comparaison classique ne fait-elle pas pleinement justice à l'émotion des acteurs de cette célèbre séance, qui se sentirent tous, l'espace de quelques heures, comme les machinistes presque divins de ce formidable spectacle. Ce crépuscule et cette aurore étaient leur œuvre.

De cet enthousiasme collectif investi dans la destruction du « régime féodal », l'interprétation la plus fréquente, au XXᵉ siècle, souligne le caractère un peu forcé : la séance du 4-Août est en effet une réponse parlementaire improvisée, grâce à un changement d'ordre du jour, à des circonstances pressantes.

Depuis la deuxième quinzaine de juillet, le mécontentement des campagnes, latent depuis le printemps, a pris l'allure d'un soulèvement. L'annonce de la chute de la Bastille, dans un royaume où l'information circule lentement et mal, a provoqué un peu partout ce que les historiens ont appelé la « Grande Peur » : traînée gigantesque de fausses nouvelles où apparaît un peu partout l'image d'un complot à vaincre pour faire triompher les temps nouveaux, ouverts par les élections aux Etats généraux et à l'Assemblée nationale. Les paysans se concertent et s'arment comme ils peuvent. En certains points du territoire — dans le Bocage normand, en Hainaut, en Alsace, en Bourgogne, en Franche-Comté — ils se portent au château le plus voisin pour y brûler dans la cour les titres de leur servitude : ces « terriers » où les seigneurs tenaient registre de leurs droits, cens, champart, lods et ventes, etc., dûment consignés par leurs légistes.

L'insurrection est circonscrite à la propriété seigneuriale, les châteaux figurant les Bastilles de la féodalité ; mais elle menace du même coup la propriété tout court. Non seulement parce que, dans la France de la fin du XVIIIᵉ siècle, bien des roturiers possèdent des terres ou des immeubles seigneuriaux ; mais à la fois parce que le pillage ou l'incendie de châteaux pose le problème de la protection des biens, et parce que les droits « féodaux » sont des propriétés d'un type particulier, enraciné dans un très ancien passé, mais incontestablement des propriétés. La critique de l'irrationalité « gothique » de ces droits est un thème commun à la philosophie des Lumières et à l'administration de l'Etat ; mais leur suppression ne peut se faire que par reconversion dans l'universalité du contrat libre entre individus. En brûlant les terriers, les paysans en opèrent par la violence la liquidation pure et simple.

D'où l'embarras de l'Assemblée, qui reçoit dans la deuxième quinzaine de juillet des récits inquiétants sur les désordres qui ont lieu un peu partout, malgré les efforts des milices bourgeoises qui se sont organisées. Les députés sont en train de discuter de la Déclaration des droits et de son articulation avec la future Constitution, quand les nouvelles d'un désordre qui s'étend modifient par force son calendrier. Au soir du 3 août, le porte-parole du Comité des rapports n'embellit pas la situation : « Par des lettres de toutes les provinces, il paraît que les propriétés, de quelque nature qu'elles soient, sont la proie du plus coupable brigandage ; de tous les côtés les châteaux sont brûlés, les couvents sont détruits, les fermes abandonnées au pillage... » Et le comité propose un projet d'arrêté réaffirmant la valeur de toutes les sortes de propriétés et de droits ; un peu plus tard, dans la même soirée, Malouet, un des députés monarchiens, expose le plan d'une vaste politique des pauvres, par un réseau de bureaux de secours. Mais la première solution a l'inconvénient aux yeux des députés « patriotes » d'engager l'Assemblée dans la voie de la répression et de rendre ainsi de la force à ce qui reste de troupes royales, en même temps qu'une capacité d'arbitrage au roi. La seconde est un projet à long terme, sans effet sur une situation qui demande une décision politique urgente.

L'idée du 4-Août — celle de séparer les propriétés féodales de la propriété tout court et de reconvertir la part légitime des premières en bon argent bourgeois — est née comme une solution à cette impasse. Elle a probablement germé la nuit précédente dans une réunion du club breton, cette petite assemblée de députés du Tiers Etat qui avait pris l'habitude de se concerter avant les débats, depuis mai, autour de la délégation bretonne. Le témoignage essentiel est celui de Parisot, député de Bar-sur-Aube, racontant dans une lettre du 5 la soirée du 3 : « Nous, c'est-à-dire environ cent, avons eu un comité particulier qui nous a tenus presque toute la nuit. On y résolut d'employer une espèce de magie pour, en faisant trêve à la Constitution, détruire tous les privilèges des classes, des provinces, des villes et des corporations. C'est dans cette intention que nous sommes entrés dans la salle hier à cinq heures. Notre comité était seul dans le secret. »

Comme il arrive si souvent dans l'histoire parlementaire de la Révolution, nous n'en savons guère plus sur les conciliabules préalables à la séance du 4-Août. Nous n'en possédons pas non plus un compte rendu littéral ou incontestable : le procès-verbal, rédigé par un des secrétaires de l'Assemblée, a été établi et proposé le lendemain, et discuté jusqu'au 12, en fonction des développements en cours. Mais il reste, avec les journaux d'époque, la source essentielle sur l'événement. Commencée à huit heures du soir, la séance s'ouvre par la discussion de l'arrêté sur le respect nécessaire des biens et des personnes, préparé la veille ; mais elle est aussitôt transformée par les deux interventions surprises du vicomte de Noailles et du duc d'Aiguillon, deux membres de la noblesse libérale, un cadet de famille sans fortune et un très riche propriétaire. Ils plaident que les paysans révoltés sont coupables, mais qu'ils ont des excuses dans l'oppression qu'ils subissent de la part des seigneurs et de leurs gens d'affaires. En ouvrant le débat, Noailles en déplace l'objet — la sécurité des biens et des personnes —, au profit d'une prise en compte de la colère paysanne, et indique la direction dans laquelle le dilemme où se trouve l'Assemblée peut être résolu : rachat des droits féodaux, abolition sans indemnité des corvées seigneuriales et de ce qui reste des servitudes personnelles. Le duc d'Aiguillon, dénonçant à son tour les « vexations » dont les paysans sont victimes « depuis tant de siècles », prend soin pourtant de présenter une motion élaborée, qui propose le rachat « au denier trente » (les redevances féodales devront donc être rachetées pour une somme équivalant à trente fois le montant de leur montant annuel, soit un rapport revenu-capital de 3,33 %).

Avec ces deux discours, la solution politique à la crise est indiquée ; le ton aussi est donné à la discussion : une dénonciation générale de la « féodalité » comme la plus grande malédiction du passé national, divisant les Français au lieu de les unir. Mais cette exaltation collective de la nouvelle nation contre l'édifice « gothique » des

privilèges particuliers s'accompagne d'un souci
constant de traduire en bon argent bourgeois les
« droits » qui sont supprimés, au moins la plupart d'entre
eux. Les historiens, notamment ceux du xxᵉ siècle, se
sont parfois étonnés de l'existence de ce double
registre : c'est que, obsédés par l'idée socialiste, ils ne
voient dans le 4-Août que l'inégalité bourgeoise succédant à l'inégalité aristocratique. En réalité, l'argent est à
cette époque le grand égalisateur des conditions, l'instrument de destruction des privilèges et de l'ancienne
société à ordres. C'est le caractère universel de la nouvelle propriété, désormais ouverte à tous, qui exalte les
esprits ; c'est ce monde-là que l'enthousiasme des
députés célèbre dans la nuit du 4-Août.

Pour comprendre l'émotion « patriotique » qui ne
cesse d'envelopper cette discussion, il n'est que d'imaginer rétrospectivement la manière dont les acteurs se
voyaient eux-mêmes. Une vaste littérature, à la fois
philosophique et juridique, leur avait longuement
décrit les méfaits de la « féodalité » : par là ils entendaient non seulement ce qui restait du droit des fiefs,
mais l'ensemble de la structure corporative de la
société telle que la monarchie l'avait remodelée.
L'idée d'unifier la propriété pour en faire la base
rationnelle de l'Etat avait été la pierre d'angle de la
pensée physiocratique, en même temps qu'elle avait
formé l'horizon d'une réforme de l'absolutisme. Le
dernier à développer systématiquement tout ce corps
d'idées, en l'ajustant aux circonstances de 1789, avait
été Sieyès, dans l'*Essai sur les privilèges,* les *Vues sur les
moyens d'exécution...* et *Qu'est-ce que le Tiers Etat ?* « Il
faut remonter aux principes », avait-il proclamé dans
la dernière de ces brochures, et opposer les droits de
la raison à la pseudo-autorité des siècles.

La nuit du 4-Août fête l'avènement de la raison
dans l'exaltation des cœurs : événement extraordinai-
rement moderne par l'investissement émotif qu'il
manifeste dans la capacité d'une Assemblée à changer,
par sa volonté politique, le cours de l'histoire nationale. Le déroulement de la séance, entre huit heures

du soir et deux heures du matin, met en scène la
culture du siècle : les députés — clergé, noblesse,
Tiers Etat ensemble — passent des droits féodaux aux
privilèges des corps, des villes et des provinces, de la
terre à la société, et du social au national. Ils se suc-
cèdent à la tribune pour faire à la « nation » le sacrifice
des droits particuliers des communautés et des corps
qui les ont élus : défilé où sombre d'ailleurs, comme
beaucoup d'entre eux le notent en s'en inquiétant à
moitié, la vieille idée du mandat impératif qui les liait
à leurs électeurs. Quand, à deux heures du matin,
Lally-Tollendal parvient à associer le nom de
Louis XVI à l'esprit de la séance, c'est toute la structure de l'ancienne société qui a été jetée bas : non
seulement les droits féodaux, mais tout ce qui constituait le monde social en collectivités définies par des
privilèges garantis par le roi, aussi bien les villes que
les provinces, les bénéfices ecclésiastiques que le droit
exclusif de chasse, les dîmes que la vénalité des
offices. L'admission de tous à tous les emplois scelle
l'égalité des individus devant la loi, condition de leur
union dans la nation. Toutes ces décisions historiques
sont prises dans cette nuit du 4-Août, acquises quand
les députés vont enfin se coucher. Certains d'entre
eux ont réservé l'accord de leurs commettants, tout en
l'anticipant ; mais le plus difficile est ce qui commence
le lendemain 5 août : la mise en forme juridique des
décrets.

De la discussion qui suit, entre le 5 et le 11, et qui
est en gros fidèle à l'esprit du 4-Août, deux points
sont à noter plus particulièrement. Le premier
concerne les corporations du métier : le texte voté le 4
prévoit seulement une « réformation des jurandes ». Le
monde du travail, et son organisation traditionnelle,
va rester en dehors de la législation de ces jours-là :
les corporations ne seront abolies qu'en 1791. Le
deuxième point a trait à la dîme, qui constituait sous
l'Ancien Régime la ressource fondamentale du clergé,
à travers un prélèvement en nature d'un pourcentage
(entre le quinzième et le vingtième) des récoltes.

Déclarée rachetable dans la nuit du 4, elle sera finalement abolie sans indemnité. La question fait l'objet
d'un important débat, où interviennent notamment
Mirabeau et Sieyès, les deux grands absents de la
séance du 4. L'argumentation des députés hostiles à
l'indemnité a été avancée dès le 6 à travers l'idée que
les biens ecclésiastiques appartiennent à la nation.
Mirabeau s'en fait le champion le 10 : la dîme n'est
pas une propriété, car elle n'est qu'une contribution
consentie à l'Eglise en échange de la part de service
public assumée par celle-ci ; contribution trop coûteuse, à laquelle il propose de substituer quelque
chose de moins onéreux, qu'il ne précise pas autrement. Contre lui, Sieyès prononce le même jour un
grand discours, moins en défenseur du clergé, comme
on l'écrit encore, qu'en théoricien de l'égalité des individus devant la loi. L'origine de la dîme, dit-il sage-
ment, n'est ni plus ni moins obscure que celle de tant
d'autres biens. Son abolition revient à faire un cadeau
arbitraire aux propriétaires, puisque son montant a été
traditionnellement soustrait du prix qu'ils ont payé
leurs terres.

Le texte final, dont l'auteur principal est Duport,
est voté dans la séance du mardi 11 août au soir. La
première phrase claque comme un drapeau : « L'Assemblée nationale détruit entièrement le régime
féodal. » Elle est accompagnée des spécifications déci-
dées dès le 4 : abolition sans indemnité des droits qui
entraînent la servitude des personnes, alors que tous
les autres sont rachetables. Mais dans les articles qui
suivent (le décret en comporte 19), ce qui est supprimé n'est pas toujours lié à la « féodalité » *stricto
sensu*. C'est certes le cas du droit de colombier, de
chasse, des justices seigneuriales, des cens et des
champarts (art. 2, 3, 4, 6). Mais l'article 6 abolit sans
indemnité les dîmes de toutes natures, « sauf à aviser
aux moyens de subvenir d'une autre manière à la
dépense du culte divin » : elles continueront donc à
être perçues jusqu'à ce que l'Assemblée ait pourvu
autrement à l'entretien de l'Eglise. Disposition dont

la première partie est irréaliste, et dont la seconde
va entraîner les députés, entre l'automne 1789 et
juillet 1790, à la spoliation et à la réorganisation
complète de l'ancien premier ordre du royaume : la
mise à la disposition de la nation des biens du clergé
est écrite en filigrane dans l'abolition pure et simple
des dîmes.

Pas plus que la dîme, la vénalité des offices ne fait
partie du régime « féodal » ; c'est une institution postérieure, définitivement instaurée au début du
xviiᵉ siècle seulement, par laquelle la monarchie a
rempli ses caisses en vendant des fonctions hérédi-
taires dans l'administration de sa justice, de ses
finances ou des municipalités. Or l'article 7 du décret
du 11 août abolit la vénalité des offices en même
temps qu'il affirme la gratuité de la justice. La Révolution tranche ainsi au nom des principes nouveaux
un problème devant lequel la monarchie avait reculé :
dans les dernières années du règne de Louis XV, en
1771, le chancelier Maupeou avait tenté de briser
l'opposition des parlements en supprimant la vénalité
des charges de judicature et les épices ; mais à son
avènement en 1774, Louis XVI avait cédé à la protestation des corps. Les députés de 1789, eux, envelop-
pent la fin des parlements dans les conséquences des
nouveaux principes, qui liquident toute la structure
corporative du royaume, dénouant ainsi la contradiction où s'était trouvé l'Ancien Régime, à la fois dispensateur des privilèges et menacé par eux. Mais la
Révolution reste là aussi fidèle à l'idée de propriété.
Tous les offices sont déclarés rachetables : ce qui
ouvre la porte à un long contentieux d'évaluation et
de remboursement.

Avec les corps sont abolis tous les droits particuliers
qui leur étaient attachés. Aux libertés des sujets du roi
est substituée la liberté de chaque citoyen, par conséquent inséparable de l'égalité. L'article 9 interdit « à
jamais [...] les privilèges pécuniaires », personnels ou
réels, en matière de « subsides », au profit d'une
assiette uniforme de l'impôt. Le suivant supprime tout

type de franchise ou de privilèges dont peuvent jouir les collectivités territoriales du royaume — provinces, pays, villes, communautés d'habitants. Il n'y aura plus qu'un droit commun applicable universellement à chaque Français, et il n'existera plus de structures intermédiaires ou de corps écrans entre l'individu et la sphère publique de la loi. Du coup, article 11, « tous les citoyens, sans distinction de naissance, pourront être admis à tous les emplois et dignités ecclésiastiques, civils et militaires, et nulle profession utile n'emportera dérogeance ».

A cette liquidation générale, qui fonde un nouveau contrat social, il ne manque même pas une assurance prise du côté du roi, dans l'article 15 : l'Assemblée se fera rendre compte des « pensions, grâces et traitements » accordés par Louis XVI, de façon à faire le ménage dans les faveurs arbitraires de l'Ancien Régime. Quand elle sera publique, l'année suivante, la liste de ces faveurs ranimera le fantôme détesté de la cour. Moyennant quoi, Louis XVI est proclamé *in fine,* comme l'a demandé instamment Lally-Tollendal, « restaurateur de la liberté française ». Il n'est pas sûr que cette formule « monarchienne », contradictoire avec l'esprit rationaliste de la « table rase », traduise bien exactement le sentiment de l'Assemblée ; l'avenir proche le fera voir ; mais elle indique en tout cas une tentative, provisoirement réussie, de séparer la personne et l'institution royales de la liquidation du « régime féodal ».

Dans les faits, ni Louis XVI ni son entourage n'aiment les décisions qui ont été votées entre le 4 et le 11 août. Doté officiellement à partir de septembre d'un veto suspensif sur les lois de l'Assemblée, le roi refuse pendant de longues semaines sa sanction à la destruction de l'ancienne société. Le 18 septembre, tout juste pourvu du droit de veto suspensif aux termes de la Constitution qui s'élabore, il communique à l'Assemblée une longue série de remarques, rédigée par Necker. Il donne son accord au principe du rachat des droits seigneuriaux, mais discute l'énu-

mération de ceux qui ont été déclarés abolis sans
indemnité ; il objecte au traitement particulier de la
dîme et voudrait sauver le droit de cens et celui de
« lods et ventes », utiles au maintien de la petite
propriété : ces droits dissuadent en effet les riches
propriétaires d'étendre leurs biens à l'infini, en leur
donnant quelque chose à conserver de leurs prérogatives traditionnelles. Argumentation très intéressante, bien dans les préoccupations sociales de
Necker, mais tout à fait hors de l'esprit du temps,
qui est à la table rase et à la reconstruction rationnelle. Le roi ne cède qu'à la force, en octobre, quand
il est ramené de Versailles à Paris par une foule
insurgée. La sanction du 4-Août a été en août et
septembre un des grands thèmes de l'agitation parisienne et nationale.

Le trait le plus important des décisions votées dans
cette fameuse semaine d'août 1789 est leur caractère
durable. La Révolution française a créé beaucoup
d'institutions provisoires et légiféré souvent pour le
court terme ; mais les décrets du 4 au 11 août sont
parmi les textes fondateurs de la France moderne. Ils
détruisent de fond en comble la société aristocratique, et sa structure de dépendances et de privilèges.
Ils lui substituent l'individu moderne, autonome,
libre dans tout ce que ne lui défend pas la loi. La
table rase opérée à partir du 4-Août liquide tout ce
qui peut exister de pouvoirs intrasociaux entre l'individu et le corps social comme un ensemble ; le dispositif sera complété en 1791 par le vote de la loi Le
Chapelier, interdisant les associations. La Révolution
s'est ainsi manifestée très tôt par un individualisme
radical.

C'est aussi un individualisme propriétaire. La révolution juridique qui s'opère dans les décrets d'août
n'opère pas, sauf pour l'Eglise, une spoliation. La
plupart des droits seigneuriaux sont abolis contre
rachat, et le prix des offices doit être remboursé à
leur valeur marchande. L'historiographie socialiste a
eu tendance à sous-estimer l'importance du 4-Août

sous le prétexte que les mesures reviennent à convertir simplement un type de propriété ancien en bon contrat bourgeois. Mais d'une part, si les offices ont bien été remboursés à la suite d'une longue procédure, les droits seigneuriaux déclarés rachetables ne l'ont jamais été, de par la résistance passive ou violente de la paysannerie ; ils seront abolis sans indemnité en août 1792 et en juillet 1793. Et l'abolition pure et simple de la dîme est la préface à la confiscation des biens d'Eglise. D'autre part, et surtout, les textes du 4-11 août ont une portée immense dans la mesure où ils jettent bas toute la structure juridico-administrative de la société : ils ne laissent plus debout que des individus libres et égaux, avec lesquels il va falloir reconstruire un corps politique. Les difficultés rencontrées par la Révolution française pour refaire une Constitution durable au vieux royaume ne sont pas sans rapport avec cette société toute moderne d'individus qui vient d'être établie sans concessions en quelques jours. De ces individus libres et égaux il faut penser, en même temps que leur liberté, leur unité dans la nouvelle nation.

La nuit du 4-Août, préface au grand décret du 11, constitue ainsi une des dates clés de l'année 1789. De l'esprit général qui traverse la fameuse année, ces quelques mois entre mai et octobre où pivote l'histoire de France, l'événement partage et manifeste les traits caractéristiques : le rejet du passé, l'ambition de reconstruire le social sur les principes de la raison, le radicalisme philosophique mêlé à la gestion politique de circonstances révolutionnaires. Ce qu'il a de durable, et même d'irréversible, tient au fait qu'il inaugure la législation *civile* de la Révolution, instaurant l'universalité de la loi dans la sphère de la société. Quinet l'a fortement souligné pour opposer la solidité de cet acte fondateur à la fragilité des constitutions politiques (*La Révolution*, IV, 6). A ses yeux, ce qui est voté si solennellement entre le 4 et le 11 août appartient si fort au siècle des Lumières qu'il en constitue le couronnement quasiment natu-

rel ; bénéficiant d'un consensus si profond et si préparé, autour de la liberté, l'égalité devant la loi et la
propriété, qu'en aval aussi la législation civile des
Assemblées révolutionnaires et du Consulat restera à
l'intérieur du cadre juridique défini dans ces jours
« historiques » : et l'abolition de la noblesse, et l'égalité successorale, et les limites du droit de tester, sont
des déductions de l'esprit du 4-Août. Il y a plus que
des nuances entre les discussions de la Convention et
celles du Consulat sur le futur Code civil, achevé
finalement en 1804 : mais les principes communs aux
deux époques ont été fixés en août 1789. A cette
date, en un sens, la Révolution est faite. Mais il reste
à l'inscrire dans la souveraineté du peuple : sous cet
angle-là, elle ne fait que commencer.

François Furet

ORIENTATION BIBLIOGRAPHIQUE

AULARD, Alphonse. « La nuit du 4-Août », *La Révolution
française*, 1913.
HIRSCH, Jean-Pierre. *La Nuit du 4-Août*, Paris, Gallimard-
Julliard, coll. « Archives », 1978.
JAURÈS, Jean. *Histoire socialiste de la Révolution française*, éd.
revue et annotée par Albert Soboul, préface par Ernest
Labrousse, avant-propos par Madeleine Rebérioux, Paris,
Editions sociales, 1969, t. 1.
SIEYÈS, Emmanuel. *Essai sur les privilèges* (1788) et *Qu'est-ce
que le Tiers Etat ?* (1789), rééd. Paris, Presses universitaires
de France, coll. « Quadrige », 1982 ; rééd. avec une préface
de Jean-Denis Bredin, Paris, Flammarion, coll. « Champs »,
1988.
SIEYÈS, Emmanuel. *Vues sur les moyens d'exécution dont les
représentants de la France pourront disposer en 1789*, s.l.n.d.
[1788 ?].
TOCQUEVILLE, Alexis DE. *L'Ancien Régime et la Révolution*,
2 vol., t. 2 des *Œuvres complètes*, Paris, Gallimard, 1952 ;
rééd. avec une préface de Françoise Mélonio, Paris, Flammarion, coll. « GF », 1988.

RENVOIS

Aristocratie
Code civil
Constitution civile du clergé
Égalité
Féodalité
Grande Peur
Louis XVI
Mirabeau
Necker
Physiocrates
Sieyès

PROCÈS DU ROI

Dans la nuit d'émeute du 9 au 10 août, Louis XVI avait cherché refuge avec sa famille au Manège, au sein de l'Assemblée. La Commune se chargea de la garde des prisonniers royaux et les interna au Temple. L'Assemblée se contenta de suspendre le pouvoir exécutif et de réserver le sort du roi aux décisions d'une Convention élue au suffrage universel. C'était léguer à la nouvelle Assemblée un monde de difficultés.

La culpabilité de Louis XVI ne faisait aucun doute pour les insurgés du 10-Août, convaincus qu'on n'avait laissé les Fédérés s'engager dans le grand escalier des Tuileries que pour mieux les faire mitrailler par les Suisses, transformant ainsi volontairement une scène de fraternisation en une scène de carnage. Alors que les insurgés demandent vengeance pour leurs morts et obtiennent, le 17 août, un « Tribunal du 10-Août » pour juger les crimes relatifs à la journée, comment imaginer de laisser injugé et impuni celui qui paraît être le principal coupable ? Pourtant, en août et en septembre encore, les sections parisiennes qui applaudissent à la suspension du roi puis au décret qui abolit la royauté ne manifestent ni hostilité ni même intérêt à la personne de Louis XVI. Il faut attendre la fin de septembre pour que le sort du roi soit mis sur le tapis des sections parisiennes et du club des Jacobins. Clubs et sections devancent l'Assemblée dans la demande énergique d'un châtiment, mais ne plaident pas pour un jugement expéditif qui se passerait des formes légales. A la Convention, c'est le 1er octobre que surgit, un peu obliquement, le problème du procès du roi : pour arracher au Comité de surveillance de la Commune les papiers saisis aux Tuileries, qui permettent en effet d'instruire un procès, la Convention les confie à une commission parlementaire de 24 députés, exclusivement girondine, qui doit présenter un rapport sur les charges retenues contre le prisonnier du Temple : c'est la première pièce de l'engrenage qui va rendre inévitable le procès du roi.

Ce procès, scène primitive et centrale de la Révolution française, n'a pourtant pas beaucoup retenu les historiens. Soit qu'ils l'aient estimé déjà contenu dans les épisodes précédents, suspension et internement du roi, élection de la Convention et proclamation de la République. Régler le sort du roi peut alors sembler une simple formalité, et il est arrivé à l'historiographie contre-révolutionnaire elle-même d'en juger ainsi : ni Maistre ni Bonald ne prêtent beaucoup d'attention à la personne royale. Soit encore qu'ils l'aient surtout considéré comme le lieu stratégique d'affrontement des partis : Aulard ne l'aborde que comme un des nombreux épisodes de la lutte des Girondins et des Montagnards. Dans l'un et l'autre cas, ils restent indifférents à l'énorme enjeu symbolique que comporte le face-à-face du roi et de la Révolution. Seul Michelet éclaire la scène d'un jour violent et ne lui consacre pas moins d'une centaine de pages de son *Histoire*. C'est qu'à ses yeux le pouvoir monarchique est un pouvoir d'incarnation, et la Révolution l'avènement du Droit contre la royauté. « La Révolution française est le jugement des rois. » Qui adopte cette définition donne évidemment à l'épisode du procès sa charge maximale.

« Un roi tué, écrit Michelet, n'était pas chose nouvelle. Charles Ier avait péri sans que la religion monarchique en fût ébranlée. Louis XVI, en périssant, rendit force à cette religion. » En trois phrases, Michelet va à l'essentiel. Tuer un roi, n'est-ce pas risquer de faire refleurir la dernière goutte d'un sang épuisé et ressusciter la royauté ? La crainte de Michelet sous-tend son hostilité à l'exécution. N'eût-il pas mieux valu sauver la vie du roi, tout en exhibant dans un procès l'inanité du pouvoir royal ? On aurait alors chassé la royauté du roi, on l'aurait rétablie dans le peuple et on aurait mis fin au mystère de l'incarnation royale. Le faible de Michelet pour cette solution tient à ce qu'elle inverse la vieille politique où l'on tuait les rois en épargnant la royauté : ici on tuerait la monarchie en épargnant le roi. Si l'on ajoute que pour Michelet le roi jugé ne peut être le roi platement fonctionnel de la Constitution de 1791, mais la « belle tête dorée » du monarque absolu, on a dans son récit tous les problèmes non seulement posés, mais traités par le procès du roi, où l'enjeu politique ne fut jamais séparé de l'enjeu symbolique et de l'enjeu juridique.

L'image d'un roi mis à mort qui ferait revivre la royauté n'avait pas été absente des débats de l'automne 1792. Brissot en avait fait passer le frisson dans l'Assemblée : « Le sang de Charles Ier a fait revivre la royauté. » Le précédent anglais en effet, si vivant dans la réflexion de Michelet, l'était aussi dans la conscience des acteurs. Dauphin, Louis XVI avait beaucoup pratiqué l'œuvre de Hume. On sait qu'il la lit et la relit au Temple. L'histoire de Charles Ier, Bertrand de Moleville et Mme Campan en témoignent, était pour lui un modèle négatif : le monarque anglais avait commis le crime majeur de faire la guerre à son peuple. Tout au long des débats, les Conventionnels filèrent eux aussi la comparaison. Certains pour souligner une proximité, redouter et presque désigner un Cromwell « derrière la toile » : thème traité par Buzot, Louvet, Rabaut, Bancal, Vergniaud, toute la Gironde. D'autres pour souligner une distance, opposer à cette Haute Cour anglaise qui ne représentait pas la Nation une Convention pleinement légitime : il y avait une majorité de députés pour souhaiter, face à l'irrégula-

rité anglaise, offrir en spectacle édifiant les « tranquilles débats » de la Convention, « cette philosophique conférence sur ce que les rois sont ou sur ce
qu'ils doivent être » (Léonard Bourdon).

Pour garder à la scène cette élévation désintéressée,
n'eût-il pas mieux valu alors, comme le suggérait
Michelet, s'abstenir de punir ? Michael Walzer, en
comparant le procès anglais et le procès français, a fait
remarquer que l'histoire a connu beaucoup de régicides, mais que les assassins des rois, bien loin d'assassiner la royauté mythique, lui donnent plus de force
encore ; qu'en revanche un procès public fait à un roi
emporte le mythe royal avec lui. Quand il arrive aux
rois d'être, non plus tués, mais publiquement jugés,
c'est que la monarchie a vécu. Même quand elle perdure, comme dans le cas anglais, les rois ne prétendent jamais plus à la puissance d'incarner. On peut
ainsi accentuer l'analogie des deux histoires, au nom
d'une distinction entre le meurtre des rois — qui laisse
la royauté intacte — et le procès des rois — qui la
découronne. Kant l'a dit à sa manière : l'assassinat des
rois est une abomination, mais c'est une exception qui
confirme la règle. Un procès judiciaire est une abomination pire ; cette fois il s'agit d'un complet renversement des principes qui règlent les rapports des rois et
des peuples.

A qui, enfin, allait-on au juste faire un procès ? A la
monarchie tout entière, aux rois passés et à venir,
comme l'aurait souhaité Michelet ? Ou à ce roi-ci ? Et
dans ce roi, à quel monarque ? Au monarque absolu
qu'il n'avait intérieurement cessé d'être ? ou au
monarque défini par la Constitution de 1791 ? Au roi
du sacre ou au roi des Français ? Le problème ne
s'était guère posé dans le procès anglais. D'une part,
l'acte d'accusation de Charles était très sobre, centré
autour du grief de guerre civile. D'autre part, Charles
avait répondu à ses accusateurs en parfaite connaissance du roi qu'il était. Il n'avait cessé de demander
au nom de quelle autorité légale on le tenait assis là et
dénié à ses juges le droit à le juger, obstinément accoté

à l'idée que l'Angleterre, loin d'être une monarchie
élective, était depuis près d'un millénaire une monarchie héréditaire. Il était, Napoléon l'a noté dans le
Mémorial de Sainte-Hélène, « intimement convaincu
des droits de sa prérogative ». Louis XVI en revanche
n'en parut pas pleinement persuadé. Et les Conventionnels s'accordaient si peu sur le type de roi qu'ils
allaient juger qu'ils consacrèrent le premier acte du
procès à une interminable vérification d'identité.

★
★ ★

Le 6 novembre, l'Assemblée entend Valazé, au nom
de la Commission girondine des vingt-quatre, exposer
les charges retenues contre Louis XVI : rapport si
médiocre que le Girondin Barbaroux lui-même
demande un supplément d'instruction. Le lendemain,
c'est au tour du Comité de législation de la Convention de présenter son rapport et de traiter l'aspect juridique de la question. Par la voix de son rapporteur
Mailhe, le comité conclut que Louis est jugeable et
qu'il l'est par la Convention. Il s'agit pour Mailhe
d'établir à la fois que le roi que l'on juge est bien le roi
constitutionnel de 1791 et que cette Constitution, qui
l'avait rendu inviolable, permet pourtant de lui faire
un procès. L'essentiel de l'argumentation consiste à
montrer que le texte de 1791 avait fixé deux limites à
l'inviolabilité. D'une part, elle devait s'arrêter devant
les actes commis hors des fonctions légales, borne
au-delà de laquelle le roi redevenu citoyen redevient
aussi susceptible d'accusations individuelles (et précisément Louis XVI, dit Mailhe, n'est plus un roi ; « il a
repris son titre originel, il est homme »). D'autre part,
si Louis XVI ne s'est rendu coupable d'aucun des
trois cas de remise en cause de l'inviolabilité — abandonner le royaume, se mettre à la tête d'une armée
étrangère, refuser de prêter le serment constitutionnel
—, il ne s'en est pas moins mis dès l'origine en infrac-
tion avec la loi, car il n'a jamais accepté le contrat qui

faisait de lui un roi constitutionnel. Fonctionnaire public parjure donc, bien avant les infractions précises que la Constitution a retenues : façon de désamorcer l'objection de la rétroactivité, que prévoit avec raison le comité. Mailhe navigue avec subtilité, mais non sans difficulté, entre le désir de juger le roi selon les termes de la Constitution et la nécessité pour le juger de suspendre l'inviolabilité promise par la Constitution. Cet embarras, ressenti des deux côtés de l'Assemblée, va être doublement exploité : par la droite, qui s'efforcera de montrer que la lettre de la Constitution interdit absolument de donner au procès un habillage légal ; par la gauche, qui refusera au contraire de se laisser enfermer dans le texte constitutionnel.

Quand reprend la discussion à la Convention le 13 novembre, c'est d'abord la droite qu'on entend, par la voix de Morisson, député de la Vendée. Il soutient que le texte de 1791 a logé le roi dans un imprenable fortin : en lui faisant la faveur exceptionnelle de déclarer sa personne inviolable, en prévoyant trois cas, et pas un de plus, où son abdication serait supposée acquise. Certes il n'était pas dit qu'il était impossible à la Nation de changer ces dispositions, mais aucune loi substituée à celle de la Constitution ne pouvait avoir d'effet rétroactif. En conséquence Louis peut bien être coupable — nul à la Convention n'ose plaider l'innocence —, mais il n'est pas atteignable par une loi muette à son égard. Et qu'on ne dise pas que nul n'a droit de réclamer pour soi un droit qu'il a violé. Outre qu'il s'agirait de la mort de tout droit, c'est la volonté générale qui a rendu la Constitution valide, non le consentement individuel du roi. Louis est donc hors de portée.

Mailhe et Morisson, malgré leurs conclusions opposées, partageaient la même philosophie légaliste. Il appartint, ce même 13 décembre, à un député de vingt-cinq ans, qui faisait ses premières armes à la tribune, de poser la borne extrême que nul ne franchira plus dans le débat. L'Assemblée, médusée, entend Saint-Just affirmer que

Louis XVI n'est pas un traître, qu'il y a moins à le juger qu'à le punir. Du problème ponctuel de la culpabilité du roi, Saint-Just fait glisser le débat à la conception globale du pacte social. A l'intérieur de ce pacte, liés par des rapports de justice, des hommes égaux peuvent manquer à leurs engagements et donc être jugés. Mais un roi n'a jamais été membre de la communauté des citoyens, il n'a pu violer des engagements dans lesquels il n'est pas même entré. On ne peut en conséquence lui faire un procès civil et il faut le traiter pour ce qu'il est, pour ce que serait tout roi, quels que soient ses mérites et ses actes, un étranger au contrat social : comme ennemi et comme rebelle, et hors de la procédure ordinaire.

Coup de pistolet dans une Assemblée où ronronnent déjà les arguties, le discours de Saint-Just n'avait pas l'éblouissante logique qu'on lui a prêtée depuis (notamment par l'équivoque qu'il entretenait entre le mot « juger » et le mot « châtier »). Mais les clubs et les sections y captent l'essentiel (l'idée de la nullité du contrat de 1791 et la note du danger de la patrie) et vont répétant après lui que c'est un blasphème politique de demander si le roi va être jugé. La découverte, le 20 novembre, des documents contenus dans l'armoire de fer aménagée par Louis XVI aux Tuileries, qui alourdit le cahier des charges établi par la Commission des vingt-quatre, dramatise encore l'atmosphère. Robespierre, long-temps silencieux, comprend qu'il faut, sur l'axiome fon-damentaliste de Saint-Just, construire une argumentation plus rassise et plus politique (ouvrir le procès du roi, ce serait, dit-il le 3 décembre, faire l'hypothèse de son éven-tuelle innocence, donc ouvrir le procès des insurgés du 10-Août et de la Convention elle-même), pour aboutir à une conclusion identique : on ne fait pas de procès judi-ciaire — car ici le respect des formes signalerait le manque de principes — à un être qui, indissolublement monarque et monarchie, est une monstrueuse exception à la loi naturelle.

Saint-Just et Robespierre ne s'adressent jamais en effet à l'homme Capet, mais à l'extravagante condition du monarque. Seuls ils prennent au sérieux la monar-

chie d'Ancien Régime comme souveraineté sans partage, qui doit nécessairement occuper tout l'espace
public : la Révolution, qui est la souveraineté du peuple,
ne peut donc composer avec elle. Seuls ils affirment
l'incompatibilité entre le roi et le citoyen. Seuls ils
comprennent que pour sacraliser la Révolution, il faut
poser en face d'elle, pour mieux la nier, la sacralité de la
monarchie. C'est le sens de la célèbre sentence : « Louis
doit mourir pour que la patrie vive. »

Entre Morisson et Saint-Just, la majorité modérée
de l'Assemblée était mise dans une situation inconfor-
table. Elle ne pouvait se rallier à l'argumentation radicale de Robespierre et de Saint-Just, beaucoup trop
forte, Jaurès l'a très bien vu, pour faire son chemin
« dans une Convention hésitante et troublée ». Avec
eux pourtant elle partageait l'intuition du danger que
représentait Louis vivant, et elle ne prêta pas plus
d'attention aux rares voix qui plaidèrent pour épar-
gner Louis et condamner l'institution monarchique (la
solution même qui aura la tendresse de Michelet) ;
elle n'écouta ni Grégoire, ni Paine, qui en fit pourtant
un édifiant roman pédagogique : Louis, rééduqué et
vieillissant vertueusement en bourgeois de Philadelphie, devait à son tour rééduquer ses concitoyens. Elle
s'obstina à reprendre les arguments de Mailhe, en les
raffinant parfois, comme le tenta Condorcet, préoc-
cupé, chose rare dans l'Assemblée, de répondre à
Saint-Just : il n'y a pas en effet, lui concède-t-il, de
convention entre un roi et un peuple. Mais il n'en est
pas moins vrai que tout citoyen qui accepte une fonction publique et par là demande la confiance populaire contracte avec la nation tout entière.

Arrêtons-nous à l'effort scrupuleux et un peu déses-
péré de Condorcet pour juger le cas dans les termes
de la Constitution tout en montrant où s'arrête pour
Louis XVI la protection constitutionnelle. D'une part,
parce que telle est bien la solution à laquelle s'arrête la
Convention, le 3 décembre : Louis, malgré l'inviolabilité, est déclaré jugeable et sera donc jugé. D'autre part,
parce qu'il illustre à la fois l'égalitarisme et le forma-

lisme de la majorité de la Convention. Formalisme parce qu'elle cherchera contre toute vraisemblance à faire ressembler le procès à un procès ordinaire. Egalitarisme, parce qu'elle n'est pas fâchée de défaire le lien si étroitement noué entre le monarque et la monarchie, de traiter Louis en simple citoyen, signifiant par là qu'elle a, bien plus que les extrémistes jacobins, abandonné l'image de la monarchie d'Ancien Régime.

Chemin faisant, la Convention a aussi donné raison à Mailhe sur son second point : par qui Louis doit-il être jugé ? Entre les différentes juridictions possibles, tribunaux ordinaires, Haute Cour, assemblées primaires, Convention elle-même, les opinions semblent d'abord aller et venir. Confier le sort du roi à des tribunaux ordinaires, n'est-ce pas prendre le risque d'avoir des juges partisans de l'Ancien Régime ? Constituer une cour spéciale, n'est-ce pas par ailleurs (le souvenir du procès anglais pèse lourd ici) avoir un tribunal qui représentera la Nation moins adéquatement que la Convention ? Remettre le jugement aux assemblées primaires, n'est-ce pas feindre que le peuple est moins intéressé à la conclusion du débat, moins juge et partie par conséquent que les Conventionnels eux-mêmes ? Du reste, qui, dans cette affaire, oserait prétendre au désintéressement ? Les planètes peut-être, dit sarcastiquement Amar. Ce sera donc la Convention.

Ce long premier acte a-t-il été de pure forme ? Tant s'en faut. D'abord, la Convention s'y est massivement engagée : des centaines de discours ont été imprimés, quantité de députés obscurs, qu'on n'entendra jamais plus, sont intervenus. C'est, ensuite, une question de fond qui a été traitée : celle de la représentation du pouvoir. Enfin, le sort du roi s'y est déjà joué : la discussion juridique de l'inviolabilité, dira Joseph de Maistre, a été en fait l' « escalier de l'échafaud ».

*
* *

Empruntons à Michelet le portrait de celui qui, le 11 décembre, paraît enfin à la barre de la Convention : « Un homme comme tant d'autres, qui semblait un bourgeois, un rentier, un père de famille, l'air simple, un peu myope, d'un teint déjà pâli par la prison et qui sentait la mort. » Beaucoup de députés, tout juste arrivés de leurs provinces et qui n'avaient jamais vu le roi, étaient enclins à se laisser toucher par la simplicité et le grand calme de Louis XVI. Celui-ci du reste s'était dit prêt à se conduire « mieux » que Charles Iᵉʳ. Mais aux premières questions de l'interrogatoire, pour lequel « l'acte énonciatif des crimes de Capet » dressé par Lindet avait servi de canevas, il révéla le système de défense un peu étriqué qu'il avait adopté : pour les faits antérieurs à la Constitution de 1791, plaider le coup d'éponge global qu'elle était supposée avoir donné sur le passé ; pour l'après-septembre 1791, s'abriter derrière la responsabilité des ministres ; enfin, circonstance aggravante aux yeux des députés, ne rien reconnaître des pièces présentées, ni les pièces elles-mêmes, ni le cachet, ni l'écriture, ni sa propre signature.

Ce système fut aussi celui des avocats que la Convention lui avait accordés. Elle leur avait donné un si chiche délai pour préparer la défense que Tronchet — que le roi avait choisi — et Malesherbes — qui s'était courageusement proposé — demandèrent à l'Assemblée de leur accorder l'aide d'un troisième homme, plus expérimenté et plus jeune, De Sèze. Le 26 décembre, jour de la seconde parution du roi, il lui revient donc de lire le plaidoyer, tout entier axé sur l'argument de Morisson : « Là où il n'y a pas de loi que l'on puisse appliquer, il ne peut y avoir de jugement... »

Le plus frappant, dans ce texte, est de voir à quel point les défenseurs du roi ont renoncé à l'évocation de la monarchie sacrale. « Louis, assurent-ils, n'a plus de prestiges. » Ils plaident à l'intérieur du contractualisme de la majorité des députés. Le pacte constitutionnel a effacé tous les faits antérieurs, des faits postérieurs on doit écarter tous ceux que couvrait la responsabilité ministérielle. Ne reste qu'une poignée de faits personnels, bien légère malgré les découvertes de l'armoire de fer, et mal établie : tel le paiement par le roi des gardes du corps de Coblence, que réfute De Sèze, avant d'être contraint, quelques jours plus tard, de reconnaître le bien-fondé de l'accusation.

Les historiens ont très mal jugé cette ligne de défense. C'est elle, selon Rehberg, qui a tué le roi. Jaurès l'a trouvée si faible, si « calmante », qu'il en a refait une flamboyante : un Louis XVI miraculeusement devenu intelligent et ferme aurait pu et dû faire sentir aux députés qu'en déchirant le camp révolutionnaire, sa mort annonçait la mort de la Révolution. Pourtant l'unique faiblesse de cette défense était de partager les présupposés intellectuels des députés. Par là, De Sèze s'interdisait en effet une défense politique. Mais il pouvait espérer mettre la majorité modérée de la Convention, si soucieuse de la décence du procès, dans l'embarras : faire ressortir que le roi n'avait pas bénéficié des garanties (audition de témoins, expertises d'écriture) dues au citoyen ordinaire, et présenter les Conventionnels comme des accusateurs déguisés en juges, ayant déjà prononcé sur le sort de celui auquel ils faisaient un procès en trompe l'œil.

A cette défense procédurière, Louis ne voulut rien ajouter que son indignation pour l'accusation d'avoir, le 10-Août, fait volontairement couler le sang. Puis il se renferma à nouveau dans sa défense d'huître, prétendant ne rien reconnaître à ses propres notes, « depuis le temps ». Rencontre manquée entre la Convention et le roi, ce deuxième acte avait manqué de grandeur.

*
* *

Le troisième acte devait être politique. Tout au long du procès, la Gironde avait multiplié les manœuvres de retardement. Elles se concentrent, fin décembre, dans une ultime tentative pour faire ratifier le verdict

par le peuple réuni dans les assemblées primaires :
manière de décharger la Convention du fardeau du
procès et d'obtenir la clémence.

L'idée de l'appel au peuple, qui avait déjà surgi
auparavant dans le débat, n'était pas à proprement
parler une idée girondine. Mais tous les chefs girondins vinrent successivement en défendre l'idée qui
paraissait brillante en effet, tant elle semblait difficile à
combattre au nom des « principes ». L'appel au peuple
faisait de la ratification du verdict une affaire aussi
importante que la ratification de la Constitution,
l'ôtait à l'influence des sections parisiennes pour la
restituer à la Nation tout entière et semblait un hom-
mage posthume à Rousseau. C'est en effet sur le problème de la démocratie directe que s'affronteront les
deux grands orateurs de ce nouveau débat. Contre
Barère, qui défend le système représentatif et parlementaire, Vergniaud appuie l'appel au peuple sur une
critique de la représentation.

Des deux côtés, le danger de la patrie apporte sa
note d'urgence tragique : les Girondins font valoir que
la mort de Louis XVI entraînera la rupture avec l'Angleterre et avec l'Espagne ; les Montagnards que renvoyer le verdict aux assemblées primaires, au moment
précis où le printemps va faire reflamber la guerre, est
fournir une plate-forme inespérée à la propagande
royaliste. Barère pourtant, tout en paraissant traiter
avec équanimité les deux côtés, fait pencher l'Assemblée vers la thèse montagnarde en traitant le thème
décisif de la responsabilité de la Convention. Des
législateurs, disaient les Girondins, ne peuvent être
juges des offenses qui leur sont faites. Le peuple
aurait-il donc, lui, le droit d'être juge et partie ? Vous
ne devez pas, conclut Barère, « reporter au souverain
ce que le souverain vous a chargés de faire ». Cet appel
au courage sera entendu.

La grande faiblesse de l'argumentation girondine
était d'envisager l'appel, théoriquement ouvert à la
libre décision populaire, comme la certitude d'un
vote de clémence. Le parti des « appelants » devenait

ainsi (avec l'aide de révélations opportunes sur les transactions girondines avec le roi en juillet-août) le parti du roi. Accusation tout à fait injuste. Les Girondins n'étaient nullement royalistes. Leur évolution vers la clémence tint essentiellement au recul terrifié que leur inspiraient les sections parisiennes, à la mauvaise grâce qu'elles mettaient à frapper les auteurs des massacres de Septembre, et à leur pression sur l'Assemblée. Le grand discours de Vergniaud caresse ainsi l'espérance que les départements ignorent cette nuée d'agitateurs « qu'une honteuse faiblesse leur a laissé usurper à Paris ». C'est aussi l'obsession de Paris qu'on lit dans les adresses qui montent des administrations départementales. Elle encore que relance la nouvelle rumeur du massacre des prisons qui court Paris en janvier. Le drame girondin est que cette peur peut désormais être baptisée « royalisme » par des clubs et des sections parisiennes qui ne cesseront plus de harceler les « appelants », à qui il reste six mois à survivre à cette accusation empoisonnée.

Pour ces hommes en sursis, les appels nominaux vont représenter une nouvelle défaite. L'obtention d'un vote nominal avait été lui-même un point marqué par le parti de la mort. L'ordre dans lequel les questions devaient être posées en fut un autre. Appel au peuple, culpabilité, sentence, tel était l'ordre souhaité par les Girondins. Culpabilité, sentence, appel au peuple, tel était le vœu montagnard. La Plaine paraît renvoyer les deux côtés dos à dos en imposant culpabilité, appel au peuple, sentence. Elle donne en réalité un avantage décisif à la Montagne : voter la culpabilité — et il était clair que la Convention la voterait de façon écrasante —, c'était déjà juger en souverain, souveraineté qu'il était ensuite contradictoire de soumettre à une autre souveraineté. Il y eut du reste des Girondins pour le sentir : les départements girondins ne votèrent pas de façon homogène, et 41 députés girondins refusèrent de voter l'appel au peuple.

Finalement l'Assemblée repoussa l'appel au peuple par 424 voix contre 287. Contrairement à toute attente — car les royalistes eux-mêmes restaient confiants —, elle vota ensuite la mort à 1 voix de majorité. Mais comme il y avait eu aussi 46 députés pour assortir le verdict de sévérité de demandes variées de sursis — la plus ambiguë étant celle de Mailhe qui avait voté la mort *et* la prise en considération d'un sursis, tout en refusant de dire si celle-ci conditionnait celle-là —, il fallut un quatrième appel nominal sur la question du sursis. Senti comme une ultime manœuvre dilatoire, il devait apporter à la Montagne une majorité plus confortable : l'Assemblée repoussa le sursis par 380 voix contre 310.

Cette discussion dramatique et confuse, non exempte d'incohérences individuelles (car 1 député sur 5 environ se déjuge en cours de route, votant tantôt pour la clémence et tantôt pour la sévérité), pèse d'un grand poids sur la vie de la Convention et de la Révolution tout entière. Elle dessine avec une netteté irréfutable des frontières jusque-là brumeuses. Le premier appel nominal isole dans la Convention un tout petit groupe de députés qui ne veut même pas que la question de la culpabilité royale soit posée. Le deuxième est un test de l'influence girondine en train de se recroqueviller. Les troisième et quatrième appels, sur la sentence et le sursis, montrent à quel point l'influence de la Montagne pénètre déjà la Plaine.

La Gironde doit sa défaite à son inconsistance politique : alors que chacun a encore dans l'oreille les discours enflammés de ses orateurs appelant à la guerre (« Nous ne pourrons être tranquilles que lorsque toute l'Europe sera en feu »), elle agite le danger de l'extension du conflit ; elle plaide à la fois pour le principe de la souveraineté du peuple et contre le principe de la justice révolutionnaire égale pour tous ; elle est tour à tour réaliste et lucide sur le danger extérieur, irréaliste et aveugle au danger de guerre civile. Inconsistance morale aussi : elle ne cesse de dire qu'elle subit l'inacceptable pression des tribunes, mais leur cède assez pour se diviser elle-même, tout en les provoquant par de malencontreuses tentatives de diversion. Elle trouve face à elle une Montagne beaucoup plus cohérente dans ses choix et dans ses votes, sans doute aussi déjà beaucoup moins minoritaire qu'on ne croit dans l'Assemblée, et qui a fait partager à la Plaine sa conviction de n'avoir pas à esquiver la responsabilité qui sied à des représentants du peuple. Par la voix de Robespierre, cette Montagne peut se vanter d'avoir donné un « grand caractère à la Convention nationale ».

Le verdict enfin est gros de tous les conflits futurs. Non seulement la guerre générale dont les Girondins, soit prétexte, soit vraie raison, ont prophétisé l'extension suit immédiatement le procès (huit jours après l'exécution, c'est la déclaration de guerre à l'Angleterre). Non seulement les thèmes de la lutte entre Gironde et Montagne ont été répertoriés, essayés, fourbis. Mais surtout la démonstration vient d'être une fois de plus fournie que les hommes qui tentent de terminer la Révolution signent leur arrêt de mort. La Gironde du reste avait, selon Jaurès, su percevoir, entre elle et le roi, une similitude de destin.

*
* *

Louis XVI dauphin avait pratiqué le *Télémaque* et en avait lui-même imprimé les maximes. Il connaissait par cœur la scène où un soldat chypriote exhibe à l'armée victorieuse, en la tenant par les cheveux, la tête sanglante du roi. Qu'il soit mort exemplairement, après s'être si piteusement défendu à son procès, n'a donc nullement besoin d'être expliqué par l' « épuration » de sa personnalité à l'épreuve du malheur. Simplement, son éducation chrétienne et royale, qui ne lui avait pas fourni le livret d'une défense politique, lui avait appris à mourir. Ce qu'il fait en roi très chrétien, transformant ainsi, comme l'a si bien vu Ballanche, le régicide en déicide.

Le testament de Louis XVI, surtout après les plates dénégations du procès, frappe par son accent de dignité véritablement royale. Il y avait en lui, selon Jaurès, « plus d'église que de monarchie » et, de fait, le seul vrai remords que le roi exprime est d'avoir donné son consentement à la Constitution civile du clergé. Pourtant, on peut y lire aussi, toujours intacte, la théorie traditionnelle de la monarchie. « Régner suivant les lois », mais n'être lié que par elles « dans ses opérations », c'est bien là en effet la royauté selon le *Télémaque*, qui peut « tout sur les peuples » mais sur qui « les lois peuvent tout ». En souhaitant pour son fils, s'il avait « le malheur de régner », « l'autorité nécessaire » au souverain, Louis XVI montre que, contrairement à la stratégie qu'il avait adoptée au procès, il n'avait jamais reconnu la loi de la Révolution.

Cette royauté ancienne allait-elle être régénérée par le sang de la place de la Révolution ? Michelet l'a suggéré, Quinet l'a craint (« Louis XVI errant eût été cent fois moins redoutable que Louis XVI supplicié au Temple devant sa femme et ses enfants, les mains liées derrière le dos, guillotiné en face de son palais »), Louis Blanc l'a affirmé : « Tout le royalisme fleurit sur ce cadavre comme le gui sur un arbre mort. »

La mort du roi pourtant ne fait pas lever les miracles, les convulsions et les prodiges qui avaient marqué les lendemains de l'exécution de Charles Ier. Sébastien Mercier a raconté comment, une fois la tête tombée, il avait vu défiler tout le peuple « causant familièrement comme lorsqu'on revient d'une fête ». La nouvelle parvenue à Grenoble, Stendhal enfant fut « saisi d'un des plus vifs mouvements de joie qu'[il] ai[t] éprouvés de [sa] vie ». Sans doute passe parfois dans les textes, notamment provinciaux, le sentiment de l'horreur, ou encore, signe de la transgression, l'obscur soulagement que le régicide n'ait entraîné aucun bouleversement cataclysmique. Mais tout cela est fugitif. Mieux encore : les révolutionnaires imaginent de fêter la mort du roi et se tiennent, à partir du

2 pluviôse an II jusqu'à brumaire, à sa commémoration régulière. Même si l'on peut déceler dans cette fête quelques traces de résistance à la célébration, en particulier par le recul devant la figuration (très peu de mannequins dans les cortèges représentent Louis XVI, le supplice n'est guère mis en scène et l'évocation de la guillotine — le « glaive national » — confiée à un discours métaphorique), le serment de la haine aux rois sera chaque année publiquement prononcé par les fonctionnaires, les révolutionnaires tiendront bon sur cette fête pourtant disgraciée par la saison et jureront qu'elle sera « éternelle comme la République ». L'appartenance au syndicat des régicides, plus encore que la règle tacite des désignations politiques sous le Directoire, a été explicitement revendiquée et célébrée : elle est restée — songeons seulement aux exilés de la Restauration — l'objet d'une sombre fierté.

Après la Restauration, pourtant, un culte royaliste a paru refleurir autour des images de ce roi monté sur l'échafaud « comme le divin représentant de la nature humaine avec une couronne d'épines et un sceptre de roseau ». Mais la tradition royaliste ne fournissait guère d'aliment à ce culte inédit. Même Ballanche, qui décrit l'échafaud comme une croix et Louis XVI comme un Christ, ne réussit pas à voir dans les cérémonies officielles d'expiation (inlassablement et pédagogiquement mises en scène pour faire sentir au peuple le miracle du retour des Bourbons) un culte authentique : il s'impose de haut en bas, n'entraîne aucune contagion de sympathie, se confine à quelques lieux (la Vendée) et à quelques milieux. A une époque très brève aussi : la poussée d'idolâtrie monarchique, la religion des souvenirs, la dévotion à l'« enfant du miracle », l'attendrissement par lequel s'étend ce que Michelet appelle le « parti pleureur » ne durent que le temps de la Restauration.

Un culte sans portée sacrale — nul ne voit plus dans le roi le capitaine de Dieu, celui pour lequel les anges combattent — et sans appui populaire. Cournot raconte dans ses souvenirs que nul en 1814 ne savait plus ce qu'étaient devenus les frères et les neveux de Louis XVI, et du reste personne au procès n'avait demandé leur mort ni celle du dauphin, tant les rois en puissance paraissaient peu dangereux. « Les destinées de la vieille monarchie étaient closes », et on eut beau la restaurer, elle ne cessa de se penser elle-même à la lumière de l'échafaud. C'est ce qu'exprime Jaurès : « Le peuple a contracté avec la monarchie des habitudes de familiarité terrible et que rien n'effacera. » La mort du roi signe ainsi la mort d'un système de représentation du pouvoir.

C'est dire que sa brutalité est seulement apparente et que la royauté sacrale est morte en France bien avant le procès du roi. De quand, exactement, date le désenchantement du royaume ? C'est une question embarrassante pour l'historien, auquel pourtant le règne de Louis XIV fournit quelques hypothèses : en accentuant l'idéologie de la transmission par le sang au détriment du droit public de la monarchie, en attachant le droit divin moins à un principe qu'à une personne concrète, Louis XIV et Bossuet ont, sous les apparences éblouissantes de la royauté solaire, fragilisé le roi ; en poursuivant une politique d'affranchissement à l'égard du sacerdoce, la royauté, Quinet le dit très bien, « a mis son génie à se séparer du sanctuaire » et s'est exposée à exhiber « son isolement et sa nudité » ; en se déliant tout ensemble du juridique et du religieux, le roi devient sans loi ni foi. Si à tout cela on ajoute le nivellement féroce que le jansénisme a introduit entre les êtres, en montrant leur égalité entière dans l'abjection, devant la mort et la damnation qu'ils ont tous identiquement méritées, d'où résulte ce que Louis Blanc appelle « le prodigieux abaissement des majestés de convention », on comprend mieux que le pathétique ait déserté la scène du procès et de la mort du roi.

Mona Ozouf

ORIENTATION BIBLIOGRAPHIQUE

BONGIE, Laurence L. *David Hume, Prophet of the Counter-Revolution,* Oxford, Clarendon Press, 1965.

JAURÈS, Jean. *Histoire socialiste de la Révolution française,* t. 4, *La Convention,* Paris, Editions sociales, 1969.

KANT, Emmanuel. *Eléments métaphysiques de la doctrine du droit,* Paris, 1853.

MICHELET, Jules. *Histoire de la Révolution française,* t. 2, livre IX, Paris, La Pléiade, 1952.

PATRICK, Alison. *The Men of the First French Republic : Political Alignments in the National Convention of 1792,* Baltimore et Londres, Johns Hopkins University Press, 1972.

SELIGMAN, Edmond. *La Justice en France pendant la Révolution, 1791-1793,* t. 2, Paris, 1913.

WALZER, Michael. *Regicide and Revolution,* Londres et New York, Cambridge University Press, 1974.

RENVOIS

RÉVOLUTION A SAINT-DOMINGUE

La grande révolte des esclaves de Saint-Domingue est un des phénomènes les plus déconcertants, et peut-être le moins connu de l'histoire de la Révolution ; cet épisode dramatique, et mythique à la fois, de la réaction anticoloniale surgit d'abord chez les Noirs libres, il touche ensuite les esclaves, se développe avec les décrets de la Convention, et se transforme en mouvement institutionnel avec l'ascension de Toussaint Louverture. C'est une révolution dans la révolution ; rejetons de 89, les événements de Saint-Domingue se déroulent parallèlement à la Révolution française : ils en ont l'enthousiasme, les contradictions, l'exaltation, les chutes de tension, ils en connaissent la terreur et la mort. Ils sont le précieux révélateur d'un changement radical des relations entre le centre et la périphérie, où nous sommes encore pris : histoire qui, pour une part, reste à écrire.

En 1790, Saint-Domingue demeure encore la plus riche des colonies françaises, et peut-être la plus florissante des colonies européennes de tous les temps. Grande comme la Belgique, trois cent cinquante fois plus petite que le Canada, la part française de l'île d'Hispaniola procure à la France les trois quarts de la production mondiale de sucre et alimente à elle seule un tiers du commerce extérieur français. Un gouverneur nommé par le roi et un intendant général administrent la colonie pour le compte du monarque et du ministère de la Marine marchande, tandis qu'un Conseil supérieur de la magistrature, à Port-au-Prince, tient le rôle d'un parlement souverain dans un régime d'autonomie limitée, où l'exclusivité du commerce avec la métropole sert de principe aux lois économiques. Plus de 500 000 esclaves travaillent sans relâche pour assurer à la métropole les denrées coloniales que la crise financière de la décennie 1780-1790 rend encore plus précieuses. Les voyageurs, toujours plus nombreux, qui visitent l'île dans ces années-là peuvent dénombrer 800 sucreries, 3 117 caféteries, 789 cotonneries, 3 151 indigoteries, 370 fours à chaux, 16 000 chevaux, 12 000 têtes de bétail, le tout pour un chiffre d'affaires de 200 millions de livres tournois, une somme impressionnante. Entre 1783 et 1789, la production de sucre de Saint-Domingue double ; le nombre des esclaves continue à croître : en 1771, on en importait 10 000 par an, ce chiffre passe à 27 000 en 1786, 40 000 en 1785, et dépasse les 50 000 en 1789, alors que la population d'esclaves venus d'Afrique surpasse déjà celle des créoles. Au même moment, le nombre des « gens de couleur libres » augmente et passe de 12 000 en 1780 à 28 000 en 1789.

Cependant, la fragilité du mécanisme socio-économique qui règle la vie de la colonie est manifeste : face à cette immense production de denrées coloniales, la production de biens alimentaires pour la consommation interne ne suffit pas aux besoins de la colonie qui doit tout importer de la métropole ou, en contrebande, des colonies voisines. Personne ne veut renoncer aux plantations de canne et aux bénéfices de la vente du sucre, à quoi tout est sacrifié. Trente mille colons blancs sont au sommet d'un univers hiérarchique et fermé dans lequel l'aristocratie de la peau forme la limite inviolable d'un système racial qui refuse à jamais aux descendants, même indirects, d'esclaves la dignité d'être humain. Un Code noir, anciennement promulgué en 1685, reconfirmé en 1724 et systématiquement mis à jour par une magistrature locale plus proche des colons blancs que liée à la métropole, impose un grand nombre de restrictions raciales qui sanctionnent légalement un régime passablement éloigné du modèle éclairé de l'Etat aristocratique du xviii⁰ siècle.

La population de la colonie, que Moreau de Saint-Méry a magistralement dépeinte dans sa *Description de la partie française de l'île espagnole de Saint-Domingue*, est divisée nettement en trois classes. La première, intouchable, est celle des Blancs : à l'intérieur, tous les hommes sont égaux, puisque tous peuvent accéder aux carrières publiques et acquérir propriétés et privilèges. La seconde classe est celle des mulâtres. Souvent libres depuis des générations, et parfois parfaitement blancs de peau, ils forment une sorte de Tiers Etat dans la hiérarchie coloniale ; entreprenants et dynamiques, propriétaires de plantations et d'esclaves, ils n'ont ni la possibilité d'accéder aux carrières publiques ni celle de partager une vie sociale avec les Blancs : les lois de la colonie leur imposent un habillement modeste et un nom africain afin que personne n'oublie leur origine ; à l'église, au théâtre, à la mairie leurs sont réservés des places séparées et distantes de celles de la communauté blanche. A l'intérieur, la classe des mulâtres se subdivise en une hiérarchie génétique variée qui distingue les individus les uns des autres en raison de la proximité de l'ascendance blanche ou de l'éloignement de la filiation noire. A la troisième classe appartiennent les esclaves. Une ligne invisible sépare définitivement la première classe des deux autres, et aussi proche que puisse être un mulâtre d'un Blanc, il ne pourra jamais être considéré comme tel. Un tel préjugé, note Moreau de Saint-Méry, est indispensable à la stabilité sociale de la colonie, car il fonde la supériorité des Blancs sur les Noirs, qui justifie l'esclavage : pourquoi autrement un Noir devrait-il accepter d'être l'esclave d'un Blanc ?

Ces mêmes Blancs, si assurés de leur rapport aux « gens de couleur », ne sont pas cependant unis entre

eux. Lorsqu'en 1789 arrive au Cap l'annonce de la
Révolution, ils se divisent en deux factions, où s'opposent les intérêts, les idéaux, les positions politiques,
la loyauté envers la couronne. D'un côté les « petits
Blancs », commerçants, intendants, petits-bourgeois,
artisans font leurs les premières revendications politiques du Tiers Etat, tout en prônant obstinément
une nette séparation raciale d'avec les mulâtres ; de
l'autre, les « grands Blancs », propriétaires de terres et
riches bureaucrates font bloc autour du gouverneur
pour défendre l'Ancien Régime, dans la crainte que
toute altération du système politique français ne
puisse se traduire, à leur détriment, par une atteinte
au système esclavagiste. Avec les progrès de la révolution en métropole et la montée des « petits Blancs »,
que rejoignent peu à peu les propriétaires résidents
dans la colonie, l'hostilité dans les rapports avec les
« gens de couleur libres » s'accentue : souvent prospères, parfois plus riches que les « petits Blancs » et en
pleine ascension économique, les mulâtres représentent une menace sans cesse plus redoutable pour une
classe qui aspire à contrôler complètement l'économie
et l'administration coloniales.

C'est à l'automne 1790 que le conflit éclate, lorsque
le mulâtre Ogé débarque à Saint-Domingue avec l'intention d'imposer, par la conviction ou la force,
l'application de la Déclaration des droits de l'homme
aux « gens de couleur libres ». Jeune, riche et instruit,
Vincent Ogé a vécu à Paris les premiers moments
révolutionnaires à l'ombre de la « Société des amis
des Noirs » animée par l'abbé Grégoire, Brissot,
Condorcet. Parti à la fin du mois de septembre, en
dépit de l'avis contraire de Grégoire qui redoutait son
excès d'enthousiasme, il arrive à Saint-Domingue le
26 octobre. A la Grande-Rivière, où il rassemble un
millier de mulâtres par des discours enflammés, se
produisent les premiers chocs avec les colons blancs,
qui voient avec crainte toute référence, directe ou
indirecte, à la Déclaration des droits, comme une
menace tangible à leur prospérité. Le 28, un Blanc qui

refuse de reconnaître l'égalité juridique des mulâtres est tué, et le 29, deux dragons, envoyés sur place pour rétablir l'ordre, sont massacrés : la révolte est en marche, tout retour en arrière est impossible. Le 31, un régiment de dragons disperse les mulâtres, et contraint Ogé à fuir dans la partie espagnole de l'île. Mais désormais, les idées de la Déclaration des droits sont répandues un peu partout parmi les mulâtres, et l'exécution sommaire d'Ogé, de son ami Chavannes, et de vingt autres compagnons de fuite, ordonnée par les Espagnols (9 février 1791), ne fait que radicaliser un conflit qui n'avait pas perturbé, jusqu'alors, la vie économique de la colonie.

Après la fin dramatique d'Ogé, l'hostilité entre les colons et les mulâtres ne fait que croître. Les premiers ne cèdent rien sur leur opposition à voir les seconds jouir des droits politiques, bien que les uns et les autres aient en commun une fidélité à l'institution de l'esclavage et au mode de production colonial. La question du vote des mulâtres devient le point crucial où se joue le sort de la colonie : car leur accorder ce droit revenait à renoncer à la supériorité raciale, alors que le leur refuser pouvait les inciter à s'allier aux esclaves contre les Blancs. Par leur indécision, les Blancs vont aller à la ruine. Attaqués de tous côtés, ils s'avèrent incapables de trouver une solution à la question des mulâtres.

Dans ce climat de tension grandissante éclate la révolte des esclaves, le 23 août 1791. L'insurrection a pris naissance dans les *mornes* autour du Cap-Français, et de là elle se répand dans les plaines du Nord, excitée par le fanatisme religieux et la griserie des premiers succès. La vague des esclaves révoltés arrive à l'improviste et se transforme vite en fleuve en crue que les colons s'épuisent à maîtriser, en subissant des pertes humaines et matérielles sans précédent : en huit jours seulement plus de 800 sucreries et 600 caféteries sont complètement détruites. Contrairement à ce qui s'était passé les années précédentes, au cours des multiples insurrections qui avaient accompagné la naissance et le développement de la colonie, cette fois la volonté et la force des rebelles dépassent toute prévision et deviennent un phénomène irrépressible qui attire à soi progressivement tous les esclaves du nord, plantation après plantation, quelles que soient leur conditions de vie et leurs fonctions.

Les colons demeurent impuissants, ils ne savent quelle décision prendre, et restent hésitants sur la nécessité d'une action de défense aussi énergique que coûteuse économiquement. A la fin du moins d'août, seul le Cap résiste à la fureur des révoltés : à l'intérieur de la ville, les Blancs torturent et mettent à mort les Noirs qui tombent entre leurs mains ; au dehors, les Noirs massacrent les Blancs qui sont restés pour défendre les plantations. Quand Boukman, le grand chef de la révolte, est capturé, décapité et exposé en place publique, les Noirs se divisent en deux grandes bandes sous les ordres de Biassou et Jean François. A ce moment, l'insurrection perd quelque peu de son élan initial et les Blancs réussissent d'une certaine façon à circonscrire la rébellion en fortifiant quelques plantations de l'ouest et en créant ainsi un cordon sanitaire qui empêche la diffusion de la révolte.

C'est alors que le Noir Toussaint Louverture abandonne la Maison Breda et décide de participer à l'insurrection sous les ordres de l'incertain Biassou : « Je suis Toussaint Louverture... J'ai entrepris la vengeance. Je veux que la liberté et l'égalité règnent à Saint-Domingue », écrira plus tard cet intendant, déjà avancé en âge, libre depuis plusieurs années et décidé à combattre pour l'abolition de l'esclavage. L'intervention de Toussaint apporte un nouvel enthousiasme aux révoltés : cultivé et conscient des valeurs de la culture des Blancs, l'ancien esclave unit au prestige charismatique d'un grand chef la prudence de celui qui connaît le pouvoir des colons. Essayant de réorganiser et de discipliner les esclaves, il transforme les groupuscules désordonnés de Biassou et de Jean François en une armée mieux structurée où le courage et l'enthousiasme suppléent à la faiblesse des moyens ; la discipline sévère alterne avec l'éducation politique : l'esclavage doit être aboli à tout prix. Toussaint réorganise ainsi les troupes des Noirs, leur impose l'ordre et la discipline nécessaires à une lutte longue et sans merci. Cependant, dans le reste de la colonie, les mulâtres continuent à combattre les Blancs, sans hésiter à utiliser leurs propres esclaves pour l'emporter. Quand la nouvelle de la révolte atteint la France, le 27 octobre 1791, la colonie entière est en flammes, la production de canne à sucre a cessé complètement, les vivres sont rares : le message, daté du 26 septembre, apporte la confusion sur les bancs de l'Assemblée nationale, où Amis des Noirs et députés procolonialistes s'affrontent depuis longtemps sur la question des droits des mulâtres.

Le 25 juillet 1792, les commissaires aux colonies Santhonax, Polverel et Ailhaud s'embarquent pour Saint-Domingue à la tête d'un corps expéditionnaire de 6 000 soldats avec pour tâches de rétablir l'ordre et de faire appliquer le décret de mars 1792 qui accorde aux mulâtres une pleine égalité juridique. La colonie, que les nouveaux commissaires vont administrer, est un territoire désormais divisé en trois grandes régions, dominées tantôt par les Blancs, tantôt par les mulâtres ou par les Noirs. Au nord, les colons blancs s'opposent à Toussaint Louverture pour la maîtrise des grandes plaines ; à l'ouest, la prédominance des mulâtres de Rigaud et Beauvais est incontestée : après avoir occupé Port-au-Prince et libéré quelques-uns des chefs noirs rebelles, ils ont remis les esclaves dans leurs chaînes. Au sud, une nouvelle insurrection d'esclaves gagne du terrain. La proclamation de la République et la déclaration de guerre à l'Espagne et à l'Angleterre provoquent de nouveaux troubles : beaucoup de colonies esclavagistes décident de rejoindre le parti de l'Angleterre pour défendre leur statut, que menacent toujours davantage les événements révolutionnaires. Pour leur part, les chefs rebelles, Toussaint Louverture, Jean François et Biassou, s'engagent dans l'armée espagnole en échange d'une promesse de

liberté. En septembre 1792, la Martinique et la Guadeloupe proclament leur indépendance et hissent la
cocarde blanche ; en juin 1793, le gouverneur Galbaud s'enfuit de Saint-Domingue avec un groupe de
colons monarchistes.

Avec le blocus naval anglais, l'île se retrouve isolée
politiquement et économiquement. Les derniers jours
d'août, dans un climat de dégradation progressive des
structures politiques de la colonie et face au risque
d'une occupation anglaise, le commissaire Santhonax
décide finalement de proclamer l'abolition de l'esclavage et du Code noir dans les territoires du nord,
demeurés sous son autorité. Moins d'un mois plus
tard, le 21 septembre 1793, le décret est étendu aux
départements de l'ouest et du sud. Le 16 pluviôse de
l'an II (4 février 1794), l'esclavage est aboli sur tous
les territoires de la République : « La Convention
nationale déclare l'abolition de l'esclavage dans toutes
les colonies. En conséquence, elle déclare tous les
hommes, sans distinction de couleur, résidents dans
ces colonies, citoyens français. Comme tels, ils jouissent de tous les droits garantis par la Constitution. »

Quand, en juin 1794, la nouvelle du décret abolitionniste arrive à Saint-Domingue, le panorama politique de la colonie change radicalement : petits Blancs
et grands Blancs cessent de constituer une force politique et militaire compacte, tandis que les Noirs
voient leur pouvoir croître énormément, avec leur
reconnaissance d'hommes libres. C'est alors seulement que Toussaint Louverture épouse la cause de la
Révolution française et jure fidélité à la République.
Après cinq ans d'une guerre sans merci, contre les
Blancs, les mulâtres, les Français, les Anglais, les
Espagnols, une fois partis Santhonax et Polverel, et
défait le général Hédouville, il aura conquis enfin le
siège de gouverneur (1798), maître incontesté de ce
qui reste de Saint-Domingue. A ses ordres, une armée
multiraciale rassemble des détachements métropolitains et coloniaux : l'idée de la république s'identifie
chez les anciens esclaves à la conquête de la liberté,

leur unique désir est de pouvoir cultiver un morceau de terre de quoi tirer le nécessaire pour vivre.

Toussaint se révèle un homme politique décidé et autoritaire : prudent avec les Blancs dont il sait ne pouvoir se passer pour reconstruire la colonie et inflexible avec les Noirs qu'il contraint, en dépit de leur volonté, à un travail dur et discipliné dans les plantations qu'ils avaient cultivées comme esclaves. Véritable utopie coloniale, souhaitée déjà en son temps par les philosophes et les physiocrates, la politique que tente Toussaint Louverture (1798-1801) pour rendre aux plantations leur antique splendeur se heurte à la méfiance des Blancs, qui ne croient pas aux promesses du gouverneur, et à la rancœur des Noirs qui, contraints d'abandonner des cultures plus lucratives pour eux, travaillent peu et de mauvais gré. L'équilibre social et économique qui se crée reste précaire et, de part et d'autre, on note des signes de mécontentement.

Les nouvelles de la métropole contribuent à accroître la complexité de cette vie commune : le Directoire regarde avec méfiance l'ascension politique de Toussaint et il redoute les velléités d'indépendance des Noirs, tandis que les intérêts économiques du pays imposent une réévaluation du problème colonial et un rapprochement avec les négociants de l'Atlantique et les grands Blancs réfugiés en France. Les colons esclavagistes retrouvent ainsi de la vigueur, les rumeurs de la venue d'une grande armée métropolitaine se font encore plus fréquentes. Le 5 novembre 1797, Toussaint envoie au Directoire une lettre ferme dans laquelle il accuse les propriétaires blancs de connivence avec les Anglais et menace d'une résistance à outrance quiconque chercherait à rétablir l'esclavage à Saint-Domingue. Le 21 janvier 1800, il s'empare de la partie espagnole de l'île. La nouvelle Constitution de la colonie divise le territoire en huit départements administratifs qui sont placés sous le contrôle direct de Toussaint Louverture, gouverneur à vie. La France consulaire n'est plus disposée alors à tolérer l'évolution nouvelle d'une colonie qui s'éloigne inexorablement de la métropole, et d'un gouvernement noir qui refuse toute dépendance politique.

Sous quel régime les colonies ont-elles connu la plus grande prospérité ? L'esclavage. La logique bonapartiste veut donc que l'esclavage soit restauré. Entre novembre et décembre 1801, 94 navires quittent la France pour transporter à Saint-Domingue une armée de 35 000 soldats. Les plus fameux héros des premières campagnes de Napoléon sont à leur tête : Dugua, commandant général en Egypte, Boudet, héros de Marengo, Humbert, commandant des corps expéditionnaires en Irlande, Villaret-Joyeuse, amiral général de la flotte, Victor-Emmanuel Leclerc, beau-frère de Bonaparte et commandant en chef. Ce sera une défaite. En un an, l'expédition française perdra les neuf dixièmes de ses effectifs, brisée par les embuscades de Toussaint et par une épidémie dramatique de fièvre jaune. Lorsque, le 2 novembre 1802, Leclerc succombe à la maladie, les troupes françaises, qui ont pourtant réussi à déporter en France Toussaint Louverture, ne sont plus en mesure de maîtriser la situation. Le 9 novembre 1803, Dessaline proclame l'indépendance de Haïti ; avant la fin de l'année, aucun Blanc ne survivra à la terreur qui accompagne la naissance du nouvel Etat. C'est ainsi que Saint-Domingue, la « reine des Antilles », est perdue à jamais.

*
* *

Les liens qui unissent indissolublement les colonies à la Révolution, la Révolution à l'insurrection des mulâtres, l'insurrection des mulâtres à la révolte des esclaves sont évidents. Un événement amène l'autre, dans un enchaînement de causes et d'effets qui, à partir de la Déclaration des droits, bouleverse la vie de la colonie par la promesse d'un changement politique qui dépasse les intentions même des Constituants, jusqu'à l'abolition de l'esclavage, à laquelle personne ne pensait lors des premières journées révolutionnaires. Entre 1789 et 1794, la question des colonies et des droits des « gens de couleur » libres est, en effet, souvent débattue à l'Assemblée nationale ; mais peu de députés semblent connaître à fond le problème, et ils paraissent davantage préoccupés de protéger le commerce atlantique que de ne pas accorder aux mulâtres de pleins droits civils. La question de la validité effective de la Déclaration des droits pour les Noirs libres est posée pour la première fois le 22 octobre 1789, quand une délégation de mulâtres, conduite par l'avocat de couleur Raymond, se présente devant le président de l'Assemblée pour demander l'application de la Déclaration à tous les hommes libres. Accueillis dans l'enthousiasme et sous les applaudissements unanimes des députés, ils n'obtiennent toutefois que des promesses générales. Le 2 mars 1790, on décide d'élaborer une solution en créant une commission pour les colonies dont la présidence est confiée à Barnave. La position de celui-ci en la matière est notoire : lié aux hommes du lobby colonial, il ne semble pas hésiter sur la manière d'affronter le problème. La France a besoin des colonies, et il faut à tout prix préserver le monopole de la bourgeoisie métropolitaine sur le commerce colonial pour pouvoir mener avec succès la Révolution à son terme. Aussi convient-il de ne pas heurter les colons, hostiles à ce monopole, sur la question des mulâtres, mais au contraire de leur concéder une pleine autonomie. Barnave réussit à convaincre l'Assemblée d'accepter ses thèses et de mettre en sourdine le problème de l'égalité juridique des mulâtres afin de maintenir la prospérité du pays. Les colons mulâtres sont sacrifiés aux colons blancs. Plus tard, au début d'avril 1791, lorsqu'on annonce la pendaison d'Ogé, le parti des Noirs se renforce avec la vague d'émotion ; le 15 mai 1791, on accorde enfin le droit de vote aux mulâtres nés de parents libres.

Mais, après Varennes, les Feuillants de Barnave et Lameth réussissent encore à retarder l'application du

décret de mai jusqu'au vote du 24 septembre 1791 qui
l'annule définitivement. En octobre, avec la nouvelle
de la révolte des esclaves, la situation change de nouveau. Tandis que les *Révolutions de Paris* saluent avec
enthousiasme les rebelles, abolitionnistes et Feuillants
se renvoient mutuellement la responsabilité de la
révolte. Mais pouvait-on agir autrement ? Pouvait-on
courir le risque d'une sécession des colonies en
mécontentant les colons blancs ? Par ailleurs, le risque
d'une révolte des esclaves de proportion semblable
était-il aussi grand ? En 1791, peu de gens connaissent
avec précision la situation à Saint-Domingue et,
parmi eux, les plus notables, Gouy d'Arsy, Moreau de
Saint-Méry, Malouet, les frères Lameth, l'abbé Maury
sont en faveur du régime colonial ; ils argumentent
efficacement contre toute ouverture envers les mulâtres, craignant de rompre le délicat équilibre politico-
racial qui s'est établi dans les colonies avant la Révolution. Aussi le débat traîne-t-il avec les années, et
lorsque, le 24 mars 1792, l'Assemblée nationale
décrète l'égalité juridique des mulâtres, il est déjà bien
tard.

Entre 1789 et 1792, Saint-Domingue a vu se développer trois mouvements politiques différents, dont la
portée réelle n'est pas bien comprise en France : les
petits Blancs ont épousé la cause de la Révolution,
avec l'intention d'abolir l'exclusivisme des grands
planteurs et d'exproprier les mulâtres ; les mulâtres
propriétaires, se souvenant d'avoir obtenu de l'Assemblée nationale une pleine égalité juridique se sont
soulevés pour que soit appliquée à leur avantage la
Déclaration des droits ; les esclaves se sont révoltés
contre l'esclavage et ont ainsi désagrégé l'édifice
économique de la colonie. Mais que demandaient les
esclaves révoltés ? Des conditions de vie plus dignes ?
Un traitement plus humain ? La possibilité d'une
ascension sociale que niait à jamais leur ascendance
africaine ? La réponse est difficile. De fait, l'insurrection d'août 1791 est un mouvement spontané qui
recueille le mécontentement et la rancœur accumulés

en des années d'esclavage ; mais il devient un phénomène révolutionnaire irrépressible par suite de la
faiblesse des structures du pouvoir blanc, aussi solide
sur le plan symbolique que fragile politiquement et
socialement, et pour cette raison incapable d'affronter
efficacement le changement révolutionnaire. Les
colons, qui avaient fondé leur pouvoir sur la conviction d'un privilège racial, reconnu universellement par
les Noirs et les mulâtres, ne sont plus en mesure,
après 1789, de remplacer ce privilège sans recourir à
la force des armes ; mais ils sont impuissants face à
une masse d'esclaves vingt fois plus nombreuse.
Image d'elle-même où une aristocratie génétique
trouvait sa noblesse originelle, l'idée de la race était
enracinée en chaque homme de Saint-Domingue
avant l'arrivée de la Déclaration des droits ; colons
blancs et mulâtres avaient ainsi pour objectif commun
d'affirmer leur propre supériorité, dans un monde qui
par ailleurs n'avait plus rien de l'Ancien Régime : la
plantation avait remplacé la seigneurie, la production
s'était substituée à la consommation, et l'industrie à
l'agriculture. Aussi les nouvelles de la Révolution
métropolitaine bouleversaient-elles la vie de la colonie
avec des conséquences particulièrement dévastatrices.
Mais la Déclaration des droits change la sémiologie
du pouvoir à Saint-Domingue ; et elle ruine son fondement aristocratique et racial qui a permis aux
colons de contrôler, avec quelques centaines de soldats blancs, plus d'un demi-million d'esclaves : plus
de privilèges, plus d'aristocratie, mais la liberté économique, l'égalité juridique, la fraternité. Peu importe si
la Déclaration du 26 août est seulement une déclaration d'intention dirigée vers les élites intellectuelles
du Tiers Etat ; pour la colonie, ces paroles arrivent et
sont interprétées comme une menace, ou une promesse, d'un changement radical du système. Les
colons sont les premiers à saisir la portée universelle
de la Déclaration et ils tentent, par tous les moyens,
d'en empêcher toute lecture ; les mulâtres, par l'intermédiaire d'Ogé, en réclament les bénéfices ; ce

sont encore les mulâtres qui, ne les obtenant pas, s'insurgent contre les petits Blancs. Désormais, l'équilibre social délicat de Saint-Domingue est rompu et marche vers la crise. Quand les esclaves brisent leurs chaînes, le mécanisme élitaire, base du pouvoir blanc, est déjà en voie de décomposition car privé des principes raciaux où il trouvait son fondement. Il n'est plus nécessaire d'évoquer longuement le débat sur l'abolition à l'Assemblée nationale, de même qu'il ne sert de prendre position contre le Barnave du Comité pour les colonies, ou d'exalter la cohérence abolitionniste d'un Condorcet ou d'un Brissot : la Déclaration des droits résout une fois pour toutes le problème, car elle porte en elle tous les présupposés de l'égalité juridique des mulâtres et de l'abolition de l'esclavage. Ce qui suit appartient à un débat contingent et tactique de plus en plus marqué par un mélange de déclarations de principe et de politique au jour le jour. C'est peut-être ce qui explique que la question de l'abolition de l'esclavage proprement dite soit presque ignorée des historiens de la Révolution, à quelque bord qu'ils appartiennent, de Michelet à Tocqueville, ou d'Aulard à Georges Lefebvre.

Massimiliano Santoro

ORIENTATION BIBLIOGRAPHIQUE

GIROD DE CHANTRANS, Justin de. *Voyage d'un Suisse dans les colonies d'Amérique*, Neufchâtel, 1785.

LACROIX, Pamphile de. *Mémoires pour servir à l'histoire de la Révolution de Saint-Domingue*, Paris, 1819.

MOREAU DE SAINT-MERY, Médéric, Louis, Elie. *Description topographique, physique, civile, politique et historique de la partie française de Saint-Domingue*, Philadelphie, 1797.

WIMPFEN baron de. *Voyage à Saint-Domingue pendant les années 1788, 1789, 1790*, Paris, 1797.

BENOT, Yves. *La Révolution française et la fin des colonies*, Paris, La Découverte, 1988.

CÉSAIRE, Aimé. *Toussaint Louverture*, Paris, Présence africaine, 1981.

DEBIEN, Gabriel. *Les Esclaves aux Antilles françaises,* Basse-Terre, Société d'Histoire de la Gaudeloupe, 1974.
GIROD, François. *La Vie quotidienne de la société créole.* Paris, Hachette, 1972.
PLUCHON, Pierre. *Toussaint Louverture,* Paris, Editions Caraïbes, 1979, et *Histoire de la colonisation française,* tome 1, Paris, Fayard, 1991.
THIBAU, Jacques. *Le Temps de Saint-Domingue,* Paris, J.-C. Lattès, 1989.

RENVOIS

Barnave
Brissot
Condorcet
Droits de l'homme
Egalité
Feuillants
Liberté

LA RÉVOLUTION
ET L'EUROPE

La Révolution française est loin d'avoir été le seul défi lancé à l'ordre politique de l'Ancien Régime en Europe. Avant 1789, il y avait eu des révolutions en Suisse, en Hollande et en Irlande — sans parler de la guerre d'Indépendance américaine contre la monarchie britannique. Dans les années 1790, il y eut encore d'autres tentatives de révolutions au sein de tout un groupe de pays européens : la Hollande, les pays rhénans, l'Italie et la Suisse, aussi bien que Malte et les pays bordant la Méditerranée à l'est. On ne peut les exclure en les considérant comme des phénomènes ponctuels, indépendants de ce qui se passait ailleurs, et on sait les profondes manifestations d'admiration qu'inspira la Révolution française et l'émulation qu'elle suscita. Pourtant il faut éviter de céder à la tentation d'une explication réductrice et globale comme cette idée d'une Révolution atlantique démocratique, qui a connu une vogue extraordinaire dans les années 1950 et 1960. Car, en réalité, il n'y a pas eu d'idéologie unique, et bien des événements que les tenants de la thèse « atlantiste » regardaient comme des révolutions ont eu peu de chose à voir avec la démocratie. En examinant les effets produits par la Révolution française en Allemagne, T. C. W. Blanning nous met à juste titre en garde contre l'interprétation idéologique d'ensemble des événements, proposée au cours de ces années-là. « Ce qui est décrit par l'Ecole atlantiste comme une grande révolution démocratique, affirme-t-il, ne fut en réalité rien de plus que l'expansion militaire de la République française. » Et il rejette toute notion de mouvement révolutionnaire à l'échelle européenne dans les années 1790. « En face de l'ampleur, de la durée, de l'intensité et surtout du succès de la Révolution française, les troubles qui se produisirent ailleurs en Europe deviennent pratiquement négligeables. »

L'opinion européenne libérale fut enthousiasmée par les idéaux de la Révolution française, mais les révolutionnaires mirent beaucoup du leur pour éveiller et soutenir cet enthousiasme. Ils se présentaient, de façon tout à fait explicite, comme les héritiers des traditions philosophiques des Lumières. Ils parlaient un langage qui, à bien des égards, était celui des penseurs laïques et progressistes du monde entier. De plus, si peu de temps après le rejet du joug anglais par les colonies américaines, 1789 semblait apporter aux masses opprimées du Vieux Continent une nouvelle espérance. Des idées de constitution analogues à celles qui avaient mobilisé les habitants de Genève en 1768 et les leaders des tout nouveaux Etats-Unis devenaient l'objet d'un débat dans l'une des plus puissantes monarchies d'Europe : la Déclaration des droits de l'homme fut le coup de clairon de la pensée des Lumières. Les Français par ailleurs allaient bien au-delà des revendications relativement prudentes des Américains, en plaidant en faveur des idées de démocratie et de souveraineté populaire, et en préconisant des changements sociaux aussi bien que politiques. Tour à tour, ils dénonçaient l'iniquité du féodalisme et la tyrannie des rois ; ils offraient leur aide à ceux qui faisaient eux aussi le souhait d'être les artisans de leur libération ; ils adoptaient publiquement le principe d'autodétermination nationale. « La Convention nationale, selon les termes du décret de La Révellière-Lépeaux du 19 novembre 1792, déclare au nom de la

Nation française qu'elle accordera fraternité et secours à tous les peuples qui voudront recouvrer leur liberté. » Ceux qui vivaient sous des régimes d'oppression plongés dans les ténèbres de l'ignorance étaient donc conviés à prendre la loi en main propre : l'insurrection n'était plus un crime, mais un droit que tous les peuples étaient appelés à exercer. Ils devaient, suivant les termes de la Convention, « s'affranchir eux-mêmes [...], se donner en légitimes souverains un gouvernement libre [...], se régénérer par un changement universel, conforme aux principes de liberté et d'égalité ». C'était là une doctrine enivrante dont les leaders révolutionnaires pensaient fort justement qu'elle leur donnerait l'immense avantage de propager leurs idées parmi les sujets des rois et des empereurs. Dans une Europe encore soumise à la royauté autocratique et à l'autorité ecclésiastique, on pouvait très facilement la considérer comme la panacée d'innombrables maux politiques.

Mais qui, précisément, lisait les discours des révolutionnaires ou réagissait aux idéaux qu'ils prêchaient ? Qui était vraiment en mesure de les lire ou d'en subir l'influence ? La société européenne était avant tout une société de paysans où le degré d'alphabétisation était terriblement bas ; dans une grande partie de l'Europe centrale et de l'Europe de l'Est, il y avait peu de villes véritables, le commerce se développait très lentement, et l'émergence d'une classe moyenne instruite en était nécessairement retardée. Des clubs et des salles de lecture n'avaient aucune chance de s'y créer comme en France, en Belgique ou en Hollande. De plus, dans la majorité des Etats européens, les dirigeants n'avaient pas intérêt à ce que leurs sujets soient pervertis par des idées venant d'ailleurs. Les nouvelles politiques étaient sévèrement censurées. Même les plus libéraux d'entre eux, ceux qu'on appelait les « despotes éclairés », ne se souciaient pas de voir les Lumières en venir à mettre en péril leur propre sécurité — et d'ailleurs le déclenchement de la Révolution en France montra bien vite la grande Catherine de Russie sous son vrai visage, typiquement réactionnaire. C'est donc sans surprise dans l'Europe de l'Ouest que les idéaux révolutionnaires trouvèrent leur plus grande audience et suscitèrent la réaction intellectuelle la plus significative : en Angleterre, où les intellectuels se flattaient de penser que les Français suivaient leur propre exemple, celui de la Glorieuse Révolution de 1688 ; en Suisse, où un gouvernement républicain avait déjà été formé et où l'idée de la révolution n'était plus nouvelle ; dans les cités commerçantes de Belgique ou de Hollande, où la prospérité économique et la libre pensée étaient solidement établies et où l'intérêt pour la politique française était stimulé pendant les dernières années de l'Ancien Régime par une presse politique forte, par des journaux comme la *Gazette de Leyde*.

La réaction la plus immédiate aux idées de la Révolution vint des écrivains et des intellectuels qui considéraient les événements de 1789 comme une étape décisive dans l'histoire de l'humanité, l'aboutissement naturel du ferment intellectuel du XVIIIe siècle. Cela paraissait une évidence à une époque où l'Assemblée nationale libérait les peuples des abus séculaires et où l'esprit de la Révolution semblait contenu dans la Déclaration des droits de l'homme. Dans la première période, avant de voir son image souillée par le bain de sang de la Terreur ou par l'intolérance de la déchristianisation, la France semblait offrir l'espoir à toute l'humanité éclairée. Il était encore possible de se représenter la Révolution comme garante des libertés et des droits individuels, et William Wordsworth n'était pas le seul à croire qu' « en cette aube se sentir vivre était bonheur suprême, être jeune félicité absolue ». En Angleterre, l'admiration pour les événements de 1789 était partagée par des hommes de science comme Joseph Priestley et des leaders politiques comme Charles James Fox. Tom Paine y trouva non seulement l'inspiration de ses *Droits de l'homme,* mais il vint en France en tant que citoyen d'honneur et siégea à l'Assemblée. Le même enthousiasme intellectuel était évident chez de nombreux voisins de la France sur le continent. En Hollande, des patriotes comme Valckenaer furent émus par le langage émancipateur de l'Assemblée nationale et crurent lire dans ses déclarations de fraternité une promesse universelle qui apporterait aussi la liberté aux Hollandais. De même, en Italie, où la physiocratie du XVIIIᵉ siècle s'était liée étroitement aux espoirs et aux aspirations nationalistes, les intellectuels se tournaient avidement vers le message provenant de Paris. Et en Allemagne, surtout dans les Etats du Sud, la Révolution reçut dès le début un accueil enthousiaste de la part des écrivains, journalistes et membres des loges maçonniques.

L'historien doit pourtant considérer ces expressions de solidarité et d'espoir avec une certaine réserve. Les écrits d'un petit nombre de penseurs libéraux ou radicaux ne représentent que très partiellement les sentiments et les réactions populaires. Les patriotes de Hollande ne formaient guère qu'une minuscule élite privilégiée, concentrée à Amsterdam, ville dont les maisons avaient été violemment mises à sac par la populace en 1787. De la même façon, en Angleterre, l'opinion publique ne se rallia pas massivement aux idées de l'Assemblée nationale : le patriotisme populaire était toujours une force puissante et il était facile de susciter rapidement des sentiments antifrançais pour défendre l'ordre établi. Priestley, par exemple, subit l'humiliation d'être malmené et lapidé par une foule monarchiste à Birmingham en 1791 ; de même, malgré sa passion pour les causes populaires, Paine ne bénéficia jamais que d'une fraction de la popularité de son rival conservateur, Edmund Burke. En réalité, lorsqu'on cherche à évaluer l'impact des écrits radicaux et du soutien intellectuel à la Révolution, il ne faut pas oublier que les années 1790 virent aussi paraître des œuvres philosophiques franchement hostiles aux principes de la Révolution qui plaidaient pour la monarchie absolue et la division naturelle de la société en états et en ordres. Ces œuvres eurent souvent une grande influence, et pas seulement au sein de

l'*establishment* politique. En outre, les idées radicales
étaient exprimées dans une langue si abstraite qu'elles
ne pouvaient prétendre avoir une véritable influence
sur la population en général. Comme l'a montré Jacques Droz, cela n'était nulle part aussi vrai qu'en Allemagne où le radicalisme s'exprimait en termes huma-
nistes et cosmopolites sans grand rapport avec le débat
politique et les institutions nationales. En Allemagne,
souligne Droz, le divorce entre l'intellectuel et le politique était presque total. Des penseurs comme Kant
jugeaient la Révolution en fonction de son effet moral
sur l'âme humaine ; et les penseurs allemands de
conclure que dans une culture humaniste comme la
leur, les erreurs commises par les Français auraient pu
être plus facilement évitées. « Vidée de sa substance
historique, la Révolution apparaîtra à l'intelligence
allemande comme un fait métaphysique dont elle sup-
pute la valeur éthique. »

Le rôle joué par les philosophes politiques qui exal-
taient les idéaux de la Révolution n'allait devenir véritablement évident que bien plus tard, au cours du
siècle suivant, lorsque Fichte et Herder contribuèrent
à rattacher la tradition révolutionnaire à un nouveau
nationalisme allemand foncièrement romantique, et
que Buonarroti prêcha la valeur de la révolution spontanée à une nouvelle génération de radicaux italiens.
Ils allaient jouer un rôle crucial dans la création d'un
mythe révolutionnaire qui continua à rallier des partisans dans l'Europe de 1830, de 1848 et au-delà, dans
la concrétisation de l'idée de la « grande Nation » à
laquelle les révolutionnaires eux-mêmes étaient si attachés. Mais dans le contexte des années 1790, leur
contribution resta limitée. On peut dire la même
chose des petits groupes politiques radicaux, qui se
désignèrent généralement du nom de patriotes au
début, puis de Jacobins après 1793 ou 1794 ; à
l'exemple des Français, ils créèrent des clubs et des
sociétés populaires dans les grandes villes. Comme les
philosophes politiques qu'ils lisaient et admiraient,
beaucoup de ces hommes étaient issus des professions

libérales de l'Europe urbaine. Bien qu'on leur ait accordé une importance considérable dans l'historiographie nationale de leurs pays respectifs, en général pour avoir lancé ou encouragé des mouvements nationalistes naissants, ils étaient très peu nombreux et leurs buts étaient souvent incertains. Quant aux sociétés qu'ils animaient, elles provenaient généralement de loges maçonniques ou de cercles de lecture déjà existants, dont on changeait le nom pour les adapter à l'air du temps. En dépit de leur enthousiasme pour la cause révolutionnaire française, leur influence sur leurs concitoyens resta dans l'ensemble plutôt faible. Dans aucun des Etats italiens, ils ne réussirent durablement à constituer un soutien important. Dans la Confédération helvétique, leur tête de pont se réduisit surtout au pays de Vaud où l'influence française avait toujours été forte. Et malgré la considération dont les soi-disant jacobins allemands jouissent encore, le nombre de ceux qui étaient prêts à accueillir les Français en libérateurs en 1792 était en réalité très peu élevé. Ceux qui l'étaient, comme Georg Forster, demeurèrent extrêmement isolés.

Au niveau populaire, la Révolution française disposait d'un soutien ardent, mais là encore limité. En Angleterre par exemple, les événements de France insufflèrent une nouvelle vie à la politique radicale populaire, en donnant au mouvement en faveur des réformes parlementaires un caractère nouveau, plus égalitariste. De rassemblement de propriétaires fonciers qu'il était dans les années 1780, le mouvement de réforme passa entre les mains de radicaux urbains — des hommes qui avaient emprunté à la Révolution française son intérêt pour les droits naturels et dirigèrent donc leurs attaques contre les privilèges féodaux qui subsistaient dans la société anglaise. Des groupes comme la London Corresponding Society veillèrent à ce que les dernières nouvelles de Paris pussent atteindre un large public dans toute l'Angleterre, et dans les grandes villes comme Manchester et Sheffield, les artisans et les ouvriers menèrent une campagne active contre les mesures réactionnaires du gouvernement de Pitt. Mais comme à partir de 1793 la France et la Grande-Bretagne se trouvèrent en guerre, il devint difficile de se référer à l'exemple français sans être accusé de sédition, si bien que les radicaux anglais de cette période défendirent souvent les réformes parlementaires en invoquant les libertés anglo-saxonnes plutôt que les réalisations de la Convention. Pourtant l'influence de la Révolution restait indéniable. Les radicaux anglais, écossais et irlandais utilisaient le langage révolutionnaire et empruntaient le même symbolisme *sans-culotte*. On plantait des arbres de la liberté dans le sol des villes anglaises — ce qui était nouveau —, et on appelait à la grève pour soutenir les Français ; même, en 1797, les marins de la Marine royale à Spithead en vinrent à se mutiner, dans un rare esprit de solidarité. La conséquence la plus inquiétante aux yeux du gouvernement britannique fut l'appel lancé par les porte-parole radicaux anglais et écossais à une Convention britannique qui devait se réunir à Edimbourg en novembre 1793. Ce fut un geste de défi à l'encontre du gouvernement de Pitt qui utilisa des espions et des agents secrets pour se renseigner sur les activités des radicaux, et infligea des peines très sévères à leurs leaders, par l'intermédiaire de lord Braxfield et des cours de justice écossaises. Pitt parut l'emporter à court terme. Les radicaux furent brisés en tant que force politique, la London Corresponding Society réellement bâillonnée, ses liens avec les villes du Nord et du Centre détruits. Mais ils léguèrent au XIXe siècle un héritage émotionnel puissant.

La Grande-Bretagne offre un bon exemple de l'enthousiasme populaire pour les idées de la Révolution — et surtout pour le mouvement populaire parisien — précisément parce que cette réaction fut authentiquement spontanée. A la différence de la plupart des voisins continentaux de la France, elle ne fut pas envahie par les armées révolutionnaires ni soumise au genre de pressions qu'impliquaient la défaite militaire et l'occupation. Partout ailleurs en Europe, on a toujours considéré que les effets de la Révolution avaient été imposés par la force plutôt que recherchés par un libre choix du peuple. Car, malgré la sincérité mise par le gouvernement français en 1792 à soutenir le principe d'autodétermination nationale, on ne pouvait guère se faire d'illusion sur le véritable impact de l'invasion par les armées révolutionnaires. L'idéal fut bientôt vaincu par la nécessité financière, l'universalité de la Révolution par les besoins quotidiens de la guerre. En 1790, l'Assemblée nationale avait reçu une délégation internationale originale conduite par A. Cloots, demandant à la France d'apporter la liberté aux peuples d'Europe. Les premières annexions, Avignon et le Comtat, avaient été soigneusement pesées. Mais dès 1793, quand les Français se trouvèrent en guerre contre la plus grande partie de l'Europe monarchique, l'intérêt de la France et de la machine militaire française devint primordial. Des généraux comme Custine et des hommes politiques jacobins comme Danton exprimaient déjà l'idée que l'intérêt national exigeait des frontières naturelles solides et des butoirs pour se protéger des voisins contre-révolutionnaires de la France.

Les « pays ennemis » et les « pays conquis » ne pouvaient pas s'attendre à bénéficier d'une générosité irréaliste : les modalités de leur rattachement à la République française offrirent de nombreuses variantes, mais le contrôle français y fut toujours assuré. Ainsi, la Belgique en 1795 et le Piémont en 1802 furent tout simplement annexés et divisés en *départements* à la française, de façon arbitraire et sans consultation populaire, mais les pays rhénans en revanche ne furent annexés qu'après la signature d'un protocole solennel de traité entre les deux parties. De la même façon, on put présenter la République batave comme née de l'initiative de patriotes hollandais quand les Français avaient franchi la frontière pour envahir leur pays. En revanche la République Cisalpine fut une création arbitraire de Bonaparte. Dans certains cas, il fut possible de présenter la naissance d'une république sœur comme la réalisation du vœu des patriotes les plus avancés dans le territoire concerné : la République helvétique pouvait paraître répondre au rêve suisse nourri par Frédéric-César de La Harpe et Pierre Ochs. Mais de tels arguments étaient toujours plus ou moins spécieux. La ligne politique des pays conquis se trouva rarement en conflit avec la stratégie militaire française immédiate et se cantonna à des buts stratégiques à court terme. En Italie, c'est dans l'intérêt de la France qu'on entretint la faiblesse des diverses républiques pour pouvoir les exploiter de façon rentable. En Suisse, malgré les incessantes déclarations d'amitié de Paris, la Confédération fut envahie et annexée quand les priorités militaires l'exigèrent. En fait, dans presque tous les cas, c'est la solution politique imposée par Paris qui fut mise en œuvre. Le droit à l'autodétermination avait très vite cédé la place au besoin de sécurité nationale et, après Thermidor, la France revint une fois de plus à sa politique ancestrale : l'ambition d'acquérir des frontières naturelles. C'est pourquoi aucun des pays envahis n'eut le choix de la forme de gouvernement susceptible de lui convenir. La liberté n'était pas négociable.

L'intervention française, par ailleurs, allait bien au-delà du seul dessin des nouvelles frontières politiques. Des institutions politiques et des priorités idéologiques furent établies dans chacune des républiques sœurs, calquées le plus souvent sur celles qui existaient en France, et elles furent adoptées avec enthousiasme par les patriotes locaux. Ainsi, l'administration et la justice françaises furent implantées dans de nombreux secteurs de l'Europe de l'Ouest, avec des départements et des districts, des cantons et des communes, bien que des tentatives pour orienter la fiscalité locale fussent plus sporadiques et beaucoup moins réussies. Une presse politique fut créée pour refléter les orthodoxies dominantes de Paris. Et dans de nombreux pays de l'Europe occupée, des clubs et des sociétés populaires furent encouragés à répandre les idées révolutionnaires parmi la population locale — encore que, comme l'a fait remarquer

Jacques Godechot, ils aient souvent maintenu, en apparence, les règles de leur communauté locale ou soient devenus des avant-postes du néo-jacobinisme, étant en grande partie composés d'officiers de l'armée française très politisés. Comme en France, il y eut des réformes pour saper les bases du féodalisme et tenter de miner l'influence spirituelle de l'Eglise catholique. Dans ces deux domaines, les révolutionnaires croyaient sincèrement qu'ils œuvraient au bonheur des peuples tenus sous leur emprise, et dans de nombreuses républiques sœurs leur principal but politique était de jeter les bases d'une constitution qui garantirait la stabilité et un certain nombre de libertés fondamentales. Dans la majorité des cas, le résultat fut une constitution républicaine, fondée sur une liberté de propriété limitée et garantissant une forte autorité de l'exécutif — c'est-à-dire une constitution qui avait plus d'un point commun avec la Constitution française de l'an III.

Il semble bien que les Français aient par ces réformes apporté aux peuples conquis certains des bienfaits de leur propre Révolution, mais bien peu de Belges ou d'Italiens l'entendaient ainsi. Même théoriquement valables, les réformes avaient toute chance d'être condamnées par ceux qui les subissaient, puisqu'elles avaient été imposées par la conquête et non consenties librement. En outre, comment ces avantages politiques et sociaux auraient-ils pu balancer le coût économique de la présence française ? L'extension de la guerre en 1793 avait engendré la nécessité pour les armées françaises de vivre sur le pays, et le Comité de salut public ne cacha nullement que le but principal de l'annexion n'était pas la libération des peuples qui souffraient sous le joug de la tyrannie, mais l'acquisition de nourriture et de munitions pour les armées. L'invasion de l'Italie du Nord, par exemple, fut entreprise pour procurer aux armées françaises des ressources supplémentaires en vivres et des fonds nouveaux pour contribuer à payer les dépenses de guerre. Les intérêts des Italiens restèrent toujours au second plan. Les terres seigneuriales et cléricales avaient été converties en *biens nationaux* sur le modèle français, mais pour le Trésor français, non pour le bénéfice de la population italienne. On oublia le slogan révolutionnaire célèbre : « Guerre aux châteaux, paix aux chaumières », et toutes les catégories de la population durent participer à l'effort militaire français. Le 18 septembre 1793, le comité ordonna aux commandants des armées françaises dans les territoires occupés « de se procurer autant que possible, sur le pays ennemi, les subsistances nécessaires à l'approvisionnement des armées, ainsi qu'à l'armement, habillement, équipement et charrois ». En mai de l'année suivante, on institua quatre *agences de commerce* pour organiser l'évacuation des biens de première nécessité, en Espagne et dans les Alpes, en Belgique et sur le Rhin. Leur fonction était sommairement définie : emporter du lieu où ils se trouvaient tous les biens qui avaient une importance stratégique et « transporter en France les objets d'approvisionnement, commerce, arts et sciences qui y seront trouvés propres au service de la République ». Ces instructions avaient un vaste champ d'application. De plus, les commissaires militaires avaient l'ordre de taxer et de réquisitionner sur place, et de réserver des châtiments exemplaires à ceux qui résistaient. Ils payaient toutes ces réquisitions avec des assignats dévalués, ce qui ne contribuait pas à accroître leur popularité.

Le coût économique de l'invasion et de la conquête pour les voisins de la France fut ainsi souvent écrasant. On ne prit en compte ni les sentiments des populations locales ni leurs possibilités réelles de contribution. En Belgique, au cours de l'an III, le commissaire ordonnateur Sabin Bourcier pouvait exiger que « la moitié des subsistances en grains, froment, seigle, avoine, foins et paille existant dans la Belgique et les pays conquis » fût saisie pour l'usage des troupes françaises. Hoche, sur la Moselle, ordonnait à ses commandants de division de n'avoir en tête qu'une seule chose : ils étaient dans un pays riche, un pays qui pouvait largement payer sa part des dépenses de l'armée française. Ils ne devaient par conséquent avoir aucun état d'âme en exécutant les ordres, surtout parce qu'ils devaient se rappeler qu'en cas de défaite française les populations locales s'empresseraient de prendre les armes contre eux. On estimait que les « pays conquis » avaient, envers la France, le devoir de participer totalement aux coûts et obligations de la guerre. Ils devaient fournir leur part de troupes pour les levées françaises, fournir des charrettes, des chevaux et des bœufs pour contribuer à aider les armées sur leur sol et payer d'énormes sommes d'argent en contributions de guerre, des taxes additionnelles imposées arbitrairement pour acheter des fournitures de guerre. Dans la République helvétique, les cantons de Berne, Zurich, Soleure et Fribourg furent imposés collectivement en 1798 de 16 millions de livres, avec l'ordre exprès d'avoir à fournir le premier cinquième de la somme dans un délai de cinq jours. Si ces obligations n'étaient pas remplies, les Français avaient recours à tout l'arsenal des mesures punitives dont ils disposaient — prise d'otages et cantonnement des soldats, entre autres.

Les réquisitions et les contributions représentaient l'aspect semi-légal de l'occupation militaire. Mais la présence des armées françaises laissait d'autres blessures qui contribuaient à inspirer aux vaincus le rejet de la Révolution au nom de laquelle on les soumettait. Comme toutes les armées de cette époque, les armées françaises se montraient souvent brutales et sans pitié dans leur façon de traiter les habitants des villages et des villes qu'ils traversaient. Le pillage était un privilège très apprécié du vainqueur, et les citoyens des pays conquis apparaissaient comme des proies idéales et très attirantes. Mais si cela est vrai de toutes les armées du xviiie siècle, les forces françaises, simplement parce qu'elles étaient nombreuses, jeunes et inexpérimentées, étaient tout particulièrement redoutées dans les communautés civiles qu'elles traversaient. Même leurs généraux, pourtant conscients de

la grave menace que présentait le pillage pour la discipline militaire, reconnaissaient que dans certains cas
ils n'avaient pas d'autre choix que de fermer les yeux.
Car étant donné le manque de fiabilité des convois de
vivres, il n'y avait souvent pas d'autre solution pour
les soldats, s'ils voulaient subsister, que de voler et de
piller. Le pillage devenait une réquisition officieuse,
les troupes faisant main basse sur les chevaux, le
bétail, l'argent, la literie, les vêtements et les usten-
siles de cuisine. Les champs étaient régulièrement
dépouillés de leurs récoltes et le bétail rassemblé pour
nourrir des bataillons d'affamés. Cette sorte de pillage
était généralement assortie de scènes de violence et
d'ivrognerie, lorsque les troupes momentanément
libérées de la discipline de la caserne se trouvaient
lâchées sur la population civile ; il y avait en permanence dans les territoires occupés des plaintes concer-
nant des soldats débauchés et indisciplinés qui se suc-
cédaient dans les maisons, volant ce qui leur plaisait,
se livrant à des actes gratuits de vandalisme, frappant
ou violant tous ceux qui se trouvaient sur leur chemin.
Bien peu d'entre eux étaient traduits en justice, en
dépit de rares élans répressifs, venant soit de députés
en mission — comme Saint-Just avec les armées de
l'Est et du Nord — soit de généraux soucieux de rétablir un minimum de discipline dans les rangs. Le problème ne fut jamais vraiment résolu, et les armées
françaises continuèrent à piller pendant toute la
décennie, au grand dam et à la colère d'innombrables
Belges, Italiens ou habitants des régions rhénanes. Et
comme le note Blanning de façon émouvante pour les
pays rhénans, « pour couronner le tout, le butin
recueilli devait être emporté vers des dépôts français
dans des chariots réquisitionnés tirés par des chevaux
réquisitionnés conduits par des charretiers réquisitionnés ».

Il est naturellement tentant d'adopter le langage
missionnaire des révolutionnaires eux-mêmes et de
considérer la Révolution française, qui apportait
liberté, égalité et fraternité au continent européen, en

termes d'idéologie. Si l'on considère le long terme, peut-être y a-t-il quelque vérité dans cette façon de voir. A l'époque toutefois, de nombreux Européens, les paysans dans leurs chaumières tout comme les nobles dans leurs châteaux, jugeaient la Révolution à travers les actions des hommes politiques, administrateurs et soldats qu'elle leur envoyait. Ils voyaient venir avec une vive inquiétude les nouvelles demandes de réquisitions, les nouveaux ordres d'avoir à loger dans leurs communautés des troupes encore plus affamées et indisciplinées. Ils croyaient les pires rumeurs qui annonçaient l'arrivée des Français et se représentaient les révolutionnaires comme autant de bandits et d'athées, souillant les églises et profanant les lieux saints.

Ils considéraient la Révolution non pas avec gratitude, mais comme un peuple conquis considère ses vainqueurs ; et cette conquête, par la tournure qu'elle avait prise, ne représentait guère pour eux la liberté et encore moins la fraternité. En fait, le souvenir le plus durable que de nombreux peuples d'Europe gardèrent de ces années fut un mélange de peur et d'insécurité, une image ineffaçable d'occupation militaire et de pauvreté accablante. Dans ces conditions, il n'est guère surprenant qu'ils aient résisté à leurs conquérants ni qu'un esprit de nationalisme se soit créé à partir d'un sentiment de réaction contre les Français. Il n'est pas étonnant non plus que, lorsqu'ils en eurent l'occasion, un si grand nombre d'entre eux la saisirent en rejetant les Ligues patriotes si peu représentatives que la Révolution leur avait imposées par la force.

Alan Forrest

ORIENTATION BIBLIOGRAPHIQUE

BLANNING, T. C. W. *The French Revolution in Germany : Occupation and Resistance in the Rhineland, 1792-1802*, Oxford, Clarendon Press, 1983.

DEVLEESHOUWER, Robert. *L'Arrondissement du Brabant sous l'occupation française, 1794-1795, aspects administratifs et économiques*, Bruxelles, Université libre de Bruxelles, Institut de sociologie, 1964.

DROZ, Jacques. *L'Allemagne et la Révolution française*, Paris, Presses universitaires de France, 1949.

ELLIOTT, Marianne. *Partners in Revolution : United Irishmen and France*, New Haven, Yale University Press, 1982.

GODECHOT, Jacques. *La Grande Nation. L'expansion révolutionnaire de la France dans le monde de 1789 à 1799*, Paris, Aubier, 1956.

GOODWIN, Albert. *The Friends of Liberty : The English Democratic Movement in the Age of the French Revolution*, Cambridge (USA), Harvard University Press, 1979.

Occupants-occupés, 1792-1815. Colloque de Bruxelles, 29 et 30 janvier 1968, Bruxelles, Université libre de Bruxelles, Institut de sociologie, 1969.

RUFER, Alfred. *La Suisse et la Révolution française*, recueil préparé par Jean-René Suratteau, Paris, Société des études robespierristes, 1974.

SCHAMA, Simon. *Patriots and Liberators : Revolution in the Netherlands, 1780-1813*, New York, Knopf, 1977.

TASSIER, Suzanne. *Histoire de la Belgique sous l'occupation française en 1792 et 1793*, Bruxelles, Falk fils, G. van Campenhout, successeur, 1934.

WOOLF, Stuart. *A History of Italy, 1700-1860 : The Social Constraints of Political Change*, Londres, Methuen, 1979.

RENVOIS

Armée
Campagne d'Italie
Frontières naturelles
Révolution américaine

TERREUR

Le 5 septembre 1793, la Convention met « la Terreur » à l'ordre du jour. Elle veut dire qu'elle va organiser, systématiser et accélérer la répression des adversaires intérieurs de la République, entreprendre la punition expéditive de « tous les traîtres ». Mais cette déclaration brutale et candide, ce vote inaugural de la Terreur interviennent dans des conditions particulières. Depuis le matin, les sans-culottes ont envahi l'Assemblée et réclament à la fois du pain et la guillotine, la guillotine pour avoir du pain. Ce qu'ils veulent, et qu'ils auront quelques jours plus tard, c'est une « armée révolutionnaire » de l'intérieur, destinée à faire rendre gorge aux accapareurs et aux ennemis de la République, grâce à la menaçante machine qu'elle traînerait dans ses bagages, « l'instrument fatal qui tranche d'un seul coup et les complots et les jours de leurs auteurs ». Un peu après, une délégation des Jacobins reprend le même discours, dans une version moins frumentaire : ce sont les « traîtres » qu'il faut guillotiner. Et c'est pour donner satisfaction solennelle aux militants parisiens que le Comité de salut public décrète la Terreur à l'ordre du jour.

Les circonstances qui entourent ce vote célèbre indiquent qu'avant d'être un ensemble d'institutions répressives, utilisées par la République pour liquider ses adversaires et asseoir sa domination sur la crainte, la

Terreur est une revendication, fondée sur des convictions ou des croyances politiques, un trait de mentalité caractéristique de l'activisme révolutionnaire.

Comme telle, elle est antérieure à la dictature de l'an II, à la République, à la guerre avec l'Europe. Elle existe dès le début de l'été 1789, liée à l'idée que la Révolution est menacée par un complot aristocratique, dont seules des mesures expéditives peuvent venir à bout. Les violences populaires qui entourent à Paris la journée du 14-Juillet s'inscrivent déjà dans cette espèce de logique mi-économique mi-politique qui caractérise l'action de la foule parisienne : le meurtre du ministre Foullon de Doué, le 22, suivi par celui de son gendre, l'intendant de Paris Bertier de Sauvigny, est un châtiment sommaire où s'assouvit la hantise de l'accaparement des blés et du complot de Versailles. En septembre, avec Marat et *L'Ami du peuple*, l'idée terroriste trouve son journal et son homme. Le 6 octobre, les Parisiens ramènent à Paris moins un roi qu'un otage : ils voient dans le retour « du boulanger, de la boulangère et du petit mitron » la garantie du futur ravitaillement de Paris aussi bien que leur contrôle enfin assuré sur les activités du roi et sur les manèges de la reine et de l'entourage.

Car cette suspicion générale et systématique est inséparable d'une surestimation constante du caractère délibéré et des moyens incomparables de l'adversaire ; le complot s'alimente à l'idée de la toute-puissance de l'ennemi, à laquelle, pourtant, le peuple doit faire échec. Représentation qu'on trouve à l'état brut dans le petit peuple urbain, mais qui n'est pas absente de l'esprit de bien des députés, puisqu'elle trouve ses racines dans la culture politique nouvelle : tout comme la Révolution est ce basculement par où le peuple se réapproprie un pouvoir aliéné au roi et à Dieu, l'univers politique qu'elle inaugure est uniquement peuplé de volontés, sans rien laisser désormais en dehors du contrôle des hommes. L'espace du pouvoir nouveau est occupé tout entier par le peuple, qui a ressaisi par son action ses droits imprescriptibles. Mais il ne cesse d'être menacé par un antipouvoir, abstrait, omniprésent, matriciel, comme la nation, mais caché, alors qu'elle est publique, particulier, alors qu'elle est universelle, néfaste, alors qu'elle est bonne. Son négatif, son envers, son antiprincipe. Ce discours imaginaire de la société révolutionnaire sur le pouvoir fait du complot aristocratique une des figures centrales de la mentalité révolutionnaire ; il est d'une plasticité presque infinie, propre à l'interprétation de n'importe quelle circonstance, et s'alimente par excellence aux ambiguïtés de l'attitude royale.

On le trouve aussi bien, sous une forme moins caricaturale que chez Marat ou aux Cordeliers, à l'Assemblée constituante dans la bouche des députés, et il y nourrit déjà l'idée d'une nécessaire restriction des droits de l'homme, en cas de nécessité publique. On peut le voir par exemple en février 1790, lors du débat sur le droit d'émigrer : Mesdames, tantes de Louis XVI, ont été arrêtées en Bourgogne par les autorités locales, alors qu'elles se rendaient à Rome. D'où la discussion à l'Assemblée, qui finalement tourne en leur faveur, au nom des droits de l'homme, mais qui fait apparaître aussi la force de la thèse inverse, au nom de la situation d'exception. L'année suivante, la fuite du roi et le retour de Varennes font la démonstration publique des sentiments réels de la famille royale : le petit complot — mal préparé, mal exécuté — constitue pour l'opinion révolutionnaire la preuve du grand complot, universel, omniprésent, tout-puissant. La Révolution n'a déjà plus vraiment de roi constitutionnel, malgré la fiction provisoire de l' « enlèvement » ; pourtant, de ce monarque vaincu, captif, mais réinstauré, elle fait un ennemi formidable à vaincre, appuyé, bientôt, sur les rois de l'Europe.

Car la guerre multiplie les enjeux et les peurs. Elle efface définitivement la ligne qui sépare opposition et trahison. Elle fait des nobles et des prêtres réfractaires des ennemis de la patrie. Elle liquide rapidement la fiction royale qui avait survécu à l'épisode de Varen-

nes ; mais le roi tombé, après le 10-Août, n'enlève rien
aux périls que fait courir à la Révolution le complot
des ennemis extérieurs et des traîtres de l'intérieur. Au
contraire. Les six semaines qui séparent la prise des
Tuileries de la réunion de la Convention, le 20 septembre, marquent l'entrée de la Terreur dans la politique révolutionnaire.

Mais non pas encore comme la politique de la
Révolution. Car l'Assemblée législative n'est plus
qu'une souveraineté en sursis, et le pouvoir réel est
passé aux mains des vainqueurs du 10-Août : la
Commune de Paris, faite de l'ancien Comité insurrectionnel complété par des élections sur mesure, près de
300 membres constituant la fine fleur du militantisme
parisien. C'est sous sa pression qu'est votée par la
Législative, le 17 août, l'instauration d'un tribunal
d'exception, suivie par des textes mettant hors la loi
les prêtres réfractaires. C'est sous son autorité directe
que les sections parisiennes se constituent en autant
de comités de surveillance, multipliant les perquisi-
tions et les arrestations. Le châtiment des « coupables » est à l'ordre du jour. A la fin du mois d'août, les
mauvaises nouvelles qui viennent des frontières aigui-
sent le sentiment obsidional et l'obsession punitive,
qui sont à l'origine des massacres auxquels la foule se
livre dans les prisons parisiennes, entre le 2 et le 6 septembre.

Cet épisode lugubre illustre le mécanisme psycho-
logique et politique de la Terreur. Les victimes sont
surtout des détenus de droit commun (près de trois
quarts d'entre eux sur plus de 1 000 tués), les meur-
triers sont les vainqueurs du 10-Août, boutiquiers,
artisans, gardes nationaux, Fédérés, entraînés par la
hantise de la trahison. Aucun ordre venu de plus haut,
aucune instruction repérable ; la presse jette de l'huile
sur le feu, et l'idée de liquider les traîtres est une
vieille rengaine de Marat, mais la foule n'a besoin
d'aucun leader visible pour organiser cette tuerie en
forme de parodie de justice. Ministre de la Justice,
Danton s'est abstenu de toute intervention, et même

le Girondin Roland écrit le 3 septembre : « Hier fut un jour sur les événements duquel il faut probablement jeter un voile. » Quelques semaines plus tard, les massacres de Septembre vont devenir un des thèmes de la lutte entre Girondins et Montagnards ; mais sur le coup, les hommes politiques de la Révolution ont endossé l'événement comme on accepte l'inévitable.

De fait, la Terreur va peu à peu se mettre en place, comme un système répressif organisé d'en haut et institutionnalisé, dans l'année 1793, au fur et à mesure que les Montagnards prennent appui sur les activistes des sections parisiennes pour s'assurer le contrôle de la Révolution. La question de savoir si le procès et l'exécution du roi en constituent le prélude, ou même le premier acte, n'est pas facile à trancher : on peut répondre par l'affirmative, avec Kant, si l'on voit dans la mort de Louis XVI la rupture illégale du contrat constitutionnel par la Convention ; ou au contraire par la négative, avec Michelet, si l'on considère le procès comme l'affirmation solennelle de la nouvelle souveraineté, celle du peuple, incompatible avec l'ancienne, celle du roi. Toujours est-il que le jugement et l'exécution de Louis XVI sont l'objet d'un débat circonstancié et approfondi, sans être accompagnés de la création d'institutions extraordinaires.

Mais quelle qu'en soit la solidité juridique, ils traduisent sur le plan politique une victoire essentielle de la Montagne. Depuis septembre, les Girondins misent sur le relâchement de la répression et des mesures de coercition. Les Montagnards jouent l'alliance avec les militants des sections et la mise en œuvre d'une politique terroriste. Le 21 janvier est une grande victoire symbolique dans cette direction. Au printemps, les échecs militaires de Dumouriez (suivis par son passage à l'ennemi), le déclenchement de la guerre de Vendée et les difficultés économiques à Paris ouvrent la route à cette surenchère.

Dès le 11 mars, la Convention institue un Tribunal révolutionnaire pour juger les suspects ; le 21, c'est la création des comités de surveillance, chargés d'avoir

l'œil, au niveau local, sur les « suspects », catégorie
largement laissée à leur jugement ; le 28, on codifie,
en les aggravant, les lois contre les émigrés, susceptibles de la peine de mort s'ils rentrent en France, et
privés de leurs biens. La philosophie de ces mesures
est bien résumée par Danton, qui pense aux menaces
de Septembre : « Soyons terribles pour dispenser le
peuple de l'être. » L'expulsion forcée des Girondins de
la Convention, le 2-Juin, accélère l'évolution terroriste
en donnant un gage supplémentaire, et capital, aux
exigences des sans-culottes ; la situation intérieure et
extérieure du début de l'été justifie une dictature des
comités, l'envoi de représentants munis de pouvoirs
extraordinaires dans les provinces en révolte et aux
armées, des mesures hors du droit commun. Mais une
fois encore, c'est l'invasion de l'Assemblée par les
militants sectionnaires, le 5 septembre, qui fait mettre
« la Terreur à l'ordre du jour ».

La Terreur est désormais un système de gouvernement ; ou, mieux, une part essentielle du gouvernement révolutionnaire. Son bras.

La structure administrative en est simple. Elle
comporte au sommet les deux comités, et plus particulièrement le Comité de sûreté générale, qui a vocation de surveillance et de police ; à la base, un vaste
réseau de comités révolutionnaires locaux, chargés de
repérer et d'arrêter les « suspects » et de délivrer les
certificats de civisme. Tâches complémentaires,
puisque c'est l'incapacité à fournir un tel certificat qui
désigne par excellence le « suspect », c'est-à-dire l'ennemi du régime, ou simplement son adversaire potentiel, l'attentiste. Une marée de dénonciations prend
d'ailleurs avantage de cette incitation de l'autorité
publique. Ces « suspects » sont jugés par des cours
extraordinaires ; la principale est à Paris le Tribunal
révolutionnaire, créé en mars 1793, réorganisé en septembre, pour accélérer sa marche : divisé en quatre
sections dont deux fonctionnent simultanément, il
est constitué par 16 juges chargés de l'instruction,
60 jurés, un accusateur public entouré de ses substi-

tuts, tous nommés par la Convention sur proposition
des deux comités. La subordination au pouvoir politique est donc principielle, l'instruction rapide et sans
indépendance, les débats hâtifs, et un décret d'octobre 1793, destiné à étouffer la défense des députés
girondins, les limite à trois jours. La part d'autonomie
du tribunal consiste à pouvoir élargir certains prévenus ; après, l'inculpé joue sa tête, car les jugements,
très vite, ne connaissent que le pile ou face, l'acquittement ou la mort. Ils sont rendus en délibération
secrète à la majorité des suffrages, mais le décret de
mars a spécifié que les juges « opinent à haute voix » ;
Michelet commente, suivi par Louis Blanc : « La Terreur était dans ce mot, plus que dans tout le projet. »
   Mais la Terreur ne tient pas dans une seule institution, si symbolique soit-elle. Elle est aussi un moyen
de gouvernement omniprésent, par quoi la dictature
révolutionnaire de Paris doit faire sentir sa main de fer
partout, dans les provinces et aux armées. Elle
s'exerce à travers l' « armée révolutionnaire », créée en
septembre, grand réservoir d'activistes sous l'autorité
du sans-culotte Ronsin, gendarmerie politique du
Paris sectionnaire à travers villes et campagnes de la
République, un œil sur l'accapareur, l'autre sur le
fameux « suspect ». Elle trouve son levier principal
dans le représentant en mission, délégué par la
Convention et le Comité de salut public pour organiser la victoire de la Révolution aux frontières et
exterminer les ennemis de la République dans les
régions en révolte ou en guerre contre Paris. Car ce
représentant a pleins pouvoirs pour instituer sur place
tribunaux ou cours martiales extraordinaires chargés
d'accélérer la répression, sans parler même d'une justice plus expéditive faite d'exécutions collectives,
comme à Lyon ou en Vendée. L'exercice de la Terreur est ainsi le fait d'un tissu bigarré d'institutions
improvisées : des tribunaux spéciaux organisés sur le
modèle de Paris ont été institués à Arras, Cambrai,
Brest, Rochefort et Toulouse dans l'hiver 1793-1794 ;
mais la plupart des organes de répression ont été des

« commissions extraordinaires », civiles ou militaires, créées *ad hoc* dans les zones de guerre civile et jugeant sans appel. Ce n'est qu'au printemps 1794 que le Tribunal révolutionnaire de Paris tend à évoquer de plus en plus à sa barre les crimes de Contre-Révolution ; les lois du 27 germinal (16 avril) et du 19 floréal (8 mai) couronnent l'évolution en lui en donnant la juridiction exclusive.

Ce printemps 1794 — un an après la création du Tribunal — est d'ailleurs l'époque de l'institutionnalisation administrative de la Terreur, par la terrible loi du 22-Prairial (10 juin), dont la minute est de la main de Couthon. Elle renouvelle la majorité du personnel du Tribunal révolutionnaire en place, à commencer par le ministère public, dirigé depuis le début par Fouquier-Tinville ; sa nouveauté tient à la redéfinition de la mission et de la toute-puissance exterminatrice de cette redoutable cour. L'article 4 de la loi indique que le Tribunal « est institué pour punir les ennemis du peuple » : cette spécification plus politique que juridique annonce des procédures plus expéditives que judiciaires. Le texte supprime l'instruction (art. 12) tout en fondant l'acte d'accusation sur les simples dénonciations (art. 9) ; il enlève à l'accusé les secours d'un avocat (art. 16) et transforme l'audience en formalité, en supprimant aussi l'audition de témoins. Art. 13 : « S'il existe des preuves, soit matérielles, soit morales, indépendamment de la preuve testimoniale, il ne sera point entendu de témoins... » Robespierre, qui préside la séance du 22-Prairial, vient à la tribune de l'Assemblée appuyer son fidèle Couthon contre quelques Conventionnels effrayés du caractère de cette justice révolutionnaire : « Nous braverons les insinuations perfides par lesquelles on voudrait taxer de sévérité outrée les mesures que prescrit l'intérêt public. Cette sévérité n'est redoutable que pour les conspirateurs, que pour les ennemis de la liberté. »

La loi du 22-Prairial fut rapportée au lendemain du 9-Thermidor. Ayant perdu son ressort politique et

détesté par l'opinion, le Tribunal révolutionnaire cessa
son activité. Réorganisé ensuite, il avait perdu à jamais
l'espèce de légitimité et l'affreuse utilité que lui avait
données, pendant seize mois, avec l'idée de gouvernement d'exception, la Terreur à l'ordre du jour.

De là un nouvel ordre de questions, qui tient moins
aux institutions de la Terreur révolutionnaire qu'à leur
rôle et à leur bilan.

Le mieux est de repartir de Paris, avec les données
qu'on a sur le Tribunal révolutionnaire. A lire les
bilans mensuels de son activité, depuis son origine jusqu'à la chute de Robespierre, on constate qu'entre
mars et septembre 1793, cette activité est réduite,
même si elle est déjà caractérisée par le choix entre la
mort et l'acquittement : entre 5 et 15 condamnations
à mort par mois et, comparativement, beaucoup plus
d'acquittements. Le nombre des « affaires » décolle
en octobre, soit juste après les mesures qui ont suivi
la journée sans-culotte du 5 septembre : la Terreur
mise à l'ordre du jour, la loi des suspects, la réorganisation et le renouvellement du tribunal aussi. En effet,
c'est au mois de septembre que le nombre des juges
est porté de 5 à 16, celui des jurés de 12 à 60 : le
tribunal du 10 mars est complètement renouvelé, il
n'en reste guère à l'automne que l'accusateur public
Fouquier-Tinville et ses deux lieutenants. Le contrôle
des deux comités est devenu discrétionnaire. Les
chiffres témoignent donc du coup de fouet donné à
la répression : 193 guillotinés pendant les deux derniers mois d'automne et le début janvier. On trouve
dans ces « contre-révolutionnaires » non seulement
Marie-Antoinette, Madame Elisabeth, le duc de
Biron, ex-général des armées de la République, ou
l'ex-duc d'Orléans devenu en vain Philippe Egalité,
mais les partis battus de la Révolution, tous les Girondins arrêtés ou suspects depuis le printemps, Brissot et
Vergniaud en tête, plus les débris de ce qui avait été le
groupe feuillant, Bailly, Barnave. La guillotine exor-
cise le passé de la Révolution, en même temps que
l'Ancien Régime.

A l'automne, le Tribunal juge déjà plus d'une centaine de suspects par mois, mais il en acquitte encore plus de la moitié. Ce qui se produit en mars, au moment où se gonfle encore, avec le nombre de suspects en prison, celui des accusés à comparaître, c'est l'inflation relative des peines de mort, bientôt suivie par une augmentation vertigineuse du nombre absolu des procès. Il existe à ces deux phénomènes des raisons d'ordre différent. Le premier tient à l'aiguisement de la lutte des factions dans les premiers mois de 1794 et à la radicalisation des conflits pour le pouvoir, qui mènera finalement à la guillotine d'abord les hébertistes, puis les dantonistes (fin mars-début avril) : la mort est devenue la sanction généralisée des conflits politiques. Le deuxième est, pour l'essentiel du moins, le résultat du décret du 27 germinal, voté sur proposition de Saint-Just et cité plus haut, qui centralisa la justice révolutionnaire à Paris. C'est cette évolution que couronne la loi du 22-Prairial qui emballe le mécanisme de la Terreur judiciaire : près de 700 jugements en prairial et près de 1 000 en messidor (21 juin-21 juillet), dont près de 800 exécutions. Les prisons parisiennes sont surpeuplées : elles abritent plus de 8 000 « suspects » au début de thermidor. Seule la chute de Robespierre, le 9 (27 juillet), arrête cette multiplication des charrettes de la mort, que les historiens ont baptisée la « Grande Terreur ».

A ce bilan de la Terreur à Paris, tiré des données du Tribunal révolutionnaire, on peut utilement comparer une étude statistique des victimes de la Terreur à l'échelon national, qui a été présentée en 1935 par un historien américain, Donald Greer. Cette étude, recoupant d'ailleurs deux travaux antérieurs, aboutit au chiffre de 16 600 victimes exécutées à la suite d'une condamnation à mort par une cour de justice révolutionnaire (dont 2 625, comme on vient de le voir, à Paris). Le nombre des arrestations opérées de mars 1793 à la fin de juillet 1794 est beaucoup plus élevé, proche sans doute du demi-million de personnes : ce chiffre donne une idée du tremblement collectif provoqué par une vague répressive de cette dimension ; il indique aussi qu'il y a eu non seulement des acquittements mais, ici et là, d'autres peines que la mort, et aussi bien des « suspects » ayant croupi en prison jusqu'au 9-Thermidor sans être jugés. Les victimes de la Terreur appartiennent à toutes les couches sociales, avec des nuances qui tiennent à la nature des conflits : plus de paysans en Vendée, plus de bourgeois à Paris, à Lyon ou à Nîmes. Proportionnellement à leur nombre relativement petit, les classes supérieures et le clergé sont frappés davantage.

La courbe chronologique nationale des exécutions présentée par Donald Greer fait apparaître des chiffres bas ou très bas pendant le printemps et l'été 1793, exactement comme à Paris. Mais ce qui suit est différent : le maximum de condamnations à mort se situe, de très loin, dans les deux mois de décembre 1793 et janvier 1794, avec près de 3 500 exécutions pour chacun. La courbe tragique redescend ensuite au-dessous de 1 000 de février à mai, pour regrimper en juin et juillet, jusqu'au 9-Thermidor. La différence avec les données fournies par le Tribunal révolutionnaire de Paris concerne donc le milieu de la période, les mois de décembre et janvier, où la Terreur bat son plein en province, alors que le nombre de guillotinés est très inférieur à Paris. Cette chronologie suggère une première interprétation d'ensemble.

En effet, la période la moins sanglante, et à vrai dire très peu sanglante de la Terreur — si l'on accepte d'en fixer le début en mars, avec la création du Tribunal révolutionnaire et les premières mesures de salut public —, est celle du printemps et de l'été 1793. Or c'est aussi la période la plus critique de la République. Les Prussiens et les Autrichiens prennent Condé, Valenciennes et Mayence en juillet, et la situation intérieure est catastrophique : la révolte fédéraliste, les paysans vendéens victorieux, les insurgés royalistes maîtres de Lyon, Marseille, Toulon, sans parler des menaces des sections parisiennes sur la Convention. Quand au contraire s'envole la courbe des condamnations à mort et des exécutions, en octobre, la République a été sauvée sur la frontière nord par les batailles d'Hondschoote (8 septembre) et de Wattignies (16 octobre) ; Lyon a été repris le 9 octobre, la grande armée des paysans vendéens défaite à Cholet le 17. Si on la considère dans son rapport avec la guerre, extérieure et civile, la Terreur apparaît ainsi comme une réponse tardive à une situation en voie de redressement. Le diagnostic est encore plus évident si l'on prend en considération qu'elle culmine en décembre et janvier, et qu'elle reprend de plus belle au printemps, sous la dictature personnelle de Robespierre, alors que plus rien ne menace la Révolution à l'intérieur et que les armées de la République prennent l'offensive sur les frontières : la loi de Prairial et la Grande Terreur ont perdu toute apparence de relation avec le salut public.

On peut le comprendre sur deux exemples qui permettent de briser l'abstraction d'une courbe nationale. En effet, les situations locales ou régionales de la France révolutionnaire par rapport à la Terreur ont été très diverses. Dans les données retenues par Greer, plus de la moitié des exécutions ont eu lieu dans 13 départements de l'Ouest et 20 % dans la vallée du Rhône. Je retiendrai ici le cas de Lyon et celui de la répression vendéenne.

A Lyon, la guerre des classes a superposé ses effets à ceux des luttes politiques ; le conflit entre la Gironde et la Montagne s'inscrit dans l'antagonisme social entre le petit peuple et les nantis. La croisade des pauvres y a trouvé son Savonarole, le négociant piémontais Chalier, passé au service du peuple ouvrier contre la ville marchande. Celui-ci a été battu à la mairie par un Girondin en novembre 1792, mais les Jacobins sont majoritaires au conseil municipal et y imposent finalement en mars 1793 un homme de Chalier. Le 29 mai, revanche des Girondins (au moment où ils vont être éliminés à Paris) grâce à une insurrection provoquée par la levée d'une taxe exceptionnelle. Des ennemis de la dictature parisienne, la ville passe vite aux mains des royalistes, qui y règnent tout l'été ; mais elle est reprise par les troupes de la Convention le 9 octobre.

La voici devenue « Ville-Affranchie », symboliquement arrachée à son passé maudit, promise en outre à une destruction partielle, limitée aux « maisons des riches ». Couthon, le vainqueur de la ville, y dirige en octobre la répression avec une modération relative. Mais en novembre, il est relayé par Collot d'Herbois et Fouché, qui multiplient les jugements expéditifs et les exécutions sommaires. On commence à détruire les grandes demeures des quais de la Saône ; plusieurs milliers de suspects sont guillotinés, fusillés ou collectivement mitraillés. La Terreur dure jusqu'en mars 1794.

L'histoire de la Terreur révolutionnaire en Vendée obéit à la même logique et à la même chronologie. Il s'agit aussi de la répression d'une insurrection, la plus grave qu'ait eu à affronter la Révolution ; et, comme à Lyon, d'une répression non seulement postérieure à la victoire, mais battant son plein plusieurs mois après la victoire. En effet, la révolte de la Vendée commence en mars 1793 et le bruit de ses victoires emplit tout le printemps et le début de l'automne. Mais elle reflue très vite à partir de la mi-octobre, quand l'armée paysanne est écrasée à Cholet et passe au nord de la Loire dans l'espoir de joindre une flotte anglaise à Granville, avant que ce qu'il en reste soit liquidé en décembre dans les batailles du Mans et de Savenay. Or, la Terreur révolutionnaire — qu'il faut distinguer des cruautés et des massacres commis dans le feu des batailles — fait rage entre février et avril 1794.

Car si la guerre a été impitoyable de part et d'autre, ce qui commence après est d'une nature différente : c'est une répression de masse organisée d'en haut, sur ordre de la Convention, dans l'intention de détruire non seulement les rebelles, mais la population, les fermes, les cultures, les villages, tout ce qui a constitué le berceau des « brigands ». La guillotine ne suffit plus à une telle tâche, et, en décembre, Carrier recourt aux noyades collectives dans la Loire. Mais c'est à partir de janvier qu'entre en action l'idée avancée par Barère dès l'été et qui consiste à « détruire la Vendée » : les troupes républicaines se divisent en plusieurs colonnes, chacune dotée d'un itinéraire particulier, avec mission explicite de brûler tout l'habitat et d'exterminer les populations, femmes et enfants compris. L'affreuse opération dure jusqu'au mois de mai, et son triste bilan doit être ajouté aux pertes de la guerre proprement dite : le territoire de la « Vendée militaire » (à cheval sur la Loire-Inférieure, le Maine-et-Loire, la Vendée et les Deux-Sèvres) a perdu 20 % de son habitat et un pourcentage important de sa population.

L'estimation numérique des pertes humaines est restée un objet de polémique. Elle est impossible à faire avec un minimum de précision, pour une double série de raisons. Comme il n'existe pas de sources spécifiques, l'historien doit avoir recours à des comparaisons entre les recensements antérieurs et postérieurs qui restent hypothétiques. Ces documents, par ailleurs, ne permettent pas de faire le décompte entre trois types de mortalité : les tués à la guerre (d'un côté et de l'autre), les morts de la répression terroriste (condamnés par une cour ou simplement massacrés), enfin les déficits de natalité et la surmortalité qui ont suivi les années de guerre. Si bien qu'il n'est pas possible d'avancer une estimation numérique précise en ce qui concerne les victimes de la Terreur en Vendée ; mais à prendre ensemble l'action de Carrier à Nantes et les colonnes infernales de Turreau, l'ordre de grandeur des tués se situe en dizaines de milliers d'individus. Ce chiffre, de beaucoup le plus lourd qui soit à mettre au compte final de la Terreur révolutionnaire, est méconnu par la statistique de Donald Greer, établie surtout à partir des condamnations capitales ; il doit être pour l'essentiel ajouté au bilan, qu'il aggrave lourdement.

★
★ ★

L'héritage de la Terreur a empoisonné toute la suite de l'histoire révolutionnaire et, au-delà, toute la vie politique française du XIXᵉ siècle. En effet, la Terreur rôde tout au long de la période thermidorienne autour de la scène politique. Les royalistes s'en font eux aussi une arme de revanche, instrument de règlements de comptes locaux, là où la population penche de leur côté et où les troupes républicaines sont clairsemées comme dans la vallée du Rhône. Les républicains auraient voulu l'oublier pour enraciner les nouvelles institutions de l'an III dans la loi : Benjamin Constant et Mme de Staël se donnent un mal de chien, entre le 9-Thermidor et le 18-Brumaire, pour exorciser ce fantôme de guillotine qui hante la République. Mais c'est peine perdue. Thermidor a fait renaître la menace royaliste et la violence contre-révolutionnaire, et le Directoire ne peut assumer dans la légalité les échéances électorales fixées par la Constitution. En septembre 1797, l'armée d'Augereau investit Paris, à l'appel du Directeur Barras, pour sauver la République d'une majorité parlementaire royaliste ; le coup d'Etat du 18-Fructidor (5 septembre) est le signal d'un nouveau train de mesures de « salut public », où la déportation en Guyane a remplacé l'échafaud, mais dont les prêtres réfractaires payent le prix fort. L'éducation révolutionnaire de la nation poursuit son cours, et le putsch civil et militaire du 18-19 brumaire 1799 en constitue le couronnement par l'instauration d'un régime « qui accomplit la Terreur en remplaçant la révolution permanente par la guerre permanente » (Marx, *La Sainte Famille*).

Au XIXᵉ siècle, le souvenir de la Terreur a donné une violence particulière aux luttes civiles, en même temps qu'il a surinvesti de passions supplémentaires la grande querelle entre l'Ancien Régime et la Révolution. En associant l'avènement de la démocratie à une dictature sanglante, il a donné des arguments aux contre-révolutionnaires et des craintes aux libéraux ; il a gêné ou divisé les républicains, isolé les socialistes. Dans la France postrévolutionnaire, la monarchie est suspecte à cause de l'Ancien Régime ; mais la République n'arrive pas à séparer son image du sang qui a été versé en son nom. Quand elle finit par s'installer, victorieuse enfin, dans les années 1870, c'est que les républicains ont vaincu leurs propres démons et présentent de leurs grands ancêtres une version pacifiée, où a été exorcisé le spectre de la guillotine. Il faudra attendre la greffe bolchevik et le développement d'une extrême gauche communiste, pour que le culte de la Terreur, associé à celui de Robespierre, s'instaure au xxᵉ siècle à titre de nécessité révolutionnaire et y prospère un demi-siècle à l'ombre de l'exemple soviétique.

Il existe ainsi une histoire de l'histoire de la Terreur, liée aux vicissitudes de l'histoire politique française depuis deux cents ans. Mais cette histoire peut s'écrire aussi sur un mode moins chronologique, en essayant de restituer les différents types d'interprétation dont la Terreur a été l'objet.

Le plus courant consiste à la ramener au jeu de circonstances extérieures à la Révolution : la Terreur ne serait que le produit de la situation tragique dans laquelle s'est trouvée la République en 1793, instrument affreux, et pourtant nécessaire, de salut public. Environnée d'ennemis extérieurs et intérieurs, la Convention n'aurait eu d'autre choix que d'asseoir sur la crainte de la guillotine une mobilisation générale des hommes et des moyens. Interprétation qu'on trouve chez les Thermidoriens, dès la période qui suit la chute de Robespierre, et promise à un brillant avenir, puisqu'on la trouve encore dans la plupart des manuels scolaires de notre enseignement public pour des raisons faciles à comprendre : elle présente en effet l'avantage d'offrir à la tradition républicaine finalement victorieuse une Révolution disculpée de son épisode terroriste, puisque la responsabilité en retombe sur ses adversaires. C'est pourquoi on la rencontre chez beaucoup de ceux qui se réclament de l'héritage de 1789, comme le moyen d'échapper au dilemme de la contradiction ou du reniement.

La thèse des « circonstances » s'accompagne souvent d'une autre idée, selon laquelle la Terreur correspond à une période où accèdent au pouvoir d'autres
couches sociales que la bourgeoisie cultivée : le petit
peuple urbain des métiers, où se recrutent les activistes sans-culottes, et que Mignet, par exemple, donnant le la à l'historiographie libérale, nomme la
« plèbe » ou la « multitude », par opposition à la bourgeoisie de 1789. Les circonstances auraient ainsi porté
sur le devant de la scène une deuxième révolution, qui
n'a pas la dignité historique de la première, puisqu'elle n'est ni bourgeoise ni libérale ; elle n'a justement qu'une nécessité circonstancielle, c'est-à-dire
subordonnée au cours principal de l'événement, qui
reste défini par les principes de 1789 et l'avènement
de la bourgeoisie. Mais la nature plébéienne de cet
épisode permet de comprendre comment la Terreur
est aussi le produit de réflexes politiques élémentaires,
à la fois égalitaristes et punitifs, déclenchés par les
défaites militaires et les insurrections intérieures.
L'Ancien Régime n'a pas su donner d'éducation au
peuple, et il en paye le prix fort au moment de sa
chute.

On retrouve sans peine les éléments de la réalité
historique qui servent à l'appui d'interprétations de ce
type. La Terreur s'est en effet développée, au cours de
la Révolution française, dans une conjoncture de
menace extérieure et intérieure, et à travers une obsession de la trahison de la part des « aristocrates » et du
« complot aristocratique ». Elle n'a cessé de se justifier
elle-même en ces termes, comme indispensable au
salut de la patrie. Et elle n'est « mise à l'ordre du jour »
et exercée au nom de l'Etat et de la République que
sous la pression des militants sans-culottes. En septembre 1792, les massacres des prisons parisiennes
ont montré à quelles extrémités pouvaient se porter les
passions punitives du peuple ; un an après, c'est en
partie pour canaliser ces passions que la Convention
et les comités font de la Terreur un drapeau de gouvernement.

Pourtant, ni les circonstances ni la mentalité politique du petit peuple ne suffisent à rendre compte du phénomène.

Les « circonstances » ont en effet, elles aussi, une chronologie. Elles présentent pour la Révolution les risques les plus grands au début et au milieu de l'été 1793, à un moment où le Tribunal révolutionnaire a une activité relativement minime. Au contraire, la Terreur s'intensifie avec le redressement et avec les victoires, à partir d'octobre. Elle bat son plein pendant l'hiver, dans Lyon soumis depuis plusieurs mois, dans la Vendée vaincue, mais qu'il faut brûler ; et un peu partout là où il y a eu de violents affrontements, au hasard des initiatives des militants locaux ou des envoyés de la Convention. Si bien qu'il existe effectivement un rapport entre la guerre civile et la Terreur, mais qu'à l'intérieur de ce rapport la Terreur ne constitue pas un instrument destiné à terminer la guerre civile, puisque au contraire elle lui est postérieure et qu'elle l'étend au lieu de l'éteindre. On ne peut lui attribuer le dévouement patriotique sans incohérence, puisque ce serait aussi faire l'hypothèse — d'ailleurs inexacte — d'une France contre-révolutionnaire. Ni lui faire crédit de la patrie sauvée ou de la République maintenue, puisqu'elle intervient après la victoire. « La grande Terreur, écrivait déjà le républicain Quinet en 1867, s'est montrée presque partout après les victoires. Prétendrons-nous qu'elle les a produites ? Dirons-nous que dans nos systèmes l'effet précède la cause ? » (E. Quinet, Critique de la Révolution).

Quant à l'explication par le rôle des mentalités populaires, elle ne rend compte que d'une partie des faits. Il est bien vrai, comme on l'a vu, que la pression pour l'instauration d'une dictature terroriste vient surtout des militants sans-culottes. Mais la coupure n'est pas si simple à établir entre « peuple » et élites politiques, culture « populaire » et culture « savante ». Marat, par exemple, qu'on peut considérer comme l'un des plus purs idéologues de la Terreur, appartient-il à l'une ou à l'autre ? Ce demi-savant, qui dénonce, depuis 1789, le complot aristocratique et réclame inlassablement des échafauds, est à cheval sur les deux « cultures ». De même, Hébert et les hébertistes, qui le relaient à Paris et jouent un rôle si important dans la répression républicaine en Vendée. En fait, le discours de la Terreur est en 1793 dans presque toutes les bouches des leaders de la Révolution, y compris ceux qui n'ont aucun rapport privilégié avec l'activisme sans-culotte, les légistes, les bourgeois des comités et de la Convention. Il suffit d'entendre Barère demander dans l'été 1793 la destruction totale de la Vendée pour comprendre l'emprise du fanatisme terroriste sur l'ensemble des députés montagnards.

Encore s'agit-il d'un réquisitoire de guerre civile, où l'extermination générale réclamée par l'auteur peut trouver au moins son origine, sinon son entière raison. Mais de l'automne 1793 au printemps 1794, comme l'a bien montré Mona Ozouf, le discours sur la nécessité de la Terreur abandonne le terrain circonstanciel de la guerre pour un ancrage plus fondamental : rien moins que la Révolution elle-même. Depuis la fin de mars et la liquidation des hébertistes, qui a mis fin à la surenchère sanglante de ce qui reste du sansculottisme, la Terreur, devenue instrument exclusif du clan robespierriste, n'est plus l'objet que d'une rationalisation savante, parfois philosophique. Elle fait moins partie de l'arsenal de la victoire que d'une ambition de régénération.

L'époque, d'ailleurs, n'est plus celle d'une ville assiégée, puisque les frontières sont dégagées et la guerre civile éteinte. L'utilité la plus visible de la guillotine n'est plus l'extermination des ennemis déclarés, mais celle des « factions » : les hébertistes, puis les dantonistes. La Terreur règne d'autant plus que le groupe robespierriste n'a plus de soutien ni sur sa gauche, chez les activistes, ni sur sa droite, dans l'opinion publique ; elle est le gouvernement de la crainte, que Robespierre théorise en gouvernement de la vertu. Née pour exterminer l'aristocratie, la

Terreur finit en moyen de réduire les méchants et de combattre le crime. Elle est désormais coextensive à la Révolution, inséparable d'elle, puisqu'elle seule permet de produire un jour une République de citoyens.

Si bien qu'il n'est pas possible de la réduire aux circonstances qui ont entouré sa naissance, qu'il s'agisse de la situation de salut public ou de la pression du petit peuple urbain. Non que ces circonstances n'aient joué aucun rôle ; elle ont bien évidemment servi de milieu de développement à l'idéologie et à la mise en place progressive des institutions terroristes. Mais cette idéologie, présente dans la Révolution dès 1789, leur préexiste et a une réalité indépendante d'elles, qui tient à la nature de la culture révolutionnaire française, à travers plusieurs cheminements d'idées.

La première est celle de la régénération de l'homme, par quoi la Révolution française s'apparente à une annonciation de type religieux sur un mode sécularisé. Les acteurs des événements ont en effet pensé leur propre histoire comme une émancipation de l'homme universel. Il s'agissait non pas de réformer la société française, mais de réinstituer le pacte social sur la libre volonté des hommes : la France ne figurait que le premier acte de cet avènement décisif. Or, cette ambition véritablement philosophique présente ce caractère exceptionnel de se trouver sans cesse prise dans la démonstration de l'histoire réelle, comme une promesse religieuse qui aurait abandonné la preuve de sa vérité au caractère empirique des faits. C'est dans cet écart que naît l'idée d'une régénération, pour combler ce qui ne cesse de séparer la Révolution de son ambition, à laquelle pourtant elle ne peut renoncer sans cesser d'être elle-même. Si la République des citoyens libres n'est pas possible encore, c'est que les hommes, pervertis par l'histoire passée, sont méchants ; par la Terreur, la Révolution, cette histoire inédite, toute neuve, fera un homme nouveau.

Autre idée, qui dit la même chose ou aboutit au même résultat : que la politique peut tout. L'univers révolutionnaire est un univers peuplé de volontés, entièrement animé par le conflit des intentions bonnes et des projets néfastes ; l'action n'est jamais incertaine, le pouvoir jamais innocent. Comme l'a bien vu Marx, après Hegel, la Révolution française est le théâtre où se déploie dans sa pureté le volontarisme politique moderne ; l'événement ne cesse d'être fidèle à son idée originelle, selon laquelle l'institution du contrat social ne peut être que le produit de volontés libres. Cette compétence illimitée attribuée à l'action politique ouvre un champ immense à la radicalisation des conflits et au fanatisme militant. Chaque individu peut désormais se réapproprier le vieux monopole divin, celui de créer le monde humain, sous l'ambition de le recréer. Du coup, s'il trouve des obstacles en travers de son projet, il les attribue à la perversité de volontés hostiles plus qu'à l'opacité des choses : la Terreur n'a d'autre objet que d'en venir à bout.

Enfin, la Révolution a mis le peuple à la place du roi. Pour rendre à l'ordre social sa vérité et sa justice, méconnues par l'Ancien Régime, elle a restitué au peuple sa place légitime, si longtemps usurpée par le roi, celle de la souveraineté. Ce qu'elle appelle d'après Rousseau volonté générale est à la fois radicalement différent du pouvoir monarchique, par son mode de formation, et identique à lui, par l'étendue de sa juridiction. La souveraineté absolue du roi a dessiné par avance celle de la démocratie. Toute à son obsession de la légitimité, la Révolution est d'autant moins portée à fixer des limites à l'autorité publique qu'elle l'a délivrée du contrôle divin sans en réglementer l'exercice par des mécanismes de neutralisation réciproque des pouvoirs, à l'américaine.

Elle a vécu dès 1789 sur l'idée d'une nouvelle souveraineté absolue et indivisible, qui exclut le pluralisme de la représentation, puisqu'elle suppose l'unité du peuple. Comme cette unité n'existe pas — et le fédéralisme girondin a montré que les factions ne cessent de comploter dans l'ombre —, la Terreur a pour fonction, comme les scrutins épuratoires, de la rétablir constamment. Dès 1795, dans la discussion de la

Constitution de l'an III, Sieyès fera des erreurs de la
Révolution sur le concept de souveraineté une des origines de la Terreur (discours du 2 thermidor) : idée
qui sera reprise et systématisée un peu plus tard par
Mme de Staël, Benjamin Constant, enfin Guizot.

Cette explication de la Terreur n'est pas incompatible avec un type d'interprétation plus sociologique,
qu'on peut d'ailleurs trouver aussi chez Constant et
Mme de Staël. Un chapitre passionnant des *Considérations sur la Révolution française* (livre III, chap. xv) suggère en effet que l'Ancien Régime n'a pas laissé seulement en héritage à ce qui l'a suivi une conception de la
souveraineté, mais aussi la dureté de ses relations
sociales. La société aristocratique, constituée par la
monarchie en castes férocement jalouses de leurs privilèges, a légué les braises de sa violence à la Révolution,
qui en a fait un incendie : « Les différentes classes de la
société n'ayant presque point eu de relations entre elles
en France, leur antipathie mutuelle en était plus forte
[...]. Dans aucun pays, les gentilshommes n'ont été
aussi étrangers au reste de la nation : ils ne touchaient à
la seconde classe que pour la froisser [...]. La même
scène se répétait de rang en rang, l'irritabilité d'une
nation très vive portait chacun à la jalousie envers son
voisin, envers son supérieur, envers son maître ; et tous
les individus, non contents de dominer, s'humiliaient
les uns les autres. » La « Terreur » peut ainsi avoir trouvé
une part de ses origines dans un fanatisme égalitaire né
d'une pathologie inégalitaire de l'ancienne société.
Car rien n'empêche de penser que dans la genèse de
la dictature sanglante de l'an II, l'Ancien Régime et la
Révolution ont cumulé leurs effets.

François Furet

ORIENTATION BIBLIOGRAPHIQUE

Caron, Pierre. *Les Massacres de Septembre,* Paris, Maison du
livre français, 1935.

CONSTANT, Benjamin. *Des effets de la Terreur,* Paris, 1797 ; rééd. in CONSTANT, *Ecrits et discours politiques,* éd. établie par Olivier Pozzo di Borgo, 2 vol., Paris, Jean-Jacques Pauvert, 1964, t. 1, p. 95-112.

GREER, Donald. *The Incidence of the Terror during the French Revolution : A Statistical Interpretation,* Cambridge (USA), Harvard University Press, 1935.

HEGEL, Georg Friedrich Wilhelm. « La liberté absolue et la Terreur », *La Phénoménologie de l'esprit,* trad. par Jean Hyppolite, 2 vol., Paris, Aubier, 1939-1941 ; rééd. 1977, t. 2, chap. VI, B, C.

HERRIOT, Edouard. *Lyon n'est plus,* 4 vol., Paris, Hachette, 1937-1940, vol. 3.

LEFEBVRE, Georges. « Foules révolutionnaires », in CENTRE INTERNATIONAL DE SYNTHÈSE, *La Foule* (Quatrième semaine internationale de synthèse), Paris, F. Alcan, 1934 ; repris in LEFEBVRE, *Etudes sur la Révolution française,* Paris, Presses universitaires de France, 1954 ; rééd. 1963.

LUCAS, Colin. *The Structure of the Terror : The Example of Javogues and the Loire,* Oxford, Oxford University Press, 1973.

MARX, Karl et Friedrich ENGELS. « Bataille critique contre la Révolution française », *La Sainte Famille,* Paris, Editions sociales, Paris, 1969, VI, C.

OZOUF, Mona. *L'Ecole de la France,* Paris, Gallimard, 1984, p. 109-127 : « Guerre et Terreur dans le discours révolutionnaire ».

QUINET, Edgar. *La Révolution,* Paris, 1865, livres XVI et XVII.

RENVOIS

TRAITÉS DE BÂLE

ET DE LA HAYE (1795)

Entre avril et juillet 1795, la République française réussit à soustraire à la coalition trois puissances. A vrai dire ce n'était pas la première fois, puisque le grand duc de Toscane — le propre frère de l'empereur — avait conclu, en février, un traité lui garantissant la neutralité. Mais c'était peu pour la France révolutionnaire : il lui fallait consolider ses frontières, disposer de ses troupes, affirmer qu'un pays régicide puisse discuter avec des rois. En trois étapes ce pas fut franchi, non sans difficultés. La chronologie imposerait de commencer le récit par le premier traité de Bâle, conclu avec la Prusse le 5 avril 1795, de le continuer par les négociations avec la Hollande conclues par le « traité de La Haye » du 16 mai, et de le terminer par le second traité de Bâle entre la France et l'Espagne (22 juillet). Mais la logique de la Révolution ne dépend pas des dates du calendrier : entre la Hollande et la Prusse, c'était une coupure radicale. D'un côté un diktat, un véritable protectorat, de l'autre un accord, non dépourvu de réticences, entre puissance et puissance. On bouleversera ici la chronologie pour aller du plus simple au plus complexe.

Le traité de La Haye mérite à peine son nom. La France en dicta les conditions. Les anciennes Provinces-Unies avaient été déchirées, comme depuis deux siè-

cles, et avant même le 14 juillet 1789, par la lutte entre
le stathouder et les forces bourgeoises et libérales. En
1788, les armées prussiennes avaient envahi la Hollande pour soutenir le stathouder. En fait la Hollande
était moins désunie par des groupes intérieurs de pression que par sa place dans l'arène internationale. Pièce
maîtresse du commerce anglais, elle couvrait la frontière française. L'Escaut était une base essentielle pour
la Grande-Bretagne, mais, pour la France, une barrière.
De 1793 à 1795, les pays hollandais avaient subi la
conjoncture militaire. Le 16 février 1795 ils proclamè-
rent l'indépendance de la « nation batave » et exprimè-
rent le vœu de nouer avec la France des relations entre
deux « républiques sœurs ». C'était une utopie. Sieyès et
Reubell furent envoyés à La Haye pour rappeler aux
Bataves les conditions de la fraternité. Par le « traité »
conclu le 16 mai 1795, la France annexait la Flandre
hollandaise (la région de Maëstricht et de Vanloo) et
imposait à sa jeune sœur une armée française de
25 000 hommes et une contribution de 100 millions de
florins. Sans compter les nombreux tableaux qui prirent
le chemin de Paris. Les deux républiques étaient unies
par une alliance défensive et offensive.

Œuvre de circonstance, le traité de La Haye ne
compte pas beaucoup dans l'histoire de la Révolution
ni dans celle de la Hollande. Il signifie un coup d'arrêt
temporaire dans la longue lutte entre l'Angleterre et la
France. L'idée, chère à Sieyès, d'entourer la France
révolutionnaire d'une ceinture de républiques sœurs,
mais cadettes, ne pouvait résister à la réalité géographique et historique. On le vérifiera plus tard, quand
Napoléon érigera la Hollande en royaume pour son
frère, Louis Bonaparte.

*
★ ★

Avec l'Espagne — l'Espagne de Goya — le contentieux était plus lourd. Dynastie oblige : Charles IV
était un Bourbon et, malgré les traités d'Utrecht, il

n'oubliait pas les liens de cousinage qui l'attachaient à la maison de France. En mars 1793, la France républicaine avait déclaré la guerre à l'Espagne qui était ainsi entrée, un peu malgré elle, dans la coalition. Il n'y avait pourtant, depuis la réunion du Roussillon à la France, aucun litige territorial entre les deux pays. En septembre 1794, le général Dugommier, qui commandait l'armée des Pyrénées-Orientales, avait chassé les Espagnols de Bellegarde, la dernière place qu'ils occupaient en France. Et ses troupes entraient en Catalogne. Godoy lui envoya une lettre, accompagnée d'un rameau d'olivier, lui demandant de négocier. Après la mort de Dugommier, son successeur, Pérignon, avança en territoire espagnol et s'empara de Rosas le 3 février 1795. Moncey prit Bilbao. Les négociations traînèrent par suite des folles espérances des Bourbons d'Espagne. Le plan présenté par leurs diplomates à Bâle reposait sur la constitution, au profit de « Louis XVII » (le prisonnier du Temple), d'un royaume mitoyen entre la France et l'Espagne. Il n'était pas question pour la République de livrer un roitelet qui, demain, pourrait revendiquer la restauration du pouvoir royal en France. Mais la France voulait la paix avec l'Espagne. D'abord pour disposer des armées qu'elle entretenait sur les Pyrénées. Et c'est ainsi qu'Augereau put renforcer l'armée d'Italie avec ses contingents basques. Ensuite — et ce fut un échec — parce que l'empire colonial espagnol et l'étendue des côtes contrôlées par Madrid — en Europe et en Amérique — étaient un atout majeur dans le conflit avec l'ennemi principal : l'Angleterre. Mais il aurait fallu s'assurer du Portugal, Napoléon s'y cassera les reins. Finalement la paix fut conclue à Bâle le 22 juillet. L'Espagne cédait à la République la moitié de Saint-Domingue et la France s'engageait à évacuer les territoires conquis en Catalogne et au Pays basque. Seul gagnant : Godoy, qui fut fait « prince de la paix ».

Les négociations avec la Prusse revêtent une importance capitale. Pour deux raisons. La Prusse avait été, dans la politique française du XVIIIe siècle, un enjeu

très important. Et l'existence de l'Etat prussien signi-
fiait, face à l'empire des Habsbourg et au même titre
que la ceinture des Etats nordiques et orientaux, des
Etats danois et polonais à la Turquie ottomane, un
pôle dont la diplomatie française ne s'était jamais désintéressée. La Révolution héritait de l'ancienne
monarchie une double tradition, circonstanciellement
brisée par Louis XV en 1756. Le renversement des
alliances, qui provoqua la rupture avec l'Etat de Frédéric II et l'entente avec l'Autriche de Marie-Thérèse,
fut mal interprété par la majeure partie de l'opinion.
La rivalité biséculaire entre les Habsbourg et les Bourbons, l'obsession de l'empire de Charles Quint, les
souvenirs de Pavie et du traité de Madrid, la présence
à Versailles de l' « autrichienne » Marie-Antoinette,
tout concourait à miser sur la Prusse. En 1797 encore,
Reubell écrira : « Je déteste l'Autriche et je prends le
plus vif intérêt à la prospérité de la Prusse. » Mais, en
même temps, les révolutionnaires étaient attachés à la
ligne de sécurité que constituaient l'Europe du Nord
et de l'Est, et surtout la Pologne. Les intérêts stratégiques se combinaient avec les sympathies héritées du
passé. Lorsque s'engagèrent les négociations avec la
Prusse, le Conventionnel Eschassériaux demandait à
la tribune : « Est-ce donc dans un tel moment que
nous irons traiter avec la Prusse pour lui donner
moyen de reporter sur la Pologne les troupes qu'elle a
sur le Rhin ? » (9 novembre 1794). Ajoutons que la
politique prussienne était entachée, en France, d'une
réputation de mauvaise foi et de machiavélisme. Mais
il fallait passer par là si l'on voulait isoler l'Autriche.
    Pour la Prusse la nécessité de sortir de la coalition
s'imposait. Le roi Frédéric-Guillaume répugnait, il est
vrai, à traiter avec les régicides, plus encore à l'alliance
que recherchait le Comité de salut public. Son cabinet
et son entourage étaient divisés : d'un côté les fau-
cons, de l'autre les colombes. Hardenberg soutenait
une politique de fermeté vis-à-vis de la France. Haug-
witz suggérait de suspendre à la paix générale la cession définitive de la rive gauche du Rhin et de laisser

en suspens le sort des possessions prussiennes — du reste territorialement peu importantes — dans ces pays. Le prince Henri (le « citoyen Henri », comme l'appelait dédaigneusement Catherine II) était acquis à une entente avec la France. Ce fut la question polonaise qui fut décisive. Après l'échec des armées prussiennes contre Varsovie et l'entrée des cosaques de Souvorov, l'Autriche et la Russie signèrent le 3 janvier 1795 le traité de Saint-Pétersbourg qui rayait la Pologne de la carte de l'Europe. Traité tenu secret, mais dont le ministre russe Alopeus exposa les grandes lignes aux ministres prussiens. Comme les Français étaient maîtres de la Hollande, les Prussiens étaient menacés de ne rien recevoir de personne. Ils devaient donc acquérir des territoires allemands grâce à une transaction avec la France et exiger, grâce aux moyens de cette paix, des compensations en Pologne. Barthélemy, qui joua le rôle d'un véritable ministre des Affaires étrangères de la République, écrivait de Bâle, où il était arrivé le 12 janvier : « Je pense que le roi de Prusse fera la paix ; il dépendra de nous de la lui accorder, mais renonçons à l'idée de lui faire jouer un rôle de grandeur. Il n'entendra jamais ce langage. Il se dédommagera volontiers aux dépens de la Pologne et des princes allemands ses voisins de ce qu'il perdra sur la rive gauche du Rhin. Il ne se rapprochera de nous que lorsque la peur du progrès de la Russie lui en fera une nécessité » (rapport du 1ᵉʳ février). Mais Barthélemy était coincé entre sa lucidité et les instructions qu'il avait reçues de Paris : s'en tenir à la rive gauche du Rhin, indemniser les princes possessionnés par le partage des territoires ecclésiastiques sur la rive droite. Grâce à ce moyen « qu'autorise la paix de Westphalie et que les lumières du siècle prescrivent impérieusement », le roi de Prusse pourra constituer en Allemagne du Nord une alliance qui établira dans l'Empire un équilibre nouveau : alléchante allusion aux visées de Frédéric II, préfiguration de ce que sera bien plus tard la politique de Bismarck. Barthélemy devait déclarer à ses interlocuteurs que « la République regarde le Rhin comme sa limite naturelle, qu'elle est résolue de conserver ». Il n'en croyait rien. A un émissaire prussien, Harnier, il déclarait dans les derniers jours de novembre 1794 qu'il y avait deux partis à la Convention : l'un qui voulait « réunir » tous les territoires jusqu'au Rhin, l'autre qui, fidèle à la Constitution, estimait que la République devait renoncer à toute conquête et garnir d'une « belle chaîne de forteresses » les anciennes limites. Il ajoutait : « Je serais de cet avis. »

Les instructions données par Frédéric-Guillaume au comte de Goltz, envoyé à Bâle en décembre 1794, n'allaient pas dans le même sens : il n'était pas question d'alliance avec la France, la paix définitive dépendrait d'une décision de la diète d'Empire. Goltz disparu, ce fut Hardenberg qui négocia à Bâle avec Barthélemy. Le traité fut signé dans la nuit du 15 au 16 germinal (4-5 avril 1795). Ce fut un demi-succès pour la République. La Prusse reconnaissait l'occupation française de la rive gauche du Rhin jusqu'à la paix générale. Mais elle refusait son alliance et obtenait la neutralisation de l'Allemagne du Nord. L'opinion française était favorable : n'était-ce pas la première grande puissance qui reconnaissait la République ? Mais tant que l'Autriche — et derrière elle l'énorme puissance russe — et l'Angleterre restaient en guerre, rien n'était réglé.

Le Directoire ne renonça pas aisément au rêve d'une alliance avec la Prusse. En août 1798, il dépêcha Sieyès en mission extraordinaire à Berlin. Mais celui-ci fut fraîchement accueilli et échoua dans ses négociations. Pourquoi les Hohenzollern auraient-ils troqué leur liberté de manœuvre contre une alliance qui ressemblait à une vassalité ?

Denis Richet

ORIENTATION BIBLIOGRAPHIQUE

FUGIER, André. *La Révolution française et l'Empire napoléonien*, in Pierre RENOUVIN (sous la dir. de), *Histoire des relations internationales*, t. 4, Paris, Hachette, 1954.

Sorel, Albert. *L'Europe et la Révolution française*, t. 4, Paris, 1904.

Vivenot, Alfred Ritter von. *Quellen zur Geschichte der deutschen Kaiserpolitik Oesterreichs während der französischen Revolutionskriege, 1791-1801*, t. 4, 1890.

RENVOIS

Frontières naturelles
Sieyès

VARENNES

La fuite à Varennes est un des épisodes révolutionnaires qui a exercé le plus durablement sa fascination sur les esprits ; en ont récemment témoigné le cinéaste Ettore Scola ou Georges Dumézil que poursuivait l'image du « moine noir en gris dedans Varennes », supposé, dans la prophétie de Michel de Nostre-Dame, désigner le roi fuyard sous la livrée grise d'un valet. On comprend sans peine les éléments de cette fascination. Varennes, scénario efficace, comporte un enjeu émotif puissant (la Nation retient son souffle en attendant l'issue de la fuite royale), une unité de temps (cinq jours séparent le départ clandestin, nocturne, joyeux, du retour public, diurne, honteux), une unité de lieu (l'espace étroit de la berline que la famille royale devra au retour partager avec l'ennemi). Mais, sur cette trame très simple, le hasard a brodé des épisodes exubérants, parfois dramatiques, parfois romanesques, parfois prosaïques. Si bien que Varennes est une histoire moins faite pour Racine que pour Shakespeare : à la fois une tragédie, une farce, un roman, une énigme.

Le drame tient à l'extrême importance de l'enjeu : la réussite de l'évasion aurait changé non seulement le sort des acteurs — car les voyageurs de la berline, hormis les enfants royaux et la gouvernante, seront tous voués au couperet —, mais les phases de la Révo-

lution et les destinées de la France. Il tient aussi à la
succession haletante de l'espoir et du désespoir (l'expédition, qui commence bien, tourne à la catastrophe), et aux violents contrastes de la mise en scène.
On peut rêver sur ce roi en cavale, gris comme la nuit
où il se fond et comme le patronyme emblématique
qu'il s'est choisi, « Durand ». Sur la rencontre prosaïque qui décide de son sort, celle « d'un fils obscur
de maître de poste, debout et oisif le soir devant la
porte d'un village » (vif croquis de Drouet par Lamartine). Sur la violence respectueuse que lui fait un marchand de chandelles, procureur-syndic de Varennes,
qui refuse de le relâcher sans ordre exprès de l'Assemblée. Sur l'épuisant retour où voisinent dans la berline
surchauffée l'Ancien Régime et la Révolution, Barnave casé entre Louis XVI et Marie-Antoinette, tandis
que Madame Royale passe des genoux de Pétion à
ceux de Madame Elisabeth. Sur le flot qui vient, au
pas de plus en plus lent des chevaux, battre la berline,
grossi de ces troupes qu'a vues Pétion, « vieillards,
femmes et enfants, les uns avec des broches, avec des
faux, les autres avec des bâtons, des sabres, de mauvais fusils », qui « allaient comme à la noce ». Sur la
traversée enfin d'un Paris comble et muet par le plus
impressionnant des cortèges révolutionnaires : la
Patrie reconnaissante n'y porte pas au Panthéon un
grand homme promis à l'immortalité ; un peuple
méfiant ramène aux Tuileries un roi amoindri, déjà
promis à la mort par ce que Michelet appelle l' « ex-
communication du silence ».

   A cette histoire tragique et burlesque à la fois, il ne
manque pas même l'embellie romanesque. A l'origine
de l'opération, il y avait eu le dévouement amoureux
de Fersen. Puis vint le roman qu'imagina, avec l'ingé-
nuité de l'homme à bonnes fortunes, la tête folle de
Pétion, convaincu en regardant Madame Elisabeth
que « si par enchantement tout le monde [avait] disparu, elle se serait laissée aller dans [ses] bras et se
serait abandonnée aux mouvements de la nature ».
Enfin l'entente qui est censée avoir scellé entre Marie-

Antoinette et Barnave un pacte suffisamment dicté par
le calcul politique, mais nuancé par le sentiment : l'estime pour elle (« Barnave est fort bien ») ; et pour lui,
l'émotion du succès auprès d'une reine malheureuse.

Varennes enfin a gardé son caractère d'énigme historique. Le fait que les protagonistes de cette expédition manquée aient laissé des « Mémoires » destinés à
les justifier ou à les absoudre n'a pas peu contribué à
obscurcir l'événement. On peut aujourd'hui encore
s'interroger sur sa nature. Etait-ce un projet de longue
date ou de dernière minute ? De la reine ou du roi ?
Deux projets maladroitement fondus ? Le plan d'évasion était ancien : on en trouve trace dès octobre 1790
dans un témoignage du marquis de Bouillé — qui
avait été chargé des préparatifs militaires —, en
novembre dans la correspondance secrète de Marie-
Antoinette et son frère l'empereur. De l'automne au
printemps, il avait eu le temps d'être maintes fois
modifié, en fonction du cours des événements, de la
méfiance que le roi et la reine montraient aux émigrés,
des hésitations du roi qui n'avait manifesté d'abord
aucun enthousiasme pour le projet. Raison de l'attribuer à Marie-Antoinette toute seule, ce qu'ont fait
beaucoup d'historiens. Il est vrai que la source principale d'informations sur la fuite à Varennes est la correspondance de Marie-Antoinette et que rares sont les
témoignages directs venant du roi. Vrai aussi que les
contemporains faisaient eux-mêmes l'hypothèse de
deux politiques différentes dans le couple royal,
comme le montre l'insistance de Bouillé, avant de
s'engager dans l'entreprise, à réclamer un billet de la
main même du roi. Le billet ne laisse aucun doute sur
la participation de Louis XVI au projet d'évasion,
mais témoigne de sa volonté personnelle de l'inflé-
chir : le roi voulait quitter Paris, mais tenait à rester en
France et avait si bien pris le pouls de l'opinion
publique qu'il refusa l'itinéraire de Bouillé parce qu'il
comportait un passage à l'étranger. Reste qu'on ne
peut faire la part exacte qui revient à chacun des souverains dans la préparation du départ. Il est vraisem-

blable, en tout cas, que la crise d'avril — la foule alors
a empêché Louis XVI de quitter les Tuileries pour
Saint-Cloud — lève les dernières hésitations du roi.

Les conditions de l'évasion restent elles aussi mys-
térieuses : on ne sait pas exactement quelles furent les
complicités à l'intérieur des Tuileries. En revanche, on
peut retracer les circonstances de l'échec. Contrairement à ce qui a souvent été écrit, l'affaire n'avait pas
été si mal combinée, les personnes mises dans le secret
l'avaient fidèlement gardé, le passeport était en règle,
la berline, loin d'étaler le luxe ébouriffant qu'a moqué
Sébastien Mercier (« un résumé de Versailles »), était
une voiture ordinaire, seule la livrée bouton d'or des
postillons, celle même du prince de Condé, était une
voyante bévue.

L'emploi du temps pourtant n'avait pas été assez
méticuleusement calculé. On fut d'abord contraint
d'attendre le 20 juin — le départ avait été initialement
fixé au 19 —, car il fallait pouvoir écarter une femme
de chambre que Marie-Antoinette jugeait « démocrate
enragée ». Ce retard initial, aggravé par un départ à
deux heures du matin et non à minuit, devait être
lourd de conséquences. Les troupes rassemblées par le
marquis de Bouillé (choisi pour la main de fer qu'il
avait montrée dans la répression des mutineries de
Nancy), ainsi contraintes de piétiner sur place, ne tar-
dent pas à éveiller l'inquiétude soupçonneuse des
populations. Leur agitation entraîne à son tour la
défection de Choiseul, qui commandait le premier
détachement de soutien prévu sur la route. Dans le
trouble où le met le retard de la berline, Choiseul
commet trois erreurs : il disperse ses troupes, fait
transmettre aux relais suivants le contrordre de des-
seller, quitte lui-même la route directe, abandonnant
toute chance de retrouver le roi. Celui-ci ne voit donc
les détachements prévus ni à Pont-de-Sommevesle, ni
à Sainte-Menehould. Là, en revanche, il rencontre ce
Drouet qui prend le frais d'une soirée de juin et qui,
saisi d'un doute, se fait donner par la municipalité
l'ordre de poursuivre la berline.

A partir de ce moment, la fuite royale prend un tour de catastrophe. Second accroc à Clermont-en-Argonne ; ici le roi trouve bien les dragons, mais une fois encore la municipalité intervient : si elle laisse repartir la berline, elle interdit au détachement de l'escorter. Enfin, c'est Varennes. Bouillé a commis l'erreur — la trahison, dit-on parfois — de placer le relais au-delà, et non en deçà du pont : voici qui permet à Drouet de donner l'alerte, de faire barrer le pont, de retenir le roi chez l'épicier Sauce, d'attendre enfin le courrier de l'Assemblée nationale lancé depuis le matin sur les traces de la berline.

Tous ces grains de sable semés par le hasard sur le chemin de Varennes n'auraient pourtant pas suffi à enrayer la machine de l'évasion s'il n'y avait eu autour des soldats, des voitures, des relais, une population assez alertée pour interpréter les mouvements des troupes — la tiédeur de celles-ci figure aussi parmi les causes de l'échec —, pour gloser sur le passage des voitures. On n'a même pas besoin d'invoquer les clubs et les sociétés populaires, notoirement absents de l'épisode. Il suffit des institutions régulières mises en place par la Révolution : ici une petite municipalité patriote prend la décision tout à fait illégale d'arrêter un convoi sur le soupçon que le roi pourrait en faire partie ; là un procureur-syndic des plus modérés, peu porté à se compromettre, immobilise un roi cette fois dûment identifié. Partout on devine sur cette route de Varennes « hantée, selon Louis Blanc, par le fantôme de l'émigration », et derrière les grands premiers rôles, la présence d'un acteur collectif désormais éveillé et actif : cela aussi explique la charge de l'événement.

*
* *

La nouvelle du départ du roi est un coup de tonnerre dans l'Assemblée nationale. Elle tombe au plus mal pour la majorité, en plein effort pour « fixer la Révolution », comme l'avait dit Duport en mai, et

réviser la Constitution dans un sens modéré : les
« triumvirs » — Barnave, Duport et Lameth —, qui
haïssaient Mirabeau, en ont pourtant hérité la place
dans les conseils du roi et repris la politique. Celle-ci
est singulièrement compliquée par l'événement,
puisque la fuite du roi, depuis longtemps pronostiquée
par les feuilles radicales, fournit à la gauche la satisfaction de la prophétie et l'occasion de la surenchère.

Ce que Varennes remet en cause, en effet, c'est le
cœur même de la Constitution, la conception dualiste
des représentants de la souveraineté. Non que les
conflits de prétention entre les deux pouvoirs aient
attendu Varennes. Mais la Constituante en avait
volontiers esquivé l'évocation. Elle avait imaginé à cet
effet la métaphore du « voile », « religieux » ou « respectueux », qu'il convenait selon elle de jeter sur les
positions respectives des deux pouvoirs. Un voile qui
avait subi quelques accrocs : en février et mars 1791,
l'Assemblée avait même envisagé une hypothèse à
laquelle l'annonce de la fuite royale donne brusquement corps. Doit-on punir un roi lorsqu'il entre dans
son royaume à la tête d'une armée étrangère ? Lameth
avait alors clos le débat en liant l'inviolabilité du roi à
l'exercice de ses fonctions, en n'attachant donc la fidélité nationale qu'au seul « roi de la Constitution ». Le
décret du 28 mars, selon lequel le roi pourra être
censé avoir abdiqué la royauté si, sorti du royaume, il
ne rentre pas en France à l'incitation du Corps législatif, confirme qu'aux yeux de l'Assemblée la nation
ne décide pas seulement des limites dans lesquelles
s'exerce le pouvoir du roi, mais de son existence
même.

La situation inédite créée par Varennes déchire tout
à fait le voile : comment soustraire cette existence à
l'interrogation de l'Assemblée ? Comment feindre que
le roi soit toujours le roi de la Constitution ? La première idée des députés, dans l'incertitude où ils sont
de l'issue de l'évasion royale et des intentions de l'Europe monarchique, est d'habiller la fuite du roi en
« attentat perpétré contre sa personne par les ennemis

du bien public ». Née autour de La Fayette, énoncée par Beauharnais (alors président de l'Assemblée), adoptée par Le Chapelier et Lameth, la trouvaille de l'enlèvement du roi — dont l'exposé, assez sobre dans l'Assemblée, arrivera fort enjolivé dans les départements — permet de tenir bon sur l'édifice constitutionnel. La gauche a d'autant plus de facilité à brocarder cette fiction qu'on découvre vite le manifeste maladroitement laissé par le roi, long chapelet de plaintes tout à fait explicites sur son désaveu de la Constitution et les motifs d'un départ destiné à lui faire recouvrer sa liberté. L'adresse aux Français lue par Démeunier au nom de l'Assemblée doit donc minimiser non seulement la fuite royale, mais aussi cet écrit, « arraché avant le départ du roi séduit ».

On glisse ainsi de la thèse presque insoutenable d'un roi enlevé (Robespierre demande « si les peuples en sont aujourd'hui au point de croire qu'on enlève les rois comme on enlève les femmes ») à la thèse d'un roi abusé, d'un kidnapping moral, illustration de la condition malheureuse des rois en proie aux mauvais conseillers, motif séculaire rajeuni pour l'occasion. La version officielle du « Comité des rapports et des recherches sur les événements relatifs à l'évasion du roi et de la famille royale » mêle sans logique les deux thèses, mais charge Bouillé, providentiel bouc émissaire. Sa vraie cohérence tient dans l'idée que le roi, trompé par Bouillé, avait tout juste l'intention de s'éloigner, non de franchir la frontière, ce qui permet d'échapper aux conséquences du décret du 28 mars. On pourrait croire l'affaire close, si elle ne faisait lever devant les Constituants une foule d'embarras annexes, qui vont les contraindre bon gré mal gré à s'interroger sur ce qu'est un roi constitutionnel, sur la nature de la Constitution et le sens même de la Révolution.

Un problème apparemment minuscule fait surgir le débat sur la nature du roi, véritable répétition générale du futur procès : qui recevra les indispensables « déclarations » du roi sur l'événement ? L'Assemblée ? Des juges ? La gauche en tient pour des juges : c'est à

Louis XVI comme individu qu'on s'adresse, le roi
« dans le moment et dans l'affaire dont il s'agit est un
citoyen » (un an plus tard, Robespierre, auteur de
cette définition, soutiendra au contraire que le procès
d'un roi est un acte politique et non judiciaire), un
« être corporel » sur lequel, renchérit Pétion, « on peut
asseoir une peine ». Contre l'inviolabilité de cette personne concrète plaident du reste à la fois les faits
(l'Assemblée a si peu jugé le roi inviolable qu'elle s'est
immédiatement emparée du pouvoir exécutif) et l'argumentation tirée du manifeste royal : comment une
Constitution que le roi a violée pourrait-elle le rendre
inviolable ? On ne peut, dit Grégoire, l'invoquer en sa
faveur. Il faut donc convenir que, si le roi jouit d'une
inviolabilité décrétée, celle « des actes qui tiennent à la
royauté », fiction sans danger selon Brissot puisque ces
actes doivent être contresignés par les ministres, il ne
peut prétendre à l'inviolabilité des actes privés : « Pour
être roi, dit lapidairement Buzot, on n'en est pas
moins homme. »

La majorité de l'Assemblée s'évertue à résister à
cette dissociation des deux corps du roi, qui abandonne l'un d'eux au jugement et, donc, au châtiment
éventuel. Le roi n'est pas un citoyen, c'est à lui seul
tout un pouvoir, dans lequel il est impossible de distinguer la fonction et la personne. Sans doute un roi
convaincu de démence peut-il être remplacé par un
régent. En aucun cas pourtant, il ne peut être entendu
par des juges. Forte de ces arguments, l'Assemblée
décide donc qu'elle recevra elle-même les déclarations
royales.

Mais, chemin faisant, elle est aussi amenée à mettre
en pleine lumière l'étrangeté du pouvoir royal. « Vous
avez mis le roi, dit Duport, dans une classe à part
de citoyens, dans une position où son caractère individuel et politique sont réunis », « hors de l'état naturel des choses », dira encore Salle. Si on l'avait pu,
ajoute La Rochefoucauld-Liancourt, « on l'eût rendu
éternel ». La force des Constitutionnels dans le débat
est de montrer que cette extravagante fiction est une

fiction heureuse. De Muguet de Nanthou, le rapporteur du Comité des recherches, à Duport et à Barnave, toute une majorité tente de sauver l'œuvre
constitutionnelle au nom de l'utilité et par l'évocation
des déchirements factieux qui naîtraient de la moindre
atteinte à l'inviolabilité : les troubles d'Angleterre, de
Russie, de la minorité de Louis XIV, sont tour à tour
évoqués pour justifier le recours à une inviolabilité
sans conditions, purement fonctionnelle. Ce n'est possible qu'en dénouant les liens affectifs de la nation et
du roi, ce que fait Barnave avec limpidité : car si la
conduite douteuse d'un roi ébranle les citoyens au
point de leur faire souhaiter la déchéance, la conduite
admirable d'un roi pourrait aussi bien leur faire souhaiter la tyrannie. La royauté ne se justifie donc que
par une indifférence absolue aux mérites personnels
du roi. Il faudrait bénir la fuite à Varennes, occasion
inespérée de démontrer qu'un roi intellectuellement et
moralement nul est précisément celui qu'il faut à une
monarchie constitutionnelle. Thèse juridiquement
imparable, mais politiquement faible : une fois le roi
réduit à une condition aussi plate, comment pourrait-il être au-dessus des citoyens ? Comment même
pourrait-il être encore le roi paternel et bienfaisant de
1789 (image que continue de caresser le manifeste
royal) ? A quoi bon par ailleurs convaincre un roi
fonctionnel d'accepter « sincèrement » la Constitution,
vœu de la majorité devenu du coup paradoxal ? Même
traités à fronts renversés — car Robespierre tiendra en
1792 le langage même de Duport en 1791 —, tous les
thèmes du procès du roi sont là *in nuce*.

L'Assemblée ne peut pas non plus éviter la réflexion
sur ses propres pouvoirs et sur une légitimité que la
droite et la gauche s'ingénient à lui chicaner. D'un
côté, pour sauver le roi, on conteste que le vœu de la
nation soit dans l'Assemblée : il est dans les cahiers,
qui ne contiennent évidemment pas de mandat impératif adapté. De l'autre, pour juger le roi, on conteste
la capacité de l'Assemblée à être juge dans sa propre
cause et on réclame donc une Convention. Entre ces

deux interprétations, la majorité, qui ne veut ni ne peut dissocier son sort de celui du roi, campe sur le *statu quo*. Mais il est intéressant de voir les doutes semés dans le débat apporter de l'eau à la décision de non-rééligibilité qu'ont prise en mai, sans grand enthousiasme, les Constituants. Varennes fait vivement sentir le besoin d'une nouvelle donne : en laissant la place, exemple inouï d'effacement, à un vrai pouvoir législatif, constitué et non plus constituant, la Constituante préside à la naissance d'une Assemblée entièrement nouvelle ; en face d'elle, on peut espérer voir surgir un roi nouveau, convaincu désormais que son pouvoir ne lui sera pas contesté. Bref, une double régénération capable d'effacer le fâcheux événement.

Enfin, derrière tout le débat né de Varennes, se profile la conception de la Révolution elle-même. Ceux qui tentent depuis des mois d'établir, comme Duport le 17 mai, que « ce qu'on appelle la Révolution est fait », cherchent, contre toute attente, un argument dans l'équipée royale. Avant Varennes, l'état du roi, dit La Rochefoucauld-Liancourt, connu du reste de « l'Europe entière », n'était pas celui d'un roi constitutionnel, mais le fruit d'une situation révolutionnaire. Que manquait-il à l'édifice ? « Que le roi, placé hors de Paris, pût rentrer dans la capitale avec toute la liberté, toute la dignité d'un roi constitutionnel. » Varennes est moins une sortie de Paris qu'une sortie de l'état révolutionnaire, une manière maladroite, mais efficace, d'« arrêter » la Révolution. C'est le thème de Barnave, la grande voix de ce débat. Barnave plaide à la fois le général — les révolutions sont terminables — et le particulier — cette Révolution-ci est terminée. Affirmation qui est de l'ordre du constat — tout ce qui était à détruire l'a été — et de l'anticipation — si la Révolution avait le malheur de faire encore un pas « dans la ligne de la liberté », c'en serait fait de la royauté ; un pas encore « dans la ligne de l'égalité », c'en serait fait de la propriété. La force de Barnave, qui dit mieux ce qu'avait plaidé Duport en mai, est de faire sentir, en attachant le sort des propriétaires à celui de la monarchie, le lien qui unit la dynamique républicaine à la dynamique égalitaire. Sa politique est de déclarer cette dynamique arrêtable. Son échec, de n'y pas parvenir.

Mais, le 15 juillet 1791, on peut croire la chose faite : l'éloquence de Barnave — elle a déjà sauvé La Fayette le 23 juin — a été décisive pour faire pencher la majorité du côté des thèses du comité, ne retenir comme coupables que Bouillé et ses complices, disculper les souverains et maintenir la monarchie constitutionnelle. L'Assemblée renonce même à diffuser une version officielle de l'événement dans une adresse aux Français, par crainte « qu'elle entretienne un sentiment de doute, d'incertitude et d'argumentation ». L'ancienne gauche, qui avait combattu Mirabeau, désormais au centre du jeu politique, paraît avoir conjuré la scène de séparation entre le roi et la Nation.

*
* *

C'est évidemment une illusion. Au moment même où l'Assemblée met la personne royale hors des débats, les Cordeliers lancent le texte d'une pétition qui réclame la République. Le manifeste a été rédigé par Robert, qui vient de rééditer son ouvrage sur le républicanisme adapté à la France, enrichi par Varennes d'un nouveau sous-titre : « Avantages de la fuite de Louis XVI et nécessité d'un nouveau gouvernement. » La République, en effet, a été soigneusement tenue hors de la discussion à l'Assemblée par la gauche elle-même : de Robespierre à Pétion et Vadier (celui-ci risque l'image, promise à un bel avenir, du « brigand couronné », mais tient à dire qu'il n'en déteste pas moins la République), elle repousse loin d'elle le souvenir des Républiques anciennes et recule devant le mot lui-même. Mais la République a trouvé des partisans hors de l'Assemblée. Brissot la soutient un peu mollement dans les livraisons du *Patriote français,* et Condorcet, au Cercle social, s'engage hardi-

ment dans la réflexion sur l'utilité du roi, pièce maîtresse de l'argumentation modérée. La marche de la
raison, selon lui, a tout à fait déconsidéré l'utilité présente de la monarchie : « Nous ne sommes plus au
temps où l'on oserait compter, parmi les moyens d'assurer la puissance des rois, cette superstition impie qui
faisait d'un homme une espèce de divinité. » Ce nouveau langage politique trouve l'oreille de certaines
administrations départementales et des clubs. Aux
Jacobins, pourtant, il se heurte aux arguties de Robespierre, déterminé à ne pas poser la question du
régime. C'est aux Cordeliers, qui se félicitent d' « être
libres et sans roi », que mûrit l'idée de porter au
Champ-de-Mars une pétition républicaine. Celle du
16 juillet — devenue illégale après le décret de l'Assemblée qui maintient Louis XVI — est encore frottée
d'orléanisme. Elle fait place le 17 à une version plus
énergique qui reproche aux députés d'avoir tergiversé
et demande le jugement du roi. A la suite d'incidents
incontrôlés, la garde nationale de La Fayette et de
Bailly mitraille la foule des pétitionnaires désarmés
sous le drapeau rouge de la loi martiale, qui devient
l'emblème du premier divorce entre la milice de la
Révolution et le peuple révolutionnaire.

Malgré les habillages de l'Assemblée, Varennes a
donc fait voler en éclats l'unité de la Révolution et les
fractures sont partout visibles, dans les clubs, le pays,
l'Assemblée elle-même. Dans les sociétés patriotes, les
lendemains du Champ-de-Mars opèrent une nouvelle
donne. Les Cordeliers sont contraints à la fermeture,
Danton à la fuite, Desmoulins à suspendre son
journal. Pour n'avoir su ni désavouer les Cordeliers ni
les suivre, les Jacobins éclatent. Beaucoup d'entre eux
— un peu plus de 300 députés — émigrent au couvent
d'à côté, déplacement topographique qui exprime un
déplacement politique. La scission Jacobins/Feuillants
tourne d'abord à l'avantage de ces derniers, dont la
troupe grossit grâce à l'adhésion d'une grande majorité des députés constitutionnels, autour des triumvirs
et de leurs amis, pendant qu'aux Jacobins une poignée

de députés fidèles se resserre autour de Pétion et de Robespierre. La première victoire feuillante est de devancer les Jacobins dans la rédaction de l'adresse qui doit porter la version officielle de l'événement aux sociétés de province. Celles-ci, dans leur grande majorité, marquent un moment d'hésitation, mais 72 d'entre elles se rallient aux Feuillants dans les deux premières semaines du schisme (15 seulement s'alignent, pendant ce temps, sur les positions jacobines). Bref triomphe pourtant, car dès la fin juillet s'amorce le retour à la société mère : on y reconnaît l'efficacité supérieure du réseau jacobin de la correspondance, la fidélité de la plupart des journaux, auxquels sont abonnées les sociétés provinciales, et le tour de main de Robespierre et de Pétion. Au moment où la Constituante se sépare, le maillage jacobin est non seulement raccommodé, mais enrichi.

Les traces laissées par la fuite royale sont encore visibles sur le territoire national. Varennes a dessiné une géographie politique contrastée, qu'on peut évaluer tant à partir des adresses de félicitations envoyées à la vaillante municipalité de Varennes qu'à partir des inscriptions de gardes nationaux, qui avaient été invités à former des bataillons pour partir à la frontière. L'empressement relatif, dans l'un et l'autre cas, oppose une France des villes à une France des campagnes (celle-ci peu informée, et de surplus viscéralement hostile à toute milice) ; elle oppose aussi une France du Centre et de l'Ouest, toujours acquise à la royauté, à une France de l'Est et du Sud, de la Moselle à la Méditerranée, qui lui est devenue délibérément hostile.

Dans l'Assemblée enfin, la rupture se consomme entre les modérés et les ultras des deux bords. La droite, en refusant d'avaliser la suspension d'un roi inviolable, avait d'emblée opéré une émigration dans l'abstention. Les démocrates, pourtant frappés dans leurs leaders, trouvent dans le choc de Varennes de quoi gagner une frange de députés. La marge de manœuvre est donc étroite pour la majorité. La réforme de la Constitution (acceptée par le roi, le 15 septembre, et assortie d'une amnistie qui arrange à la fois les inculpés de Varennes et les inculpés du Champ-de-Mars) n'a pas, du coup, l'ampleur voulue : la majorité, qui aurait souhaité exclure du texte constitutionnel la Constitution civile du clergé — disposition qui permettait de la retoucher —, doit finalement la réintroduire. La Constitution révisée tente pourtant de satisfaire cet instinct de « tranquillité » que Barnave, bien avant Constant, juge plus impérieux que celui de liberté. Elle relève le cens, pour arracher le corps électoral, comme l'explique encore Barnave, à l' « extrême pauvreté » qui contient un risque de corruption, mais elle compense cette mesure en cessant d'exiger le marc d'argent pour l'éligibilité : elle fait toujours, comme en 1789, de l'élection une fonction, et non un droit, et la met dans la « classe mitoyenne des fortunes », formule qui annonce les doctrinaires. Elle accentue, contre la gauche — celle-ci maintient qu'un roi héréditaire ne saurait *vouloir* pour la Nation —, le caractère représentatif du roi. Thouret et Barnave se sont employés à démontrer que, si le roi ne « représente » pas, au sens strict, la Nation, il « veut » pour elle dans l'exercice du droit de sanction et représente, comme premier citoyen, sa « majesté ». Avec la réintroduction de cette « grandeur », on sent qu'ils cherchent, non sans quelque embarras, à corriger cette argumentation fonctionnelle — ils l'ont pourtant eux-mêmes utilisée —, qui prive le pouvoir exécutif de dignité et de consistance morale. Faire un roi représentatif face à l'Assemblée représentative paraît le seul moyen de leur conserver un statut équivalent et d'esquiver le problème si redoutable de la subordination des deux pouvoirs. Le texte, du reste, redonne au roi son droit de grâce, son veto suspensif, son droit de proposer les lois, et lui fait acquérir celui de faire défendre par ses ministres ses propositions devant l'Assemblée. La révision, comme Barnave s'échine à l'expliquer à Marie-Antoinette, devrait combler le roi. Il pourrait savourer l'énorme supériorité que lui donne la permanence. Une législature ne dure que l'espace de deux années, si bien qu'elle « se trouve enveloppée avant, pendant, après sa formation, dans l'influence royale ».

L'acharnement pédagogique de Barnave manifeste à la fois l'acuité de son diagnostic et l'infirmité de sa thérapie. Pour faire vivre durablement l'alliance entre la monarchie constitutionnelle et la souveraineté du peuple — elle vient d'être scellée par un nouveau serment du roi et saluée par des ovations populaires —, il faudrait, en effet, que le roi accepte son rôle : or, il continue à négocier avec les puissances. Mais il faudrait aussi que la Nation accepte ce roi. Or, le roi qu'on ramène de Varennes n'a plus rien à voir avec celui qu'on avait ramené de Versailles en octobre 1789, un roi dont tout le monde alors, même Marat, espérait que la présence à Paris changerait la face des choses. Le roi de Varennes, comme l'écrit Lamartine, est un « roi amnistié », où l'Europe ne voit qu'un « échappé du trône, ramené à son supplice, le peuple qu'un traître et la Révolution qu'un jouet ». L'épisode de Varennes illustre l'effort pathétique des hommes de la Révolution pour amortir, gommer et, si possible, nier l'événement ; mais, tout à la fois, la force disruptive de cet événement qui relance une fois de plus la Révolution française : preuve que la « machine politique », contrairement aux vœux de Barnave, n'est pas encore fixée et que se poursuit l'interminable tâche de terminer la Révolution.

Mona Ozouf

ORIENTATION BIBLIOGRAPHIQUE

BARNAVE, Antoine-Pierre-Joseph-Marie. *Œuvres*, publiées par Alphonse-Marc-Marcellin-Thomas Bérenger de la Drôme, 4 vol., Paris, 1843.
BARNAVE et MARIE-ANTOINETTE. *Marie-Antoinette et Barnave, correspondance secrète (juillet 1791-janvier 1792)*, éd. établie

par Alma Söderhjelm, Paris, Armand Colin, 1934.
CHEVALLIER, Jean-Jacques. *Barnave ou les Deux Faces de la Révolution 1761-1793*, Paris, Payot, 1936.
DUCLOS, Pierre. *La Notion de Constitution dans l'œuvre de l'Assemblée constituante de 1789*, Paris, Dalloz, 1932.
PÉTION DE VILLENEUVE, Jérôme. *Mémoires inédits*, Paris, 1866.
REINHARD, Marcel. *La Fuite du roi*, Paris, Centre de documentation universitaire, Les Cours de Sorbonne, 1958.

RENVOIS

Assemblées révolutionnaires
Barnave
Brissot
Condorcet
Constitution
Constitution civile du clergé
Feuillants
Jacobinisme
La Fayette
Louis XVI
Marat
Marie-Antoinette
Mirabeau
Monarchie
Procès du roi
République
Robespierre

VENDÉE

La guerre de Vendée (mars-décembre 1793) est le plus long et le plus sanglant des troubles civils qui caractérisent l'année 1793. Elle en est aussi le conflit le plus symbolique puisqu'elle met aux prises en rase campagne la Révolution et l'Ancien Régime. La Constitution civile du clergé avait vu s'affronter le camp des prêtres jureurs et celui des réfractaires ; la révolte fédéraliste de juin-juillet 1793 lèvera la bourgeoisie des villes girondines contre la dictature de Paris. Mais ce qui commence en mars de la même année est une guerre où vont se mesurer très vite des armées : les soldats des armées révolutionnaires, sous le drapeau de la République, et le peuple paysan de Vendée, sous la bannière de Dieu et du roi. Emblèmes antagonistes qui survivront à la furie des combats et qui peupleront les mémoires après les champs de bataille : l'Ancien Régime a eu ses martyrs, dont la Révolution ne cesse de conjurer le témoignage.

La révolte commence en mars comme un refus de la conscription. Pour renforcer les effectifs militaires de la République, la Convention a voté en février une levée de 300 000 hommes, à tirer au sort parmi les célibataires de chaque commune. L'arrivée des recruteurs, qui rappelle les procédés de la monarchie, suscite un peu partout dans les campagnes françaises des résistances et même des débuts de sédition, vite réprimés. Mais les choses prennent une tournure particulièrement grave au sud du cours inférieur de la Loire, dans les Mauges et le Bocage vendéen. Dans les premiers jours de mars, à Cholet, grosse bourgade d'industrie textile à la jonction des deux régions, des jeunes gens des communes alentour, paysans et tisserands mêlés, envahissent la ville et y tuent le commandant de la garde nationale, manufacturier patriote. Une semaine après, la violence s'étend à la frange ouest du Bocage, dans le Marais breton : le petit bourg de Machecoul est investi par les paysans les 10 et 11 mars, et plusieurs centaines de « patriotes » y sont massacrés. Au nord, près de la Loire, une grosse troupe de paysans s'empare de Saint-Florent-le-Vieil, sous l'autorité d'un voiturier, Cathelineau, et d'un garde-chasse, Stofflet.

Le 19 mars, une petite armée républicaine de 3 000 hommes, partie de La Rochelle pour rejoindre Nantes, est dispersée en Vendée à Pont-Charrault, sous l'assaut d'une bande rurale. La révolte a tourné à l'insurrection. Celle-ci délimite un quadrilatère impossible à définir en termes administratifs, puisqu'il est à cheval sur la généralité de Poitiers et celle de Tours, en termes d'Ancien Régime, et les départements de Maine-et-Loire, Loire-Inférieure, Vendée et Deux-Sèvres, dans le redécoupage de 1790. Le cœur du mouvement est dans les Mauges et le Bocage, vaste carré d'une centaine de kilomètres de côté dont Cholet forme le centre ; l'immédiate périphérie de cette zone, notamment à l'ouest, dans le Marais breton, entre Montaigu et la mer, ne sera jamais contrôlée complètement par les insurgés, mais ne cessera d'être partagée entre les deux camps au hasard des combats.

La « Vendée militaire », qui va, elle, échapper complètement à l'autorité de Paris l'espace de quelques mois, n'avait pas été, en 1789, une région en sécession morale par rapport au reste de la nation : au moins n'en aperçoit-on pas de traces dans les cahiers de doléances des paroisses, « normalement » hostiles

aux droits seigneuriaux, raisonnablement réformateurs
en matière de justice ou d'impôt. Ce n'est donc pas la
chute de l'Ancien Régime qui dresse sa population
contre la Révolution, mais la reconstruction du nouveau : la carte inédite des districts et des départements, la dictature administrative des bourgs et des
villes, et surtout l'affaire du serment des prêtres à la
Constitution, qui donne à la résistance clandestine le
nom de Dieu et l'action des réfractaires. Il y a eu déjà,
en août 1792, un début de révolte, vite réprimé. Mais
en 1793, ce n'est pas le régicide de janvier qui déclen-
che l'insurrection ; c'est le retour de la conscription
forcée. Signe supplémentaire que si le peuple vendéen
inscrit Dieu et le roi sur ses drapeaux, il investit dans
ces symboles inévitables de sa tradition autre chose
que le simple regret de l'Ancien Régime, qu'il a vu
mourir sans chagrin.

Mais la Convention, en face d'une insurrection du
peuple contre la Révolution du peuple, ne peut rien y
voir d'autre qu'une figure nouvelle, et la plus grave,
du « complot aristocratique » pour restaurer le monde
ancien sur les ruines de la République. Le 19 mars,
elle vote un premier décret instituant la peine capitale
dans les vingt-quatre heures pour toute personne prise
les armes à la main ou portant la cocarde blanche. Elle
aussi donne à sa manière son drapeau à l'insurrection.
Les dés ont été jetés en deux semaines.

Les Blancs forment des troupes assez inédites,
cohue de quelques dizaines de milliers d'hommes,
paysans, tisserands, petits notables de campagne, ras-
semblés au son du tocsin du village sous l'autorité du
« capitaine de paroisse », et peu enclins, une fois passé
le combat, à s'éloigner trop de chez eux. Une petite
dizaine de milliers d'hommes en constitue le noyau
permanent, réparti dans les différentes armées vendéennes, dont ils sont le fer de lance. L'armement est
sommaire, le meilleur est pris sur l'ennemi ; peu ou
pas de cavalerie, une artillerie de hasard, une logis-
tique inexistante ; en face de colonnes républicaines
peu nombreuses, la troupe vendéenne doit ses succès

de l'été à ses effets de masse plus qu'à sa technique ou à sa stratégie. Elle s'est donné des chefs, qu'elle est allée chercher et qui sont souvent des nobles retirés au pays après avoir servi dans l'armée du roi : Charette, d'Elbée, La Rochejaquelein, Lescure, Bonchamps. Mais Cathelineau est voiturier au Pin-en-Mauges, Stofflet garde-chasse à Maulévrier. Leur autorité, à tous, est précaire comme son origine : de ces généraux nommés par leurs troupes, le commandement est mêlé de persuasion. Enfin, leurs rivalités ne cessent pas, et le généralissime élu (Cathelineau, puis d'Elbée, puis La Rochejaquelein) n'a jamais le vrai commandement de l'ensemble. Le Conseil supérieur de la Vendée, mis en place dans le bourg de Chatillon-sur-Sèvre, en plein bocage, n'y parvient pas non plus. Associant aux principaux chefs militaires un groupe de prêtres et de notables royalistes, il fonctionnera davantage comme une tentative éphémère de gouvernement civil, restauration plus symbolique que réelle des institutions de l'ancienne France.

Sur le terrain, c'est la grande « armée catholique et royale » qui forme le gros des forces. Opérant aux confins du Poitou et de l'Anjou, dans les Mauges, elle regroupe dans les meilleurs moments 40 000 soldats, sous l'autorité des principaux chefs militaires de l'insurrection. Au sud, l'armée du centre, forte d'une dizaine de milliers d'hommes, domine le Bocage, et sur les marges de l'Ouest, les bandes de Charette ne sortiront jamais du Marais breton. Dès le mois d'avril, les Mauges et le Bocage sont aux mains des insurgés : villages et bourgs, dépourvus de garnisons régulières de troupes républicaines, sont tombés sans résistance. A l'ouest, Les Sables-d'Olonne résistent, mais à l'est, les villes qui bordent le quadrilatère insurgé sont prises en mai : Bressuire, Parthenay, Thouars, et Saumur le 9 juin, où une petite armée de 8 à 10 000 républicains est bousculée par les vendéens avec l'aide des contre-révolutionnaires de la ville. De là, les chefs insurgés décident finalement de prendre Nantes, la riche métropole bourgeoise de l'Ouest, pour y tendre la main aux Anglais et aux émigrés ; mais la ville est défendue énergiquement : les bandes de Charette l'attaquent prématurément par le sud, et l'armée de Cathelineau, deux jours plus tard, le 24 juin, perd la bataille de rues. Nantes reste aux mains des patriotes.

Pourtant pendant l'été, les armées vendéennes restent maîtresses de « leur » territoire, en battant à l'occasion des colonnes républicaines mal équipées, elles aussi un peu improvisées. Les échecs alimentent à Paris une surenchère révolutionnaire de la Commune ; sous cette pression, le Comité de salut public met à la tête des troupes de la République un général en chef improbable, en la personne d'un activiste sans-culotte, l'ancien compagnon bijoutier Rossignol. Le 1er août, sur un rapport de Barère, porte-parole de la Montagne et du comité, la Convention décrète la « destruction » de la Vendée. L'ordre consiste à évacuer tous les civils patriotes, pour les faire nourrir par la République, et à transformer le pays insurgé en désert : mettre le feu aux forêts, incendier les maisons, emmener le bétail, couper les haies, traiter la terre rebelle comme Louis XIV en avait donné l'exemple avec le Palatinat.

Rhétorique d'extermination qui donne libre cours à la férocité des soldats et qui portera, quelques mois plus tard, une lugubre moisson de massacres organisés, mais qui est dans l'immédiat sans effet sur l'incompétence et les divisions du commandement. En réalité, l'été 1793 voit s'affronter en Vendée non pas deux armées, mais des tronçons disjoints de troupes disparates ; non pas deux commandements, mais des chefs sous surveillance presque plus divisés entre eux qu'unis contre l'ennemi ; non pas deux forces, mais deux faiblesses. Les Vendéens échouent deux fois devant Luçon ; incapables de sortir de leur pré-carré, ils semblent inexpugnables à l'intérieur de celui-ci.

La situation ne change qu'en septembre avec l'arrivée des « Mayençais », cette armée rescapée du siège de Mayence et que la Convention a affectée là, et avec

la prise en main de généraux efficaces, Kléber et Mar-
ceau. Après une première offensive ratée, les « Mayençais » reprennent Cholet, au cœur de l'insurrection, le
17 octobre, et chassent vers le nord les restes de
l'armée catholique et royale. C'est le tournant de la
guerre et, pour l'insurrection, le début de la fin. Privés
de beaucoup de leurs chefs — Cathelineau est mort à
Nantes, Lescure, d'Elbée et Bonchamps ont été mor-
tellement blessés dans la bataille de Cholet — et
forcés d'abandonner leur royaume éphémère, les vendéens traversent la Loire. L'idée du nouveau généralissime de vingt ans, La Rochejaquelein — idée peut-
être soufflée par l'émigration —, est de faire la
jonction à Granville avec les bateaux anglais qui
patrouillent sur la côte bretonne : de là l'interminable
marche de l'immense cohue vendéenne, étirée sur plusieurs kilomètres, mêlant petit peuple et beau monde,
combattants et familles, hommes, femmes et enfants,
80 000 personnes protégées par 30 à 40 000 soldats,
investissant et pillant au passage les villes mal défen-
dues, Le Mans, Laval, Fougères, pour échouer finalement devant les hauts murs de Granville. Après des
batailles sanglantes à Pontorson, Antrain et Dol, les
vendéens entament une dramatique retraite pour rentrer chez eux, dans les pluies et les premiers froids de
la fin de l'automne, et par la route de l'aller, Fougères,
Mayenne, Laval. Repoussés au début décembre
devant Angers, ils repartent vers l'est et sont écrasés
au Mans le 13, qui fut une des journées les plus
affreuses de cette guerre sans pitié : les républicains ne
font aucun quartier, et l'« armée » vendéenne en
déroute laisse 10 000 morts sur le terrain. Ce qui en
reste, talonné par l'adversaire, sera taillé en pièces à
Savenay juste avant Noël. Dans la même dernière
quinzaine de l'année, à l'autre bout de la guerre civile,
Charette est traqué dans son Marais breton et l'île de
Noirmoutier, son repaire, reprise le 3 janvier.

L'insurrection proprement dite est terminée. Non
que les combats aient complètement cessé, mais les
chefs survivants, Charette, Stofflet, ne commandent

plus que des bandes battant la campagne, difficiles à distinguer de la chouannerie de l'Ouest normand ou breton. C'est alors que le général Turreau est chargé de mettre à exécution le terrible décret du 1ᵉʳ août qui avait enjoint aux autorités de la République de transformer la Vendée en désert.

Avant lui, déjà, Carrier a donné l'exemple à Nantes. Arrivé en octobre, l'envoyé de la Convention, fanatique comme l'esprit du temps et appuyé par les sans-culottes locaux, fait procéder à de multiples arrestations, auxquelles s'ajoutent, pour surpeupler les prisons, les soldats vendéens captifs. A la lenteur relative de la guillotine, il substitue bientôt les fusillades sans jugement et les noyades dans la Loire, à l'aide de vastes barques dans lesquelles on entraîne les suspects et qu'on coule au milieu du fleuve : une dizaine de milliers de morts, dont 4 ou 5 000 noyés. Mais les « colonnes infernales » de Turreau vont faire, dans ce genre lugubre, beaucoup mieux. A partir de février 1794, elles se partagent le territoire de la révolte pour le parcourir et l'incendier. Les arbres sont coupés, les villages brûlés, le bétail abattu, les populations massacrées indistinctement. Délire de destruction qui ravage le patrimoine agricole et immobilier, et qui fait des dizaines de milliers de morts, au hasard des bourgs, des villages et des lieux-dits rencontrés sur la route par la soldatesque. L'affreuse entreprise ne cesse qu'au printemps, en mai. Elle a aussi pour conséquence de réanimer et d'étendre une guérilla résiduelle, par où la Vendée devient chouannerie.

Stofflet, réfugié dans les forêts autour de Maulévrier, son point de départ, et Charette, dans son fief occidental du Marais, tiennent encore la campagne. Après le 9-Thermidor, la Convention abandonne la politique de répression pour faire des ouvertures aux deux chefs, qui signent successivement des armistices de compromis en février et en mai 1795. La « Vendée » reconnaît la République, la République s'engage à accepter le culte réfractaire et à ne pas lever de soldats ni d'impôts pendant dix ans. Mais les deux

chefs reprennent très vite les armes, avec la tentative
de débarquement des émigrés à Quiberon en juin.
Armé par les Anglais, Charette veut à nouveau sou-
lever la Vendée littorale. Pourtant, les paysans sont
las, et le comte d'Artois, débarqué à l'île d'Yeu pendant l'été, refuse de s'engager et repart en Angleterre.
Stofflet, resté dans les Mauges, n'a plus autour de lui
que des bandes d'une valeur médiocre. Contre eux, la
Révolution lâche enfin la bride à un général intelligent
et modéré : Hoche. Cherchant à maintenir les populations dans la neutralité en alternant la tolérance et le
contrôle, il forme des petites colonnes mobiles de
quelques milliers d'hommes à la poursuite des guéril-
leros vendéens. Stofflet est capturé et fusillé en
février 1796, Charette en mars.

C'est le point final de la guerre, et non pas la
réconciliation de la Vendée et de la République. Le
pays au contraire, tout exsangue, ravagé, brisé qu'il
soit, ne cesse de s'agiter sporadiquement jusqu'au
Consulat. Avec le Concordat, Bonaparte lui enlève le
drapeau du culte réfractaire, mais ne cesse d'avoir
l'œil sur le département, où il fera de La Roche-
sur-Yon la place forte de son régime. Il a raison d'être
méfiant. La Vendée a désormais une identité qui la
sépare de la nation. Elle est une région à part, un
peuple différent.

★
★ ★

Le voyageur qui parcourt aujourd'hui l'ancienne
Vendée militaire peut apercevoir, à la place des vieilles
églises incendiées par les jeunes soudards de Turreau,
de vastes édifices du XIXᵉ siècle, généralement sans
beauté et toujours trop grands pour les villages dont
ils abritent le culte : reconstruits sous la Restauration
ou pendant l'Ordre moral, aux deux époques de
l'Eglise catholique triomphante, ces temples manifestent la mémoire de l'insurrection transfigurée par
le siècle qui a suivi. A partir du retour des rois a

commencé une nouvelle histoire, dans laquelle la
Vendée incarne un Ouest profond des métairies, des
châteaux et des églises où continue à vivre l'interminable Contre-Révolution, alternativement victorieuse
et martyre, plus souvent martyre que victorieuse, mais
indestructible. Pour une part, cette histoire est réelle,
puisque le département et ses marges (le sud du Maine-et-Loire et de la Loire-Inférieure, l'ouest des
Deux-Sèvres) s'agitent pour chasser l'empereur en
1814 et 1815, bougent encore en 1832 à l'appel de la
duchesse de Berry pour restaurer le roi légitime et
fournissent ensuite à la droite la plus traditionaliste, à
partir du suffrage universel, ses plus fidèles bataillons
électoraux. Les études de sociologie électorale confir-
ment toutes l'existence en Vendée d'une tradition
conservatrice particulière, liée à l'événement matriciel,
et d'ailleurs, de ce fait peut-être — quoi qu'en ait dit
Siegfried dans son fameux *Tableau politique de la
France de l'Ouest* —, plus cléricale que proprement
monarchiste : dans l'entre-deux-guerres par exemple,
le catholicisme social de Marc Sangnier y fait une
percée au détriment des royalistes, et l'Action française ne parvient jamais à s'y implanter, même avant
sa condamnation par Rome en 1926.

Mais cette histoire de la Vendée après la Vendée est
surtout celle de l'imaginaire politique national,
déchiré entre l'Ancien Régime et la Révolution. Les
Français du xixe siècle ne peuvent aimer ensemble les
deux parties de leur passé : ceux qui aiment la Révolution détestent l'Ancien Régime, et ceux qui regret-
tent l'Ancien Régime détestent la Révolution. La
Vendée est une des pièces centrales de cet univers à
deux dimensions, qu'elle contribue par excellence à
structurer et à éterniser, puisqu'elle en figure un des
pôles. Monde de paysans, de prêtres et de nobles, elle
est l'ancienne société. Insurrection contre la dictature
jacobine, elle est fidélité à la tradition. Enfin, par
l'élection de haine qu'elle a suscitée, elle est la statue
vivante de la malédiction révolutionnaire. Elle enno-
blit l'Ancien Régime de ce dont une disparition sans

gloire l'aurait privé sans elle : la ferveur populaire et l'héroïsme de la résistance.

Pour le comprendre, il faut lire les *Mémoires* de la marquise de La Rochejaquelein, qui avait fait, aux côtés de son mari Lescure, toute la terrible guerre, avant d'épouser en secondes noces un frère du dernier généralissime de l'armée catholique et royale. A consulter les souvenirs de cette dame de l'aristocratie, élevée au château de Versailles jusqu'en octobre 1789 (elle a alors dix-sept ans), la Vendée est un Ancien Régime heureux : une société de paysans et de seigneurs exceptionnellement unie, dans le respect des vertus chrétiennes et de l'Eglise. Quand vient 1789, « les habitants du Bocage virent avec crainte et chagrin tous ces changements, qui ne pouvaient que troubler leur bonheur loin d'y ajouter [...]. Chaque jour les paysans se montraient plus mécontents du nouvel ordre de choses, et plus dévoués aux gentilshommes. » Cette frustration originelle, aggravée par la question du serment des prêtres en 1791, radicalisée après le 10-Août par l'exécution du roi et la levée en masse, débouche finalement sur la grande insurrection, que la marquise raconte d'ailleurs avec sensibilité et talent. Ecrit sous l'Empire, paru dès le retour du roi légitime, son livre donne le ton à toute une historiographie légitimiste et cléricale, par où l'union du trône et de l'autel retrouve au xixe siècle une tradition héroïque, une fidélité religieuse et un plébiscite populaire. Cette historiographie, qui ne comporte plus aujourd'hui d'enjeux politiques nationaux, conserve pourtant son public et ses assises locales, avec le charme poétique des grandes causes perdues.

En face d'elle, le parti de la Révolution a tourné longtemps autour de la formule de Barère à la Convention : l' « inexplicable Vendée ». Inexplicable, en effet, cette insurrection paysanne contre une Révolution émancipatrice des paysans, ce peuple des campagnes uni aux seigneurs et aux prêtres contre l'annonce de l'égalité universelle, ce fantôme d'Ancien Régime réincarné contre ce qui en avait libéré les

Français. Inexplicable, sauf à penser le peuple trompé, manipulé par ses ennemis à son insu : c'est le rôle du complot des nobles, ou des prêtres, ou des deux ensemble. La marquise de La Rochejaquelein a fait du paysan vendéen un frère de son seigneur — idylle féodale à laquelle la bénédiction de l'Eglise donne un air d'éternité. Les historiens républicains le plongent aussi dans l'Ancien Régime, mais pour en faire l'objet inconscient de l'oppression seigneuriale et de l'obscurantisme clérical, enfermé dans l'horizon étroit de sa métairie et dans un territoire isolé du reste du pays, butte témoin des temps condamnés.

Le plus grand d'entre eux, Michelet, aperçoit bien la nature toute paysanne de la révolte, le refus de la conscription, la haine rurale contre les « messieurs » de la ville, l'absence et l'attentisme des nobles, en mars ; il réfute sans peine la version « féodale » de l'insurrection, celle d'un peuple soulevé « sous ses chefs de clan ». Mais ce qu'il refuse au château, il le donne au presbytère. Cette France égarée de l'Ouest qui reste enfermée dans son esprit de clocher, à l'écart de la nation nouvelle, elle est l'œuvre du travail souterrain des prêtres, le produit d'un quadrillage spirituel du territoire par les missions montfortaines. Le paysan vendéen est un être dépendant, à demi sauvage, fanatisé par l'Eglise, par l'intermédiaire des femmes : « Femme et prêtre, c'est là tout, la Vendée, la guerre civile ». C'est entre le confessionnal du prêtre réfractaire et le lit conjugal des pauvres métairies que s'est nouée la grande conspiration qui jettera les hommes — et souvent leurs femmes aussi — à l'armée catholique et royale.

Mais l'idée de la dépendance politique et morale de l'insurgé vendéen par rapport à l'autorité traditionnelle est généralement étendue par les républicains au pouvoir des nobles, agissant en commun avec l'Eglise : extrapolation dans le passé des luttes politiques locales du XIXᵉ siècle, qui font apparaître une Vendée inséparablement cléricale, nobiliaire et monarchiste, isolat d'Ancien Régime dans la France de la troisième République. C'est la toile de fond du grand travail de Charles-Louis Chassin, l'ami de Quinet, dont le livre est le principal réservoir de l'historiographie républicaine, avec celui de Célestin Port, grand manieur des archives administratives départementales, archiviste lui-même. La forme la plus élaborée de cette thèse peut être trouvée dans le *Tableau politique de la France de l'Ouest,* paru juste à la veille de la Première Guerre mondiale : sur l'étude des données électorales des cantons, le républicain protestant Siegfried trace le portrait politique et moral d'une campagne vendéenne fermée aux influences extérieures, soumise à ses châtelains et à ses curés. Le prêtre demeure « comme autrefois le vrai chef du paysan », mais la noblesse est le principal relais de la hiérarchie temporelle : trait essentiel qui oppose « cette grande région d'Ancien Régime » à la « plaine » républicaine, tout juste au sud, comme le granit au calcaire.

L'historiographie moderne, depuis la Seconde Guerre mondiale, a conservé cette approche déterministe de la particularité vendéenne dans l'histoire moderne de la France, en la débarrassant de son aspect géographique au profit des éléments socio-économiques. Surtout, elle a abandonné l'idée d'une Vendée nostalgique de l'Ancien Régime, sous la coupe des nobles et des prêtres ; ce qu'elle cherche à comprendre est au contraire l'autonomie d'une insurrection populaire relativement tardive contre la Révolution. En effet, avant d'être un insurgé contre 1793, le paysan vendéen est favorable à 1789 et il accueille avec plaisir, comme le reste de la nation, l'abolition des droits féodaux et de la dîme. En mars 1793, en revanche, il frappe à la porte du château pour demander de l'aide : non pas en vue de rétablir le régime seigneurial, mais pour avoir des chefs militaires. Et c'est dans la guerre elle-même plus que dans l'Ancien Régime que se noue la nouvelle alliance entre le paysan et l'ex-seigneur. La question n'est donc pas de comprendre pourquoi le premier regrette l'ancienne

société — puisque ce « regret » lui-même est une illusion rétrospective du XIXe siècle —, mais pourquoi il
est devenu, en quatre ans, un ennemi de la Révolution. La partie la plus intéressante de l'historiographie
récente de la guerre de Vendée tient dans cet effort
pour distinguer l'amont et l'aval, et les origines de
l'héritage.

La recherche a porté surtout sur ce qui peut rendre
compte du très violent antagonisme qu'elle manifeste
entre les villes, patriotes, et les campagnes, insurgées.
Cet antagonisme est classique dans l'ancienne société
tout entière, mais la guerre de 1793 révèle sa force
particulière dans l'Ouest rural et dans le territoire de
la Vendée militaire. Dans une perspective ouverte par
un livre de Paul Bois (1960), consacré à l'étude de
la chouannerie dans le département de la Sarthe, on
a étudié par exemple la structure des communautés
rurales, la production paysanne et son rapport au
marché, le poids des charges seigneuriales, la pauvreté des ruraux, pour les comparer aux mêmes données dans les régions restées républicaines à la périphérie du territoire insurgé. Mais aucune des
tentatives faites pour trouver les secrets de l'insurrection dans les structures particulières de la société
ou de l'économie paysanne n'a été à l'abri de la réfu-
tation. Ce qui apparaît plutôt dans l'histoire des
communautés rurales « vendéennes », c'est une hostilité politique croissante à l'égard des bouleversements apportés à la vie quotidienne par les réformes
de la Constituante : création des départements et des
districts, nouveaux impôts, achat massif de biens
nationaux par les bourgeois des villes. A ces bouleversements, des administrations également nouvelles
tiennent la main, animées et peuplées par des bourgeois lecteurs de Voltaire et de l'*Encyclopédie,* grands
acquéreurs de biens d'Eglise, qui affichent un air de
supériorité définitif à l'égard de l'arriération des campagnes. Dans bien des départements de l'Ouest, l'antagonisme séculaire entre les villes et les campagnes
trouve un élan inédit dans les conflits entre l'inter-

ventionnisme de pouvoirs administratifs tout neufs et des communautés rurales jalouses de leur autonomie et peu portées aux innovations.

La grande affaire, le centre de ce conflit, à partir de la Constitution civile, c'est la question religieuse. L'insurrection de mars 1793 est précédée d'une série d'incidents locaux nés de l'obligation du serment et de la division de l'Eglise en deux clergés ennemis. Tout montre d'ailleurs que le principal ressort de la révolte vendéenne est religieux, et non pas social, ou simplement politique : comme les nobles sont des acteurs tardifs, le royalisme est un élément second, induit de l'appel à Dieu et à la tradition catholique (le 21 janvier n'a pas soulevé l'Ouest) ; enfin, l'héroïsme militaire de l'insurrection, quand héroïsme il y a, car l'armée vendéenne est sujette aussi aux paniques, est inspiré par le fanatisme religieux et la promesse du paradis. Cet attachement collectif à l'ancienne foi et à l'ancienne Eglise, perçues comme inséparables et comme menacées par la Révolution, dépasse les limites du conflit entre les villes et les campagnes. Il explique que, comme l'a montré Claude Petitfrère, l'armée catholique et royale comprend aussi bien des artisans des villes, sans parler des notables, petits et grands.

Pour en prendre la mesure, il faut abandonner l'obsession « républicaine », héritée des Lumières et si présente chez Michelet, de la manipulation du paysan à demi sauvage par le prêtre réfractaire. Il faut rendre au peuple vendéen sa foi et ses cultes traditionnels, tels que les avait formés son passé, auquel vint se heurter la réorganisation révolutionnaire, si vite perçue comme antireligieuse. C'est une histoire mal connue, mystérieuse encore, où émerge le plus récent : à savoir que le territoire de la future insurrection a été, au XVIIIe siècle, la terre de mission des montfortains.

L'ordre tire son nom de Grignion de Montfort (1673-1715) et renouvelle en pleine époque des Lumières, sur l'exemple de son fondateur, l'extraordinaire acharnement de la prédication médiévale à inculquer la parole de l'Eglise dans l'esprit des illettrés. Il qua-

drille l'Ouest français de missions, de retraites et de
plantations de calvaires, en mêlant à l'exaltation de la
pauvreté et au refus du monde les thèmes modernes
de la Contre-Réforme : déraciner l'hérésie, extirper la
superstition, organiser la religion sur des obligations,
des règles et des exercices. Le centre est à Saint-
Laurent-sur-Sèvre, à quelques kilomètres au sud de
Cholet, petit bourg du Bocage couvert d'églises et de
couvents, qui sera aussi au cœur de l'insurrection ; à
partir de là, en arc de cercle, les mulotins (du nom du
premier directeur de l'ordre, Mulot) ont diffusé avec
une application presque militaire cette dévotion à
Marie, legs de Saint-Sulpice à Grignion de Montfort,
qui passera par l'intermédiaire des mulotins aux
insurgés de 1793.

Pourtant, la prédication montfortaine a dépassé les
limites de ce qui sera la Vendée militaire ; elle a couvert un très vaste territoire, de la Bretagne à l'Aunis,
correspondant aux diocèses de Vannes, Nantes,
Angers, Luçon, La Rochelle. Et d'ailleurs, dans les
comptes rendus qu'en a laissés un des acteurs, le
P. Hacquet, on peut voir que les mulotins se sont
heurtés à un accueil inégal des populations ; l'opposition entre plaine et bocage, qui distinguera chez Siegfried terre républicaine et terre royaliste, sépare déjà
chez Hacquet le peuple « dur » du peuple « bon et
docile ». Il n'est donc pas possible d'attribuer la force
particulière du traditionalisme catholique dans la
« Vendée » de 1790-1793 à la seule action des missions montfortaines. Celles-ci ont elles-mêmes pris
appui sur un socle antérieur, dont l'histoire est
inconnue, peut-être inconnaissable. Mais elles ont
sûrement donné aux populations des Mauges et du
Bocage, qui leur ont fait fête, quelque chose comme
une tradition religieuse à la fois populaire et cléricale,
autour de dévotions fréquentes et réglées. Cette tradition, moins ancienne qu'ils ne le croient, mais qu'ils
sont si peu préparés à comprendre, les bourgeois des
administrations révolutionnaires n'y voient que
superstition et sauvagerie : ils sont les disciples de

l'autre côté du siècle, celui des philosophes. La guerre de Vendée naît du choc de ces deux mondes opaques l'un à l'autre et en accentue les traits pour les siècles qui suivent.

Si cet épisode relativement court de notre histoire a laissé des traces aussi considérables dans la politique française, c'est bien sûr qu'il a été immédiatement le symbole de l'affrontement entre Révolution et Contre-Révolution, et qu'il a nourri, tout de suite, une violence inexpiable. Violence vendéenne, puisque cette plèbe rurale insurgée au nom de Dieu ne fait guère de merci. Mais surtout violence révolutionnaire, la plus inexcusable au regard même du « salut public » qui lui sert d'excuse, puisque c'est une violence de vainqueurs, exercée punitivement après la liquidation de l'armée catholique et royale. L'hécatombe des Vendéens, jointe au ravage de la Vendée, est le plus grand massacre collectif de la Terreur révolutionnaire, sans pouvoir être inscrit dans la fameuse colonne absolutoire des « circonstances du salut public ».

De fait, le programme d'extermination est dressé par Barère, dans le discours du 1er août, au nom du salut de la patrie (« Détruisez la Vendée et Valenciennes ne sera plus au pouvoir des Autrichiens. Détruisez la Vendée et le Rhin sera délivré des Prussiens. Détruisez la Vendée et l'Anglais ne s'occupera plus de Dunkerque », etc.). Mais il n'est mis en œuvre qu'en janvier, au moment où la situation est rétablie un peu partout, comme si la Vendée vaincue continuait à incarner, selon les termes du 1er août, « le chancre qui dévore le cœur de la République » : le combat continue aussi longtemps que brûlent les cendres de la Contre-Révolution, et pour être tout à fait victorieuse, la Révolution doit détruire son antiprincipe, le rayer de l'histoire. La région et ses bourgs ont été débaptisés, le département de la Vendée est devenu le département Vengé, Fontenay-le-Comte Fontenay-le-Peuple, Noirmoutier l'île de la Montagne, mais il reste tant de métairies et de villages où a régné la rébellion et où rôde l'Ancien Régime !

Si bien qu'il n'y a pas de différence de nature entre la Terreur qui a martyrisé la Vendée et la Terreur révolutionnaire en général. Les mêmes ressorts sont à l'œuvre, qui sous-tendent l'idéologie politique de la coalition au pouvoir, cette alliance instable de la Montagne et des sans-culottes : l'assimilation de la révolte à un complot et à une trahison, la passion répressive, la foi à l'unité indivisible de la République, la croyance selon laquelle une dictature sanglante est l'indispensable instrument de la régénération publique. La Convention et le Comité de salut public n'ont pas agi avec la Vendée autrement qu'avec Lyon, autre haut lieu de la Contre-Révolution : à Lyon aussi ils ont envoyé des représentants fanatisés, qui ont pratiqué les exécutions collectives ; à Lyon aussi, rebaptisé Ville-Affranchie, ils ont commencé à détruire les maisons. La Vendée, certes, fut un théâtre plus vaste et plus militaire ; mais les généraux de la République s'y sont davantage conduits, jusqu'au printemps 1794, comme des représentants de la Terreur que comme des officiers en opération. Il faudra, justement, attendre la fin de la Terreur pour voir la Révolution mettre en œuvre, contre ce qui reste de la Vendée militaire, une stratégie intelligente : Hoche en 1795.

Pourtant, la répression qui fait rage en Vendée à la fin de 1793 et pendant les premiers mois de 1794 fait apparaître non seulement une autre échelle dans l'ordre du massacre et des destructions, mais un acharnement si violent qu'il a légué à la région martyre, depuis deux cents ans, une grande part de son identité. Une pareille longévité dans la mémoire du malheur, si elle tient à la dimension de la catastrophe, en même temps qu'aux soins pédagogiques dont cette mémoire n'a cessé d'être entourée, s'explique peut-être aussi par le caractère religieux de la guerre de Vendée : car ce trait met l'événement à part jusque dans l'élection de haine dont il a été l'objet. Bordeaux, Marseille, Caen, la Normandie se sont levés pour les Girondins ; Lyon s'est battu sous le drapeau du royalisme ; mais le peuple vendéen a redemandé son prêtre et son Eglise. Contre lui, la Convention a mis à la tête des armées de la République des généraux sans-culottes, terroristes, déchristianisateurs. Ainsi, bien que la Révolution française n'ait jamais eu l'ambition de déraciner le christianisme — Robespierre le dira bien haut lui aussi, après les Constituants —, la force des choses a pourtant mis face à face en Vendée un peuple catholique et un peuple républicain : par où cette guerre exprime par excellence la profondeur du conflit qui s'ouvre dans l'histoire de France entre la tradition religieuse et la fondation révolutionnaire de la démocratie.

François Furet

ORIENTATION BIBLIOGRAPHIQUE

Bois, Paul. *Paysans de l'Ouest. Des structures économiques et sociales aux options politiques depuis l'époque révolutionnaire dans la Sarthe*, Le Mans, impr. M. Vilaire, et Paris-La Haye, Mouton, 1960 ; éd. abrégée, Paris, Flammarion, 1971.

Chassin, Charles-Louis. *La Vendée patriote 1793-1800*, 4 vol., Paris, 1893-1895.

Chassin, Charles-Louis. *Études documentaires sur la Révolution française. Les pacifications de l'Ouest 1794-1800*, 3 vol., Paris, 1896-1899.

Dubreuil Léon. *Histoire des insurrections de l'Ouest*, 2 vol., Paris, Rieder, 1929.

Gabory, Emile. *La Révolution et la Vendée d'après des documents inédits*, 3 vol., Paris, Perrin, 1925 ; rééd. 1941.

Hacquet, P. Pierre-François. *Mémoires des missions des montfortains dans l'Ouest, 1740-1779. Contribution à la sociologie religieuse historique*, Fontenay-le-Comte, impr. P. et O. Lussaud frères, 1964.

La Rochejaquelein, Marie-Louise-Victorienne de Donnissan, marquise de Lescure, puis marquise de. *Mémoires*, Paris, 1815.

Martin, Jean-Clément. *La Vendée et la France*, Paris, Seuil, 1987.

Michelet, Jules. *Histoire de la Révolution française*, livre VIII, chap. ii ; X, v ; XI, v-vi ; XVI, i-ii.

Pérouas, P. Louis. *Le Diocèse de La Rochelle de 1648 à 1724*, Paris, SEVPEN, 1964.

Petitfrère, Claude. *La Vendée et les Vendéens*, Gallimard, Paris, 1981.

Siegfried, André. *Tableau politique de la France de l'Ouest sous la troisième République*, Paris, 1913.

Tilly, Charles. *The Vendée*, Cambridge (USA), Harvard University Press, 1964 ; trad. fr., *La Vendée*, Paris, Fayard, 1970.

RENVOIS

Ancien Régime
Chouannerie
Constitution civile du clergé
Contre-Révolution
Terreur

LISTE DES AUTEURS
DU DICTIONNAIRE

BRONISLAW BACZKO, Université de Genève
Instruction publique, Lumières, Thermidoriens, Vandalisme

KEITH M. BAKER, University of Chicago
Condorcet, Constitution, Sieyès, Souveraineté

LOUIS BERGERON, Centre de recherches historiques, École des hautes études en sciences sociales, Paris
Biens nationaux

DAVID D. BIEN, University of Michigan, Ann Arbor
Aristocratie

MASSIMO BOFFA, Institut Raymond-Aron, Paris
Contre-Révolution, Émigrés, Maistre

GAIL BOSSENGA, University of Kansas, Lawrence
Impôt

MICHEL BRUGUIÈRE, École pratique des hautes études, IVᶜ section, Paris
Assignats

YANN FAUCHOIS, Institut Raymond-Aron, Paris
Centralisation

LUC FERRY, Université de Lyon-II, Institut Raymond-Aron, Paris
Fichte, Hegel, Kant

ALAN FORREST, University of Manchester
Armée, Révolution et l'Europe (La)

FRANÇOIS FURET, Institut Raymond-Aron, École des

hautes études en sciences sociales, Paris
Ancien Régime, Babeuf, Barnave, Blanc (Louis), Bonaparte, Buchez, Chouannerie, Constitution civile du clergé, Dix-Huit Brumaire, Féodalité, Gouvernement révolutionnaire, Histoire universitaire de la Révolution, Jacobinisme, Louis XVI, Marx, Maximum, Michelet, Mirabeau, Nuit du 4-août, Quinet, Terreur, Tocqueville, Vendée

MARCEL GAUCHET, Institut Raymond-Aron, École des hautes études en sciences sociales, Paris
Constant, Droits de l'homme, Necker, Staël (Mme de)

GÉRARD GENGEMBRE, École normale supérieure de Fontenay-Saint-Cloud
Burke

JOSEPH GOY, Centre de recherches historiques, École des hautes études en sciences sociales, Paris
Code civil

PATRICE GUENIFFEY, Institut Raymond-Aron, Paris
Brissot, Carnot, Clubs et sociétés populaires (avec Ran Halévi), *Commune de Paris, Élections, La Fayette, Robespierre, Suffrage*

RAN HALÉVI, Centre national de la recherche scientifique, Centre de recherches historiques, Institut Raymond-Aron, Paris
Clubs et sociétés populaires (avec Patrice Gueniffey), *États généraux, Feuillants, Monarchiens*

PATRICE HIGONNET, Harvard University, Cambridge, USA
Sans-culottes

BERNARD MANIN, Centre national de la recherche scientifique, Paris
Montesquieu, Rousseau

PIERRE NORA, Institut Raymond-Aron, École des hautes études en sciences sociales, Paris
Nation, République

MONA OZOUF, Centre national de la recherche scientifique, Centre de recherches historiques, Institut Raymond-Aron, Paris
Calendrier, Danton, Déchristianisation, Département, Égalité, Esprit public, Fédéralisme, Fédération, Frater-

nité, *Girondins*, *Jaurès*, *Liberté*, *Marat*, *Montagnards*,
Procès du roi, *Régénération*, *Religion révolutionnaire*,
Révolution, *Saint-Just*, *Taine*, *Varennes*, *Voltaire*

PHILIPPE RAYNAUD, Centre national de la recherche
scientifique, Institut Raymond-Aron, Paris
Démocratie, Révolution américaine

JACQUES REVEL, Centre de recherches historiques,
École des hautes études en sciences sociales, Paris
Grande Peur, Marie-Antoinette, Monarchie absolue

DENIS RICHET, Centre de recherches historiques, École
des hautes études en sciences sociales, Paris
*Assemblées révolutionnaires, Campagne d'Italie, Comité
de salut public, Coups d'État, Enragés, Frontières naturelles, Hébertistes, Journées révolutionnaires, Traités de
Bâle et de La Haye (1795)*

PIERRE ROSANVALLON, Centre d'études transdiscipli-
naires, École des hautes études en sciences sociales,
Paris
Guizot, Physiocrates

MASSIMILIANO SANTORO, Université de Milan
Révolution à Saint-Domingue

TABLE DES MATIÈRES

DÉJA PARUS

Collection Champs

ALAIN Idées.
ARCHEOLOGIE DE LA FRANCE (réunion des musées nationaux).
ARNAUD. NICOLE La Logique ou l'art de penser.
ASTURIAS. Trois des quatre soleils.
AXLINE Dibs.
BADINTER L'Amour en plus.
BARNAVI Une histoire moderne d'Israël.
BARRY La Résistance afghane, du grand moghol à l'invasion soviétique.
BARTHES L'Empire des signes.
BASTIDE Sociologie des maladies mentales.
BERNARD Introduction à l'étude de la médecine expérimentale.
BERTIER DE SAUVIGNY La Restauration.
BIARDEAU L'Hindouisme. Anthropologie d'une civilisation.
BOIS Paysans de l'Ouest.
BONNEFOY L'Arrière-pays.
BRAUDEL Ecrits sur l'histoire.
L'identité de la France : espace et histoire. Les hommes et les choses.
La Méditerranée. L'espace et l'histoire.
La Dynamique du capitalisme.
BRAUDEL. DUBY. AYMARD ... La Méditerranée. Les Hommes et l'héritage.
BRILLAT-SAVARIN Physiologie du goût.
BROGLIE La Physique nouvelle et les quanta.
Nouvelles perspectives en microphysique.
BRUHNES La Dégradation de l'énergie.
CAILLOIS L'Écriture des pierres.
CARRERE D'ENCAUSSE Lénine. La révolution et le pouvoir.
Staline. L'ordre par la terreur.
Ni paix ni guerre.
CHAR La Nuit talismanique.
CHAUNU La Civilisation de l'Europe des Lumières.
CHOMSKY Réflexions sur le langage.
Langue, linguistique, politique. Dialogues avec Mitsou Ronat.
COHEN Structure du langage poétique.
CONSTANT De la force du gouvernement actuel de la France et de la nécessité de s'y rallier (1796). Des réactions politiques. Des effets de la Terreur (1797).
CORBIN Les Filles de noce. Misère sexuelle et prostitution au XIXe siècle.
Le Miasme et la jonquille. L'odorat et l'imaginaire social, XVIIIe-XIXe siècles.
Le Territoire du vide. L'Occident et le désir du rivage, 1750-1840.
DAUMARD Les Bourgeois et la bourgeoisie en France depuis 1815.
DAVY Initiation à la symbolique romane.
DELSEMME. PECKER. REEVES Pour comprendre l'univers.
DELUMEAU Le Savant et la foi.
DENTON L'Évolution.
DERRIDA Eperons. Les styles de Nietzsche.
La Vérité en peinture.
Heidegger et la question. De l'esprit et autres essais.
DETIENNE. VERNANT Les Ruses de l'intelligence. La Métis des Grecs.
DEVEREUX Ethnopsychanalyse complémentariste.
Femme et mythe.
DIEHL La République de Venise.
DODDS Les Grecs et l'irrationnel.
DUBY Saint-Bernard. L'art cistercien.
L'Europe au Moyen Age.
L'Économie rurale et la vie des campagnes dans l'Occident médiéval.
La Société chevaleresque. Hommes et structures du Moyen Âge I.
Seigneurs et paysans. Hommes et structures du Moyen Âge II.
Mâle Moyen Age. De l'amour et autres essais.
DURKHEIM Règles de la méthode sociologique.
EINSTEIN Comment je vois le monde.
Conceptions scientifiques.
EINSTEIN. INFELD L'Évolution des idées en physique.
ELIADE Forgerons et alchimistes.
ELIAS La Société de cour.
ERIBON Michel Foucault.
ERIKSON Adolescence et crise.
ESCARPIT Le Littéraire et le social.
FEBVRE Philippe II et la Franche-Comté. Étude d'histoire politique, religieuse et sociale.
FERRO La Révolution russe de 1917.
FINLEY Les Premiers temps de la Grèce.
FOISIL Le Sire de Gouberville.
FONTANIER Les Figures du discours.
FRANCK Einstein. Sa vie, son temps.
FURET L'Atelier de l'histoire.
FUSTEL DE COULANGES La Cité antique.
GENTIS Leçons du corps.
GEREMEK Les Marginaux parisiens aux XIVe et XVe siècles.

372

SUN TZU **L'Art de la guerre.**
TAPIE **La France de Louis XIII et de Richelieu.**
TESTART **L'Œuf transparent.**
THIS **Naître ... et sourire. Les cris de la naissance.**
STAROBINSKI **1789. Les emblèmes de la raison.**
Portrait de l'artiste en saltimbanque.

STEINER **Martin Heidegger.**
STOETZEL **La Psychologie sociale.**
STRAUSS **Droit naturel et histoire.**
THOM **Paraboles et catastrophes.**
ULLMO **La Pensée scientifique moderne.**
VALADIER **L'Église en procès. Catholicisme et pensée moderne.**
WALLON **De l'acte à la pensée.**

Champs *Contre-Champs*

BAZIN **Le Cinéma de la cruauté.**
BORDE et CHAUMETON **Panorama du film noir américain (1944-1953).**
BOUJUT **Wim Wenders.**
BOURGET **Lubitsch.**
EISNER **Fritz Lang.**
FELLINI **par FELLINI.**
GODARD **par GODARD.**
Les Années Cahiers.
Les Années Karina.
Des années Mao aux années 80.

KRACAUER **De Caligari à Hitler. Une histoire du cinéma allemand (1919-1933).**
PASOLINI **Ecrits corsaires.**
RENOIR **Ma vie et mes films.**
ROHMER **Le Goût de la beauté.**
ROSSELLINI **Le Cinéma révélé.**
SCHIFANO **Luchino Visconti.**
TASSONE **Akira Kurosawa.**
TRUFFAUT **Les Films de ma vie.**
Le Plaisir des yeux.

**BIBLIOTHEQUE
de
Bernard DELATTRE**

— N° d'Éditeur : 13962. —
— N° d'Imprimeur : 92/07/M0818. —
Dépôt légal : octobre 1992.

Imprimé en France

*Achevé d'imprimer en septembre 1992
sur les presses de l'imprimerie Maury Eurolivres SA
45300 Manchecourt*